W0372670

Ein Fest fürs Auge
Buchheims Expressionisten

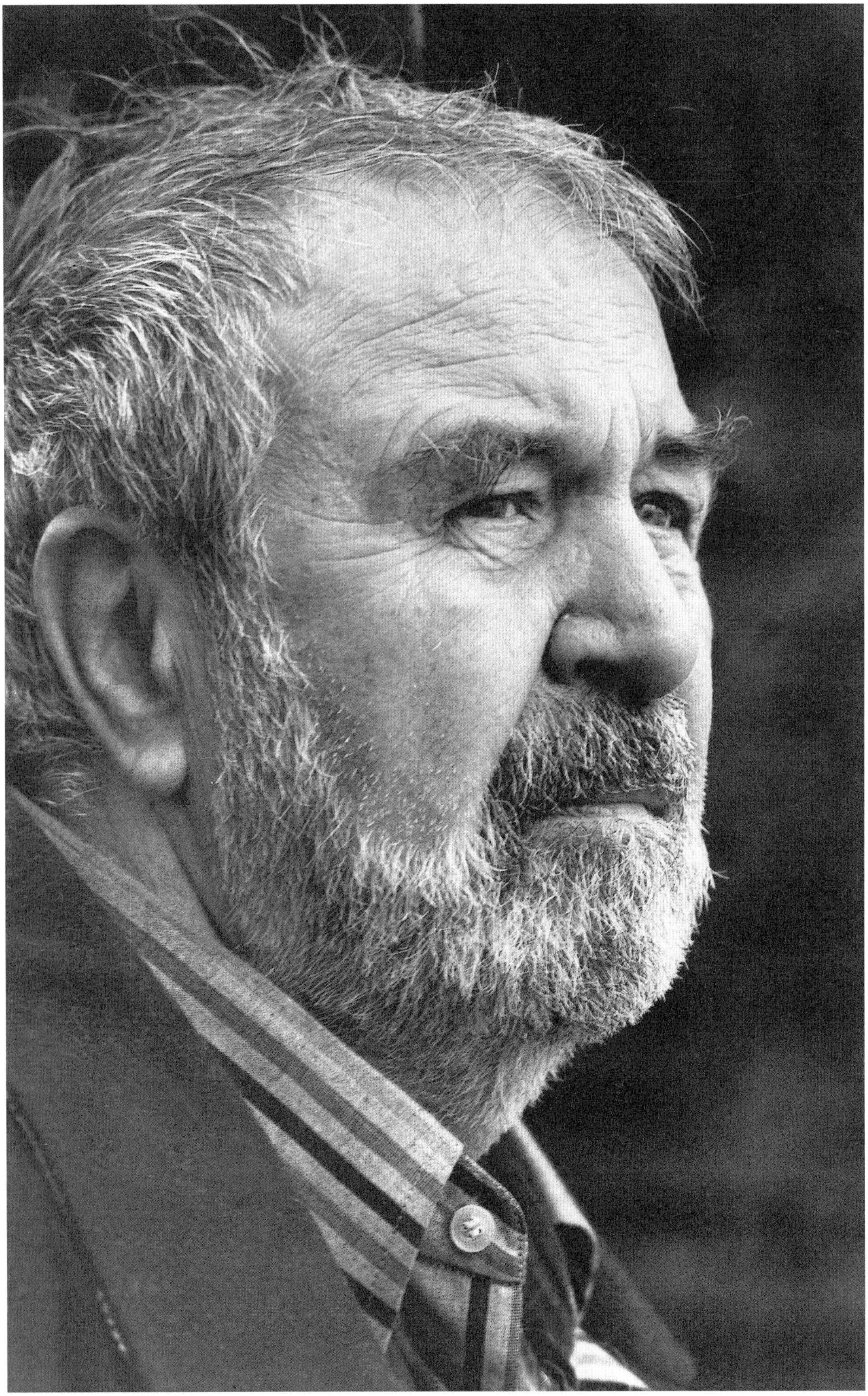

Ein Fest fürs Auge

Buchheims Expressionisten
Ein Sammlungsführer

Herausgeber
Daniel J. Schreiber

Mit Texten von
Lothar-Günther Buchheim, Claudia Leonore Kreile, Laura Lang, Mira Naß, Benedikt Ohm, Sophia Plaas, Frank Schmidt, Daniel J. Schreiber, Susanne Vierthaler

Unter der Schirmherrschaft von
Dr. Ludwig Spaenle
Bayerischer Staatsminister für Bildung und Kultus, Wissenschaft und Kunst,
Dr. Gabriele Heinen-Kljajić
Niedersächsische Ministerin für Wissenschaft und Kultur

BUCHHEIM
MUSEUM

Buchheim Verlag

Grußwort

Nachdem die Expressionistensammlung von Lothar-Günther Buchheim über Jahrzehnte hinweg durch die ganze Welt gereist war, bemühte sich der Freistaat angesichts der herausragenden Erfolge bei den Ausstellungen in München tatkräftig darum, dieses Juwel in Bayern zu halten. So konnte der von Günter Behnisch entworfene Bau des Buchheim Museums schließlich im Jahr 2001 inmitten eines romantischen Landschaftsparks direkt am Ufer des Starnberger Sees in dem schönen Dorf Bernried eröffnet werden.

Natürlich erwächst aus dieser wertvollen Ergänzung der bayerischen Kulturlandschaft politische Verantwortung und ein Auftrag, dem die Bayerische Staatsregierung auch nachkommt. Schließlich soll Kunst ihren Bewunderern Freude schenken und eine möglichst breite Wirkung entfalten können. Dafür müssen für eine großartige und unkonventionelle Sammlung wie die Lothar-Günther Buchheims immer wieder neue Perspektiven entwickelt werden.

Mit einem anspruchsvollen Ausstellungsprogramm wird das Haus dauerhaft für die Menschen attraktiv bleiben. »In meinem Museum soll es sich rühren«, so wollte es Lothar-Günther Buchheim. Deshalb öffnet sich das Museum auch für den Leihverkehr und für Kooperationen mit anderen Institutionen – wie etwa im vergangenen Jahr bei den Ausstellungen zu Marc Chagall und George Grosz. Nun bietet sich mit der 1986 von Henri Nannen gestifteten Kunsthalle in Emden ein Museum mit ähnlicher Schwerpunktsetzung als kongenialer Partner. Dass durch die temporäre Zusammenführung der Sammlungen von Lothar-Günther Buchheim und Henri Nannen eine höchst beeindruckende Expressionisten-Ausstellung nacheinander im Süden und im Norden gezeigt werden kann, ist ein wunderbarer Erfolg für beide Museen.

Gerne übernehme ich deshalb für diese fruchtbare Zusammenarbeit gemeinsam mit meiner niedersächsischen Amtskollegin, Ministerin Gabriele Heinen-Kljajić, die Schirmherrschaft. Möge die Ausstellung mit dem trefflichen Titel *Expressionismus*^{2} den Erfolg haben, den sie verdient, und mögen die beiden Sammlungsführer, die anstelle eines Ausstellungskataloges erscheinen, weit darüber hinaus ihre Leserschaft finden.

München, im Februar 2015

Dr. Ludwig Spaenle
Bayerischer Staatsminister
für Bildung und Kultus,
Wissenschaft und Kunst.

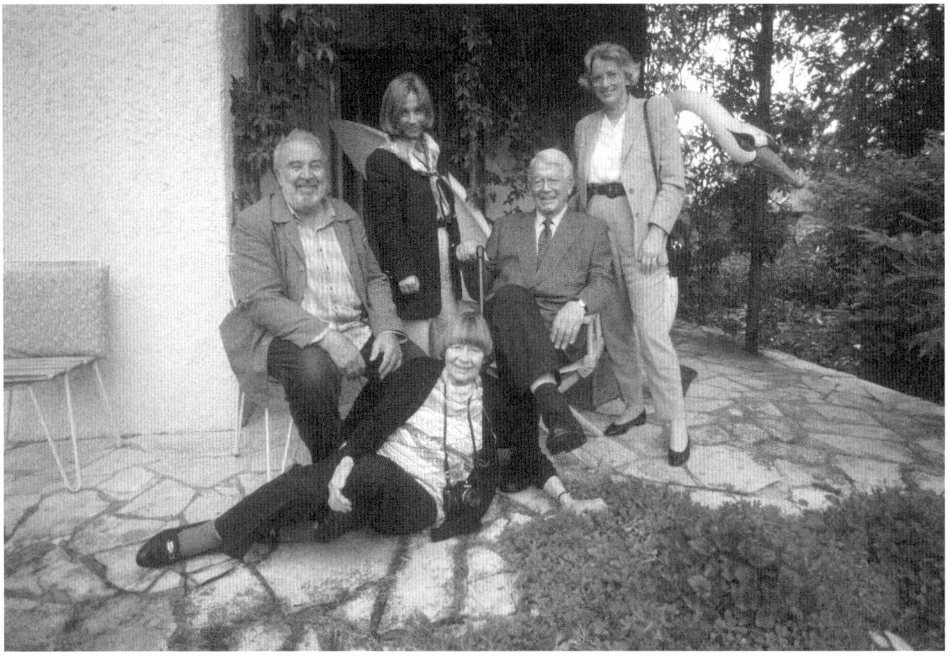

Im Garten der Buchheims in Feldafing, um 1993, von links nach rechts: Lothar-Günther Buchheim, Andrea Firmenich, Henri Nannen, Eske Nannen; unten liegend: Diethild Buchheim

Ein Vorwort über Urviecher, Selbstillusionisten und zwei großartige Expressionistensammler

Emden und Bernried, Nord und Süd, engagierter Journalist und Magazinmacher auf der einen, Künstler und Autor auf der anderen Seite – diesen geografischen und biografischen Gegensätzen stehen eine ganze Reihe von Parallelen gegenüber: Der gebürtige Emder Henri Nannen (1913–1996) studierte in München Kunstgeschichte, der aus Weimar stammende und in Chemnitz aufgewachsene Lothar-Günther Buchheim (1918–2007) ebendort Kunst. Im Zweiten Weltkrieg war Nannen Kriegsberichterstatter bei der Luftwaffe, während Buchheim in derselben Funktion auf und unter dem Wasser bei der Marine unterwegs war. Nach dem Krieg wurden beide berühmt, der eine als Gründer, Chefredakteur und Herausgeber des *Stern*, der andere wegen seiner Kunstkalender und Bücher, vor allem aber durch den Weltbestseller *Das Boot*.

Buchheim und Nannen haben viel miteinander gemein. Neben ihrer Liebe zur Kunst waren sie virtuose Schreiber und mitreißende Macher, die keinem Streit aus dem Wege gingen. Auch ihr gegenseitiges Verhältnis kam nicht ohne Frotzeleien aus. 1988 gab es einen kleinen Schlagabtausch, ausgetragen im *Stern* und in der *Emder Zeitung*, bei dem Buchheim Nannen einen »Selbstillusionisten« und Nannen Buchheim ein »genialisches Urvieh« nannte. Fotos, die um 1993 in Buchheims Feldafinger Garten anlässlich eines Besuchs der Nannens aufgenommen wurden, zeugen hingegen von heiter gelassenem, gegenseitigem Respekt.

Als leidenschaftliche Sammler haben Nannen und Buchheim in unterschiedlichen Lebensphasen bedeutende Werke von Beckmann, Corinth, Dix, Feininger, Heckel, Jawlensky, Kirchner, Mueller, Nolde, Pechstein und Schmidt-Rottluff zusammengetragen. Doch interessierten sie sich nicht allein für die Hauptvertreter der Kunst der ersten Jahrhunderthälfte. Vielmehr lag beiden auch daran, Künstler zu entdecken und zu fördern, denen Verfemung, Vertreibung, Völkermord oder einfach nur das persönliche Lebensschicksal größere Aufmerksamkeit verweigerte. Nannen befasste sich etwa mit Josef Scharl und Hanns Ludwig Katz; Buchheim mit Max Kaus und Conrad Felixmüller.

Beide Sammlungen kreisen um den Expressionismus, dessen Rezeption eng mit den Biografien der Sammler verbunden ist. Nannen und Buchheim wurden mit dem Expressionismus sozialisiert. Beide erlebten die Diffamierung ihrer »Helden« in den 1930er-Jahren und sahen später ihr Engagement für die einst Verfemten auch als eine Form der Wiedergutmachung.

Beiden war daran gelegen, ihre Sammlung der Öffentlichkeit zugänglich zu machen. Buchheims Werke tourten jahrzehntelang durch Europa, Amerika und Asien, bevor sie 2001 im neu errichteten Buchheim Museum der Phantasie in Bernried am Starnberger See zur Ruhe kamen. Nannen gelang bereits 1986 die Gründung der Kunsthalle Emden in seiner Heimatstadt. So hinterließen sie beide in Form viel beachteter Kunstmuseen der Welt wundervolle Vermächtnisse. Bei der Werbung für Ihre Stiftungen kamen beiden ihr hoher Bekanntheitsgrad und die Fähigkeit zur Publicity zugute. Ihre Museen sind keine hermetischen, bildungslastigen Kunsttempel. »Ein lebendiger Ort der Begegnung zwischen Menschen und

Bildern« sollte die Kunsthalle Emden nach dem Wunsch Nannens sein. »In meinem Museum soll es sich rühren«, so formuliert es Buchheim. Und wenn Buchheim von »Festen fürs Auge« sprach, die er den Besuchern bieten wollte, so hätte dies sicherlich auch Nannen unterschrieben. Sie sahen die Kunst des Expressionismus nicht als ein abgeschlossenes historisches Phänomen, sondern vielmehr als aufklärerischen Impuls. »Wage es, Deinen eigenen Sinnen zu trauen«, das war ihre Botschaft.

Es besteht kein Zweifel daran: Wenn beide Sammlungen zusammengebracht werden, entsteht Großes. Genau dieses haben sich jetzt die beiden Häuser vorgenommen: Das Buchheim Museum der Phantasie in Bernried und die Kunsthalle Emden stellen eine breite Auswahl ihrer Bestände im Wechsel dem Partner zur Verfügung. Das Buchheim Museum wird vom 14. März bis zum 5. Juli 2015 beide Sammlungen zu der großen Ausstellung *Expressionimsus*[2] vereinen. Und die Kunsthalle Emden verschafft vom 26. September 2015 bis zum 17. Januar 2016 der Sammlung Buchheim in ihren Hallen unter dem Titel *Ein Fest fürs Auge* einen großen Gastauftritt. Hierfür verlassen Buchheims Sammlungsstücke erstmals das Buchheim Museum der Phantasie.

Bei allen oben geschilderten Gemeinsamkeiten besitzt jede Sammlung ihren eigenen, unverwechselbaren Charakter. Buchheim und Nannen gingen bei ihren Erwerbungen, unbeeindruckt von Zeitgeschmack und kunsthistorischen Klassifizierungen, mit sicherem Gespür, guter Kenntnis und gnadenlosem Bekenntnis zu eigenen Vorlieben vor. Dies unterscheidet ihre Sammlungen von denen öffentlicher Museen, die einer umfassenden und möglichst lückenlosen historischen Dokumentation einer Epoche verpflichtet sind.

Um diese Eigenständigkeit zu wahren, haben wir uns für die vorliegende zweibändige Publikation entschieden. Jeder Band enthält eine Einführung in die Geschichte der jeweiligen Sammlung und des Museums, gefolgt von einer Auswahl der Hauptwerke mit erläuternden Texten. So werden die unterschiedlichen Sammlungsstrategien, die jeweiligen Schwerpunkte deutlich, die in einer gemeinsamen Publikation leicht verwischt würden. In den Ausstellungen werden darüber hinaus noch weitere Werke präsentiert. Diese sind in den bereits vorliegenden Bestandskatalogen beider Häuser bestens dokumentiert. So stellt jedes der beiden Bücher zudem einen Sammlungsführer dar, der auch nach Ende der Ausstellungen eine handliche Alternative zu den bisherigen Publikationen bietet.

Der Expressionismus bildet die Schnittmenge beider Sammlungen. Um diesen gemeinsamen Fokus herauszustellen, werden weitere darüber hinaus gehende Sammlungs-Aspekte bewusst ausgeklammert, obschon sie zum Wesen der Museen gehören. Als der Expressionismus in den 1970er-Jahren wieder zunehmend Anerkennung fand und die Kunstmarktpreise entsprechend stiegen, wandte sich Buchheim vermehrt der Outsider Art zu. Auch Völkerkundliches, Kunsthandwerk und Trivialkunst sind Teil seines Programms. Nannen begeisterte sich neben der Klassischen Moderne auch für die Nachkriegskunst. Ein maßgeblicher Impuls für die Kunsthalle ging dabei von der großzügigen Schenkung des Münchner Galeristen Otto van de Loo aus: Mit Werken unter anderem von den Künstlergruppen CoBrA und SPUR vermag die Kunsthalle nun auch das Fortwirken expressiver Tendenzen in der zweiten Hälfte des 20. Jahrhunderts abzubilden. Eine Auswahl dieser Arbeiten ist auch in Bernried zu sehen.

Unser Dank gilt allen Mitarbeitern des Buchheim Museum der Phantasie und der Kunsthalle Emden, hierbei insbesondere den für die Werke verantwortlichen Restauratoren und Registrars, die für jeweils über 100 Werke konservatorisch und organisatorisch verantwortlich waren. Seitens des Buchheim Museums geht auch Dank an Burcu Dogramaci, Kunstgeschichtsprofessorin an der Ludwigs-Maximilians-Universität München, sowie eine Gruppe ihrer Studierenden, die bei der Erstellung der Werktexte mitwirkte. Texte von Katharina Henkel, Nils Ohlsen und Veronika Molnar bereichern den Emder Katalog. Andrej Loll verdient unsere Anerkennung wegen der gelungenen gestalterischen Umsetzung des Konzepts, die beiden Sammlungsführer zugleich auch als ein Ausstellungsbuch wahrnehmbar zu machen. Anja Hellhammer danken wir für ihr gründliches und kritisches Lektorat. Der DZA Druckerei zu Altenburg GmbH zollen wir unseren Respekt, weil sie in unserem ambitionierten Zeitrahmen zwei perfekte Druckerzeugnisse herstellte.

Bei aller Freude um dieses Projekt bleibt uns ein Vergnügen leider verwehrt. Wie hätten Lothar-Günther Buchheim und Henri Nannen die Zusammenführung ihrer beiden Sammlungen kommentiert? Es bleibt unserer Vorstellung überlassen, wie ein solches Gipfeltreffen abgelaufen wäre: sicherlich nicht ohne Konfrontationen! Aber es wäre ein Ereignis gewesen, diese bedeutenden Streiter über ihre Werke reden zu hören und darüber, warum der Expressionismus unabhängig von seiner historischen Verankerung im frühen 20. Jahrhundert uns Menschen so unmittelbar angeht.

Frank Schmidt
Wissenschaftlicher Direktor
Kunsthalle Emden

Daniel J. Schreiber
Direktor
Buchheim Museum der Phantasie

Mission Expressionismus

Lothar-Günther Buchheim und seine Sammlung

Daniel J. Schreiber

»Liebe beide Kaus,« so schreibt Karl Schmidt-Rottluff 1973 an seinen Malerkollegen Max Kaus und dessen Frau, »tausend Dank für die beiden Kataloge! Die Sammlung Buchheim ist ja eine großartige Angelegenheit – das ist ja eine ganze Nationalgalerie und eine ganz neue Perspektive! Man kriegt ja ordentlich Luft!« Das Urteil des prominenten expressionistischen Malers über die beiden Kataloge zur Ausstellung der Buchheim-Sammlung 1973 im Münchner Lenbachhaus wiegt doppelt schwer. Zum einen kann er aus intimer Kenntnis die Qualität der Sammlungsstücke aus dem Umfeld der Brücke beurteilen, denn er war Gründungsmitglied der Künstlergemeinschaft. Zum anderen kann er ermessen, welch ungeheuerliche Quantität an Werken hier zusammengetragen wurde, denn er hatte selbst eine sehr respektable Expressionistensammlung aufgebaut, die 1967 zum Grundstock des neu gegründeten Brücke-Museums geworden war. Lothar Günther-Buchheims Expressionistensammlung ist in jeder Hinsicht außergewöhnlich. Ihr Spektrum ist sehr breit. Neben über achtzig Gemälden sind es mehrere tausend Blatt Aquarelle, Zeichnungen und Druckgrafiken, die ihren Rang begründen.

Den Schwerpunkt bilden Hauptwerke der Künstlergruppe Die Brücke, mit der um 1905 die Klassische Moderne in Deutschland beginnt: Ernst Ludwig Kirchners *Akt auf blauem Grund*, Erich Heckels *Schlafender Pechstein*, Karl Schmidt-Rottluffs *Norwegische Landschaft*, Max Pechsteins Zyklus *Sommeschlacht* oder Otto Muellers *Zwei Mädchen im Schilf*. Mit reinen Farben und flächigen Kompositionen befreien die Brücke-Künstler die Malerei von dem Diktat der Abbildhaftigkeit. Der subjektive Ausdruck ist für sie entscheidend. »Jeder gehört zu uns,« so steht es im Brücke-Programm von 1906, »der unmittelbar und unverfälscht das wiedergibt, was ihn zum Schaffen drängt«. Die Münchner Expressionisten rund um den 1912 gegründeten Blauen Reiter sind zwar quantitativ schwächer vertreten. Mit Alexej von Jawlenskys Meisterwerk *Kopf in Blau* ist allerdings ein höchst prominentes Meisterwerk aus diesem Kontext in der Sammlung.

Auch Vorläufer und Einzelgänger des Expressionismus sind prominent vertreten. Im Bestand zu Emil Nolde, der nur kurzzeitig bei der Brücke war, sticht ein *Mohnblumen*-Aquarell hervor. Der große Max Beckmann ist mit einer breiten Auswahl an Gemälden vertreten. Von dem expressionistischen Vorreiter Lovis Corinth verfügt das Buchheim Museum unter anderem mit dem *Tanzenden Derwisch* über ein fantastisches Werk, das an der Schwelle zwischen Impressionismus und Expressionismus steht. Otto Dix, der wiederum den Expressionismus in die Neue Sachlichkeit überführte, bereichert mit Druckgrafik und berühmten Aquarellen die Sammlung, etwa mit *Der Gott der Friseure*. Mit Werken von Max Kaus, Conrad Felixmüller und anderen wird auch die oft vergessene zweite

Expressionistengeneration gewürdigt, zu der in letzter Konsequenz auch der Künstler Lothar-Günther Buchheim selbst gehört.

Die Sammlung Buchheim wurde erstmals in größerem Umfang 1958 im Lenbachhaus in München der überraschten Öffentlichkeit vorgestellt. Mit zahlreichen Ergänzungen wurde sie 1973 ebendort noch einmal gezeigt. In diesem Zuge konnte sich Schmidt-Rottluff dank der Zusendung des zweibändigen Ausstellungskataloges ein Bild von ihr machen. Noch heute wundern wir uns mit ihm darüber, wie außerhalb eines öffentlichen Museums eine solche Sammlung wachsen konnte. Wer ist dieser Mann, dem dies gelingen konnte?

Der Wunderknabe

Charlotte Buchheim sei, so wird erzählt, 1918 extra nach Weimar gezogen, um ihren Sohn Lothar-Günther im Geiste Goethes, Herders und Schillers zur Welt zu bringen. Die Mutter, eine Malerin, erzieht ihn und seinen Bruder Klaus meistenteils alleine. Buchheim wächst in Rochlitz und Chemnitz auf. Der durch den Geburtsort gesetzte Anspruch der Mutter ist ihm Ansporn. Bald gilt er als schreibender und malender Wunderknabe. Als 14-Jähriger bessert er den mageren Familienunterhalt durch Verkauf von Stadtansichten, Zeitschriftenartikeln und Illustrationen auf. Hier hat sein künstlerisches Selbstbewusstsein seine Wurzeln. 1939 beginnt er ein Kunststudium an der Akademie in Dresden. Noch im gleichen Jahr wechselt er an die Münchner Akademie. Am 1. September 1939 beginnt der Zweite Weltkrieg. Zweimal erhält Buchheim einen Gestellungsbefehl. Er zerreißt ihn und wechselt den Wohnsitz. 1940 zieht er nach Feldafing am Starnberger See. 1941 wird er zum dritten Mal zu den Fahnen gerufen. Das Leben als Zivilist ist mittlerweile riskant geworden. Buchheim kann sich, wie er sagen wird, »nun nicht mehr in die Straßenbahn setzen [...] ohne von allen Seiten giftig begafft zu werden.« Er meldet sich freiwillig zur Kriegsmarine und wird dort Kriegsberichterstatter und Kriegsmaler.

Der Autor von *Das Boot*

Im Dienst der Propaganda zeichnet und malt er die Heroen der Marine: Kameraden, Kommandanten und hochrangige Offiziere. Selbst Großadmiral Dönitz steht ihm Modell. Auf den *Großen Deutschen Kunstausstellungen* 1941 und 1943 im Haus der Deutschen Kunst in München gehört er zu den am besten vertretenen Künstlern. Er berichtet an die heimische Presse über seine Abenteuer auf Minenräumbooten, Zerstörern und U-Booten. In seinem Buch *Jäger im Weltmeer*, das 1943 im Suhrkamp Verlag erscheint, schreibt er das erste Mal ausführlich über den U-Boot-Krieg. Den Kommandanten des U 96, Heinrich Lehmann-Willenbrock, verehrt er wie den Vater, den er nie hatte. Lehmann-Willenbrock versenkt insgesamt 25 alliierte Schiffe mit über 180 000 Bruttoregistertonnen. Er ist verantwortlich für den Tod von 1316 Menschen. Auf zwei seiner Feindfahrten ist Buchheim dabei. Als 1944 die Amerikaner seinen Stationierungsort Brest umlagern, gehört er nicht zu den vielen Fahnenflüchtigen. Vielmehr vertraut er Lehmann-Willenbrock, der mittlerweile Flottillenchef ist. Er wird abkommandiert in das zweitletzte U-Boot, das aus Brest ausbricht. Es gleicht einem Wunder, dass die acht Tage dauernde Schnorchelfahrt durch Minenfelder und Wasserbombenbeschuss glücklich in La Rochelle endet. Bei der anschließenden Flucht quer durch Frankreich wird Buchheim bei einem Luftangriff verletzt. Zurück in Deutschland, folgt er Lehmann-Willenbrock nach Norwegen. Bis zum bitteren Kriegsende bleibt Buchheim Soldat, zuletzt im Rang eines Oberleutnants.

Später will Buchheim nicht leugnen, dass ihm das nachfolgende Leben kaum noch solch »große Augenblicke« geschenkt habe wie der U-Boot-Krieg. Kameradschaft »auf Gedeih und Verderb« seien für ihn »keine leeren Worte« gewesen. Umso weniger kann er es verschmerzen, dass von den 40 000 deutschen U-Boot-Männern 30 000 starben. Auch die Opfer auf der gegnerischen Seite beschäftigen ihn. Er entwickelt sich zum Pazifisten. Zuletzt distanziert er sich sogar von seinem väterlichen Freund Heinrich Lehmann-Willenbrock. Er begreift sich als Teil einer »Generation von Beschädigten und bis zur Verzweiflung Gebrochenen«. Die Schrecken des Krieges lassen ihn nicht los. Er möchte an dem »großen Trauma« arbeiten, möchte »die Verdrängungen« aus der Welt schaffen, damit wir nie wieder »einer von Hybris diktierten Verrücktheit« verfallen. Er stemmt sich gegen das Vergessen. In zahlreichen Büchern und Filmen will er darstellen, »wie es im Krieg wirklich war«. Dabei verschweigt er nicht, dass sich im Kriegserleben »das Erhabene ganz dicht neben das Schreckliche« stellen könne. Die menschliche Dimension seiner minutiösen Erzählweise macht seinen 1973 erschienenen autobiografischen Roman *Das Boot* zum Weltbestseller. In der Verfilmung von Wolfgang Petersen wird er sogar zum Kinohit. Der ehemals Verführte versteht sich jetzt als Mahner. In einem *Playboy*-Interview von 1987 betont er, dass ihn die »Kleinkariertheit, Spießigkeit, Muffigkeit, Angepasstheit« und das »Duckmäusertum« seiner Zeit deprimieren. Die »Massenmenschen« und »dressierten Affen« seiner Zeit verabscheue er. Er habe Angst, dass die »Entleerung des Daseins« und der »Mangel an Sensualität« zu einem neuen Faschismus führen könne. Seine Lehre aus dem Nationalsozialismus ist: Renitenz, Protest!

Der Sammler

Als er 1945 nach Feldafing heimkehrt, will auch er zunächst nur vergessen und sich einfach nur freuen, dass er am Leben ist. Er gründet seine Kunsthandwerklichen Werkstätten und zieht mit seinen Produkten über die Dörfer. Er sägt Zirkusfiguren und Hampelmänner aus Sperrholz aus. Er malt in bayerischer Tradition hinter Glas, doch keine Heilige, sondern Clowns. Er malt Aquarelle und Pastelle mit landschaftlichen Motiven der Umgebung – eine Passion, die er bis zu seiner Teilerblindung 1996 beibehält. Zusammen mit seiner ersten Frau, der Bretonin Gwen Militon, unterhält er wischen 1949 und 1951 eine Galerie in Frankfurt am Main. Dank ihrer Kontakte nach Paris gelingen ihnen bedeutende Ausstellungen zur französischen Moderne, so zu Pablo Picasso, Georges Braque, Henri Matisse und Fernand Léger. 1951, noch in Frankfurt, gründet er den Buchheim Verlag, den er kurz darauf nach Feldafing verlegt. Seine Mitarbeiterin, die Buchhändlerin Diethild Wickboldt, wird 1955 seine zweite Frau. Zunächst widmet er sich auch als Verleger den Franzosen, denen er eine »Farbige Reihe« widmet. Doch bald regt sich sein Widerspruchsgeist.

Meinungsmacher wie der amerikanische Kunstkritiker Clement Greenberg oder Alfred H. Barr, der Gründungsdirektor des Museum of Modern Art in New York, legen damals die Abstraktion als unumkehrbares Entwicklungsziel der Moderne fest. Die ersten Modernen, neben den französischen Fauvisten vor allem die von den Nationalsozialisten als »entartet« verfemten deutschen Expressionisten, gelten nun als überholt, weil sie »noch« an der Figuration hingen. Doch waren sie es nicht, welche die Malerei aus den Zwängen der Abbildlogik befreiten? Entdeckten sie nicht Farben und Flächen als eigenständige Kompositionselemente? Und haben sie nicht Ausdrucksformen des menschlichen Denkens und Fühlens gefunden, die unabhängig der Moden des Kunstbetriebs Gültigkeit beanspruchen können? Mit ganzer Leidenschaft widmet sich Buchheim als Verleger, als Autor und als Sammler bald ihrer Rehabilitation. Bei seinen Käufen spielt ihm die geringe Wertschätzung der deutschen Expressionisten durch Kritiker, Sammler und Museen sogar zu. Der Markt ist günstig für den jungen Verleger, der mit seiner Geschäftsidee eines Kunstkalenders gerade erste ökonomische Erfolge einfährt. Er kauft antizyklisch. »Protestkauf« nennt er das. Er erwirbt für wenig Geld, was niemand anderes haben möchte. Nur so kann es ihm gelingen, eine Expressionistensammlung von Weltgeltung aufzubauen.

Auf den Kunstauktionen ist Buchheim als Schnäppchenjäger bekannt. Im Stuttgarter Kunstkabinett von Roman Norbert Ketterer ist er ein oft gesehener Besucher. Im März 1955 fällt wieder einmal für eines seiner Spargebote der Hammer. Für 1250 DM ersteht er ein Ölgemälde von Erich Heckel, das kein anderer haben will: »Frau und Kinder (Badende am Strand), Öl auf Leinwand. Größe 100 × 74 cm. Signiert und datiert (unten links): Erich Heckel 20/21«, so ist das wenig werkprägende Bild im Auktionskatalog aufgeführt. Mit »steinerner Miene«, so wird er seiner Kuratorin und späteren Museumsleiterin Clelia Segieth anvertrauen, habe er in der hintersten Reihe abgewartet, bis der Auktionator weit unter den Schätzpreis gegangen sei. Dann habe er die Hand gehoben. Mit dem Zuschlag gelingt Buchheim der Erwerb eines Hauptwerks Heckels aus der Brücke-Zeit. Wie das? Buchheim hat den Erläuterungstext im Katalog aufmerksam gelesen: »Auf der Rückseite: In einem Liegestuhl schlafender Mann. Gemälde 1910«. Er ist sofort zur Vorbesichtigung nach Stuttgart gefahren. Dort entdeckt er, was nur einer sehen kann, der in Bildern denkt und lebt: Das satte Rot, das durch die weiße Übertünchung der Rückseite schimmert, gehört zu einem im Sonnenlicht ruhenden Mann mit hochgehobenen Armen. Es ist ein verloren geglaubtes Pechstein-Porträt von Heckel. Das Motiv hat Buchheim schon einmal gesehen: seitenverkehrt als Holzstich in einem Katalog der Brücke, den er selbstverständlich in seiner umfangreichen Bibliothek hat. Das Bändchen erschien 1910 anlässlich einer Ausstellung in der Dresdner Galerie Arnold, welche für die expressionistische Künstlergruppe den Durchbruch bedeutete. Die Gemälde dieser wichtigen Brücke-Schau werden in dem Buch illustriert durch Holzschnitte – so auch ein Bildnis, das Heckel von seinem Künstlerfreud im Nordseebadeort Dangast anfertigte: der *Schlafende Pechstein*. Dank seines Bildgedächtnisses weiß Buchheim sofort, welch bedeutendes Werk ihm in die Hände gefallen ist.

Der Glückskauf ist kein Einzelfall. Sein erster Protestkauf ist laut Buchheim die »Tittenlilly«: Das Erwachen von Dix, ein Bildnis seiner sich im Bett räkelnden vollbusigen Lebensgefährtin Martha. Zu nennen ist auch die *Norwegische Landschaft* von Karl Schmidt-Rottluff, ebenfalls ein Hauptwerk der Brücke-Jahre, das er einem Münchner Künstlerkollegen für wenig Geld abschwatzt. Ernst Ludwig Kirchners *Weiblicher Akt vor blauem Grund*, ebenfalls ein herausragender Höhepunkt der Sammlung, nimmt er für 6000 DM aus Stuttgart mit nach Hause, 3000 DM unter dem Schätzpreis Ketterers. Ein Zyklus zur *Sommeschlacht* von Max

Pechstein wird bei einem Münchner Auktionshaus als Druckgrafik angeboten. Der Künstler Buchheim erkennt die Aquarellfarbe und ersteigert die 25 Blatt weit unter Preis. Oft kauft er Bilder, die bei Auktionen durchgefallen sind. Und nicht selten machen sich die Mitbieter über den sparsamen Restekäufer lustig. Doch ebenso oft dürfte er sich ins Fäustchen gelacht haben. Als er den Zuschlag für das *Selbstbildnis* des rheinischen Expressionisten Wilhelm Morgner für nur 300 DM erhält, beobachtet er, so wird es seine Frau Diethild später erzählen, die »Museumsidioten in der ersten Reihe«, die nicht erkennen, was ihnen durch die Lappen geht.

Der Kunsthistoriker
Buchheim gehört zu den wenigen Sammlern, die sich die Kunst nicht nur ökonomisch, sondern auch kognitiv aneignen. Der Künstler entwickelt sich zum Kunsthistoriker. 1956 schreibt er ein Buch über die Brücke. Das Vorwort gleicht einem Manifest des Autors. Er möchte die Traumata der Kunstgeschichte heilen. Die durch die Nationalsozialisten unterbrochene Rezeptionskette soll wieder geschlossen werden. Die Menschen der jungen Generation stehen, so konstatiert er, erschreckt und ablehnend vor der expressionistischen Kunst wie »ehedem ihre Väter und Großväter«. Seine Aufgabe sieht er darin, die Aufnahmebereitschaft wiederherzustellen. 1958 widmet er dem Blauen Reiter ein Buch. Auch hier erfahren wir viel über Buchheims Selbstverständnis. Er weist auf, dass die Kunstgeschichte zu Unrecht die Bedeutung des Blauen Reiters auf Kandinskys Findung der reinen Abstraktion verengt. Diese Künstlervereinigung sei keineswegs »eine neue künstlerische Bewegung mit klarer und für die Mitglieder verbindlicher Zielsetzung«. Nicht einmal eine »Einheitlichkeit der künstlerischen Sprache« sei angestrebt worden. Sie sei vielmehr ein »liberaler Zusammenschluss von Freunden« gewesen, die sich in großer »Verschiedenartigkeit des künstlerischen Ausdrucks« zwischen den Polen der Abstraktion und des Realismus bewegt haben. 1959 folgt eine Publikation über die *Graphik des deutschen Expressionismus*, in dem er die Bedeutung des Holzschnitts hervorkehrt: Das sperrige Material sei es gewesen, welches die rebellierende junge Künstlergeneration von der impressionistischen Unentschiedenheit hin zu einem einfachen Ausdruck des »Elementar-Menschlichen« geführt habe. Im gleichen Jahr bewundert er in einer Monografie über Max Beckmann den Künstler als unbeugsam, unbequem und maßlos. Er wolle »tief in das Sichtbare eindringen«, um das »Unsichtbare«, die »Welt hinter dem Augenschein der Dinge« darstellen zu können. Mit der ersten Monografie über Otto Mueller 1963 verschafft Buchheim diesem für ihn so bedeutenden, bislang verkannten, wohl eigensinnigsten Brücke-Maler breite Anerkennung.

Sammeln und Schreiben werden für Buchheim immer mehr zu zwei Seiten ein und derselben Sache. Er schreibt über das Gesammelte, und er sammelt für das Geschriebene. »Heutzutage«, so wird er später seine Sammeltätigkeit jener Jahre resümieren, sei es angesichts der Preisanstiege für expressionistische Grafik »kaum noch zu glauben, dass es in den 1950er Jahren einfacher und billiger war, zum Beispiel eine Beckmann-Radierung kurzerhand zu kaufen, anstatt sie nach viel Schreiberei leihweise nach Hause zu bekommen.«

Der Museumsgründer

Buchheims abschätzige Haltung gegenüber Museumsleuten ist bekannt. Als profunder Kenner ist er oft vom Halbwissen der Direktoren und Kuratoren enttäuscht. Trotzdem arbeitet er oft mit den von ihm so benannten »Idioten« zusammen. Sie alle wollen Buchheims Sammlung – als Leihgabe oder gar als glanzvolle Erweiterung eigener Bestände. 1958 präsentiert er sie erstmals im Lenbachhaus. Ab Ende der 1960er-Jahre lagern die mittlerweile millionenschwer gewordenen Bilder in den Depots der Bayerischen Staatsgemäldesammlung, begleitet von der Hoffnung, dass sie einst die Schausammlung der Pinakothek bereichern würden. Die mietfreie Einlagerung hindert Buchheim nicht daran, 1980 in der Zeitschrift *art* zu lästern, dass München »keine Kunststadt« sei. Er äußert sich abfällig über die »Museen der Trägheit«. Dies will er im doppelten Sinn verstanden wissen: »als Trägheit der beamteten Kunstpfleger und Trägheit der durch die Säle schlendernden visuell überfütterten Massen.« Der Generaldirektor der Bayerischen Staatsgemäldesammlung, Erich Steingräber, reagiert gar nicht träge: Er schmeißt die Buchheim-Sammlung kurzerhand raus. Kultusminister Hans Maier kann dies gerade noch verhindern. Jens Christian Jensen, Direktor der Kunsthalle zu Kiel, berichtet selbstironisch: »Wir Museumsleute haben es schwer mit Lothar-Günther Buchheim. Er mag uns nicht, und wir müssen den ersten Impuls, nämlich unter den Schreibtisch zu kriechen, wenn er vor der Tür steht, immer wieder bekämpfen.« Jensen verkriecht sich nicht. Er darf 1981 seine Ausstellung mit Buchheims berühmten Gemälden, Aquarellen und Grafiken machen, wie viele weitere Museen in Japan, Israel, Amerika und Europa auch. In München macht die tourende Sammlung sogar viermal Halt: zweimal im Lenbachhaus und zweimal im Haus der Kunst. Dort freut sich Direktor Christoph Vitali 1998, die »bedeutendste private Sammlung der für die deutsche Kunst so wichtigen Schaffensperiode des Expressionismus« seinem Publikum zeigen zu dürfen.

Auch wenn viele Museumsleute sich Hoffnungen gemacht haben, denkt Buchheim gar nicht daran, seine Sammlung in ein bestehendes Museum einzugliedern. Er beharrt auf sein eigenes Museum. Seit den späten 1970er-Jahren sucht er nach einem Standort dafür. München, Duisburg, Chemnitz und Weimar stehen zur Diskussion. Dank der entschiedenen Unterstützung durch die bayerischen Ministerpräsidenten Franz Joseph Strauß und Edmund Stoiber wird das Vorhaben schließlich Wirklichkeit. Im Frühjahr 1996 wird für einen Standort in Buchheims Wohnort Feldafing schließlich ein Wettbewerb ausgelobt. Der berühmte deutsche Architekt Günter Behnisch, von dem auch das Olympiagelände in München und der Bundestag in Bonn stammen, erhält den ersten Preis. Die Realisierung scheitert an einem Bürgerentscheid gegen den Bau. Buchheim hat sich mit seinem polterigen Wesen nicht nur Freunde in seiner Wahlheimat gemacht. Viele Gemeinden bieten Ersatzgrundstücke. Die Entscheidung fällt schließlich auf einen wundervollen Bauplatz ein paar Kilometer weiter südlich am See, im Hirschgarten in Bernried. Dort wird der Behnisch-Entwurf mit einigen Anpassungen umgesetzt. 1998 erfolgt der erste Spatenstich. Am 23. Mai 2001 eröffnet der bayerische Ministerpräsident Stoiber den Museumsbau. Landschaftsbezug, Transparenz und Leichtigkeit sind seine Kennzeichen. Immer wieder wird das in den romantischen Landschaftsgarten hinein komponierte Bauwerk von atemberaubenden Ausblicken auf die Voralpenlandschaft durchbrochen, bis es schließlich mit einem zwölf Meter über dem Wasser schwebenden Steg in den Starnberger See vordringt.

Aber wie soll er gefüllt werden, dieser große Bau mit seinen mehr als dreitausend Quadratmetern Ausstellungsfläche? Jetzt muss Buchheim den Beweis antreten, dass er in der Lage ist, anstelle eines »Museums der Trägheit« ein »Museum der Phantasie« auf die Beine zu stellen. Was kann er der von ihm so gehassten »steißtrommlerischen Systematik« entgegensetzen? Er ist kein ausgewiesener Museumsfachmann – für ihn ein Vorteil! Er ist Verleger, Autor, Kunstkenner und Sammler. Doch unter dem Strich ist er in all seinen Tätigkeiten immer das geblieben, was seit zartem Knabenalter so überaus kräftig in ihm angelegt ist: ein Künstler, oder im ureigentlichen Sinne: ein Expressionist! In einem Katalog des Blauen Reiters von 1912 heißt es: »Unser heißer Wunsch ist es, durch Beispiele des unerschöpflichen Reichtums der Form, die die Welt der Kunst unermüdlich gesetzmäßig schafft, Freude zu erwecken.« Die Künstler des Blauen Reiters beschäftigten sich nicht nur mit hoher Kunst, sondern auch mit bayerischen Hinterglasbildern, Kinderzeichnungen oder russischer Volkskunst; und so verfährt auch Buchheim: Er möchte den »Humus« zeigen, aus dem die »große Kunst« wächst. Er möchte das Inspirationsfeld zur Schau stellen, das Künstlern Anregung bietet. Zugleich gibt er dem Betrachter damit die Chance, sich selbst ästhetisch anregen zu lassen. Der ehemalige Kriegszeichner im Dienste der NS-Propaganda hat seine Lehre aus den Desastern der Diktatur gezogen. Seine Mission ist es, »die Leute dazu zu ermutigen, ihren eigenen Augen und ihren eigenen Sinnen zu trauen und selber zu entscheiden, woran sie sich delektieren wollen«.

So steht es für Buchheim außer Frage, dass die expressionistischen Gemälde, die nicht zuletzt durch sein Engagement zu hoch verehrten »Denkmälern« avanciert sind, durch einen antimusealen Kontext verlebendigt werden müssen. Die »ausgetrampelten Hauptstraßen« der Kunstgeschichte finden sich in seinem Museum konterkariert durch die von ihm so geliebten »Wiesenpfade der Kunst«: Volks- und Völkerkundliches, Werke von Outsidern und Autodidakten, Alltägliches und Triviales – eine Kunst- und Wunderkammer aus Erstaunlichem, Skurrilem oder einfach nur Schönem, die der manische Zusammenträger zeitlebens angehäuft hat. Zu diesen weitverzweigten Nebensammlungen gehören, um nur wenige Beispiele zu nennen, Bauernmalereien aus Bayern, Fruchtbarkeitssymbole aus Afrika, Prunkbetten aus China, Schattenspiele aus Java, gläserne Briefbeschwerer aus ganz Europa, Flipperautomaten, japanische Dekorationsware oder eine Horde fliegender Karussellpferde und, nicht zu vergessen: Buchheims Miniaturzirkus Buffi, der auf Knopfdruck zu dröhnendem Leben erwacht. Ist nicht dies die edelste Aufgabe der Kunst? Sie stellt einen Ausbruch aus dem Gewohnten dar, sie lässt uns emotional wie gedanklich neue Wege gehen. *Novitas, curiositas* und *admiratio* – das Ungewöhnliche, die Neugier und das Staunen – sind bereits bei Alexander Gottlieb Baumgarten, Philosoph des 18. Jahrhunderts und Begründer der modernen Ästhetik, zentrale Begriffe. Der Künstler Buchheim hat sie in seinem Kunstmuseum zum Prinzip erhoben. 2007 stirbt er nach getaner Arbeit. Er hat uns, wie er zu sagen pflegte, »ein Fest fürs Auge« hinterlassen.

Werkauswahl mit Abbildungen und Texten

Oskar Kokoschka
Stehendes Mädchen
um 1920

Im Zuge einer Serie von Akt- und Bewegungsstudien nach jungen Mädchen, die Oskar Kokoschka um 1921 als Professor an der Akademie in Dresden mit der Rohrfeder zeichnet, entsteht auch dieses Blatt aus der Sammlung Lothar-Günther Buchheims. In überraschend großem Format skizziert der österreichische Künstler ein junges, aufrecht stehendes Mädchen in kurzem Kleid. Mit hinter dem Kopf verschränkten Armen blickt es den Betrachter unschuldig, frech und doch auch ein bisschen verschämt an. Kokoschka gelingt es, sein Modell mit wenigen weit ausladenden Strichen zu erfassen. Die spröde Rohrfeder ermöglicht dem Künstler eine variationsreiche Linienführung. Erzielt er beim energetischen Anzeichnen einen tuschereichen, kraftvoll breiten Strich, so fasert dieser bald aus, um schließlich im Ausgang nur noch als Andeutung erahnbar zu sein. Wird die Feder dagegen leichter geführt, kann die Linie lange ohne Störungen laufen. Allein durch den gekonnten Einsatz dieser Effekte weckt Kokoschka beim Betrachter den Eindruck von korperlichen Volumina, von Licht und Schatten – und von seelischem Ausdruck. Der in Niederösterreich geborene und in Wien aufgewachsene Künstler ist 1910 nach Berlin gekommen, um an Herwarth Waldens berühmter Zeitschrift *Der Sturm* mitzuarbeiten. So kommt er auch mit den Künstlern der Brücke in Berührung. Für Lothar-Günther Buchheim ist er gar wegen seiner »halluzinativen Empfindsamkeit« und seiner »psychologischen Eindringlichkeit« ein Expressionist »par excellence«.

Daniel J. Schreiber

 Rohrfederzeichnung, 70×48,9cm 1.00962

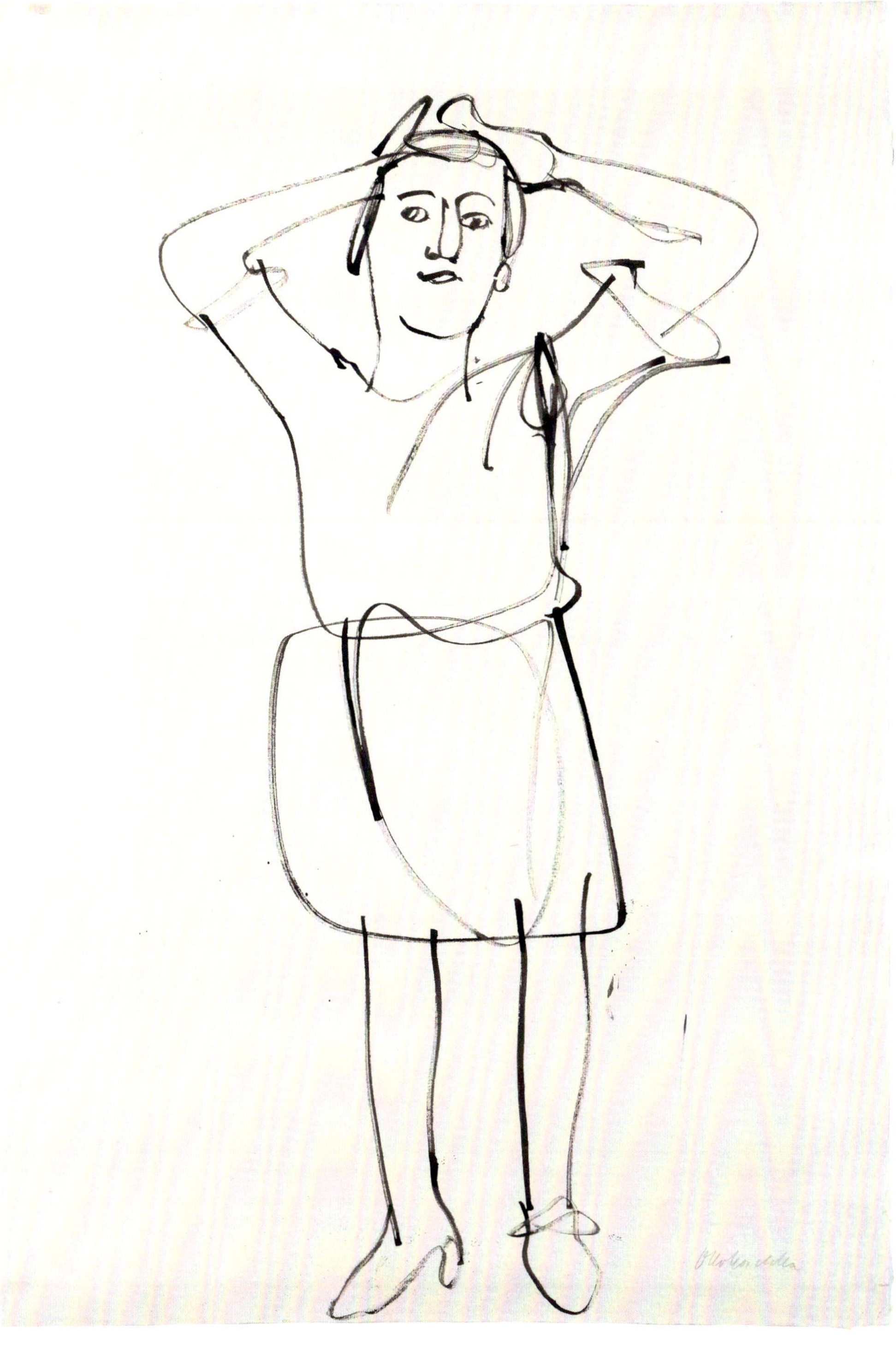

Ernst Ludwig Kirchner Oberkörper eines sich reckenden Mädchens 1907

Die Grundlage seines Arbeitens, so formuliert es Ernst Ludwig Kirchner einmal, sei immer ein Erlebnis. Nicht auf das Formenrepertoire der akademischen Malerei möchte er zurückgreifen, sondern auf die Bewegungen des Lebens selbst. Diese sinnliche Kunstauffassung lässt sich auch bei einem Medium erkennen, das scheinbar eine starre Herangehensweise begünstigt: dem Holzschnitt. Mit 986 verzeichneten Holzschnitten von 1904 bis 1937 wird Kirchner das umfangreichste druckgrafische Werk des Expressionismus, ja neben Picasso sogar das größte druckgrafische Œuvre des 20. Jahrhunderts überhaupt zugeschrieben. Das Material Holz, das steif, unbeugsam und hart anmutet, steht keineswegs im Widerspruch zu Kirchners Suche nach Lebendigkeit. Vielmehr entwickelt sich in den Holzschnitten des Brücke-Künstlers ein spannender Dialog aus dynamischem Bildinhalt und sperrigem Material. Das auf diesem Schwarz-Weiß-Druck dargestellte, sich reckende Mädchen lässt erkennen, dass Kirchner durch Nutzung der natürlichen Holzmaserung die Synthese aus Bewegtheit und Starrheit gelingt. Das Brustbild einer jungen Frau erstreckt sich über die gesamte Höhe des Bildes. Stehen gebliebene Holzstege des Druckstocks beleben ihre weiße Haut und ihre Bekleidung mit schwarzen Linien. Den Kopf, umfangen von ihrem hochgesteckten, schwarzen Haar, legt sie in den Nacken. Mit ihrer linken Hand kann sie kaum das hinunter rutschende, in Falten liegende Gewand halten. Die entblößten Schultern sind nach oben gezogen, die Augen zu Schlitzen verengt, der Mund leicht geöffnet. Das Bildnis der lustvoll verzückten Frau erweckt beim Betrachter den Eindruck einer unmittelbaren Teilhabe an einer erotischen Begegnung.

Mira Naß

 Holzschnitt, 37,7×25,5cm 1.00168

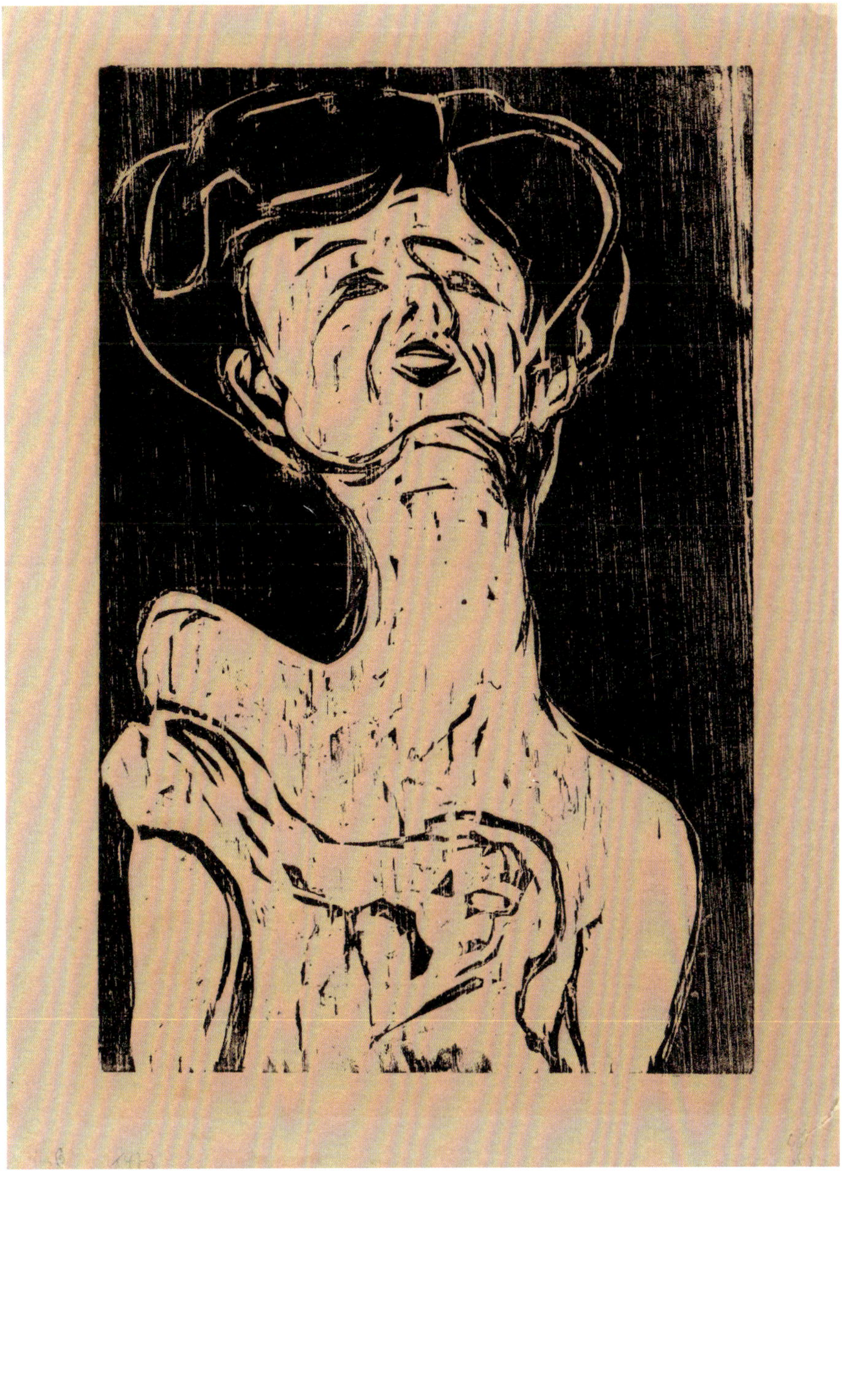

Emil Nolde
Frauenkopf
1911

In allen Schaffensphasen wendet Emil Nolde sich variationsreich dem Frauenbildnis zu. Das Aquarell zeigt eine in Gedanken versunkene Frau im Dreiviertelprofil, das Kinn auf die linke Hand gestützt, den Blick abwesend ins Unbestimmte gerichtet. Es ist ein eindrücklicher Beleg dafür, welch großartiger Kolorist Nolde ist. Das leuchtende Rot des Haars, des Kleids und der Lippen kontrastiert komplementär zum düsteren braun-grünen Hintergrund. Das Blau der dunkel umflorten Augen findet sich in der Kragenschleife wieder. Die Verwendung der Farbe als Ausdrucksmittel und die aufgelöste, dynamische Malweise – beides kennzeichnend für Nolde – kommen hier besonders zum Tragen. Wie der von ihm bewunderte Edvard Munch möchte Nolde Menschen malen, »die atmen und fühlen und leiden und lieben«. Die Farbe soll unter der Hand des Malers zum Leben erwachen. Mit dem *Frauenkopf* gelingt Nolde ein Porträt, das nicht mehr auf eine wirklichkeitsnahe Umgebung angewiesen ist – die Frau beherrscht mit ihrem zu farbigem Ausdruck gewordenen Wesen den Bildraum. Ihr Sentiment materialisiert sich in einer Art Momentaufnahme in schnell aufgetragener, leuchtender und dennoch zarter Farbigkeit.

Im Prozess seiner künstlerischen Auseinandersetzung beginnt Nolde synästhetisch zu empfinden. Er sieht Klänge, Gefühle und Stimmungen in Tonwerten. Die Stimme seiner Frau Ada empfindet er etwa als »zwischen rostrot und liladunkel liegend«. Er schlussfolgert: »Ja, jedes Bild durch den Wert und Klang seiner Farben kann eine seelische Erregung entfachen bei jedem Menschen, der farbenempfänglich ist.« Ein Porträt von Nolde ist Ausdrucksträger für die Stimmung der Dargestellten – und zugleich, so will es der Maler jedenfalls, entfacht es die seelische Erregung des Betrachters. Lothar-Günther Buchheim hat diese Botschaft erreicht. Er misst Noldes Aquarellen einen besonderen Stellenwert zu.

Laura Lang

 Aquarell, 47×33,8cm 0.00020

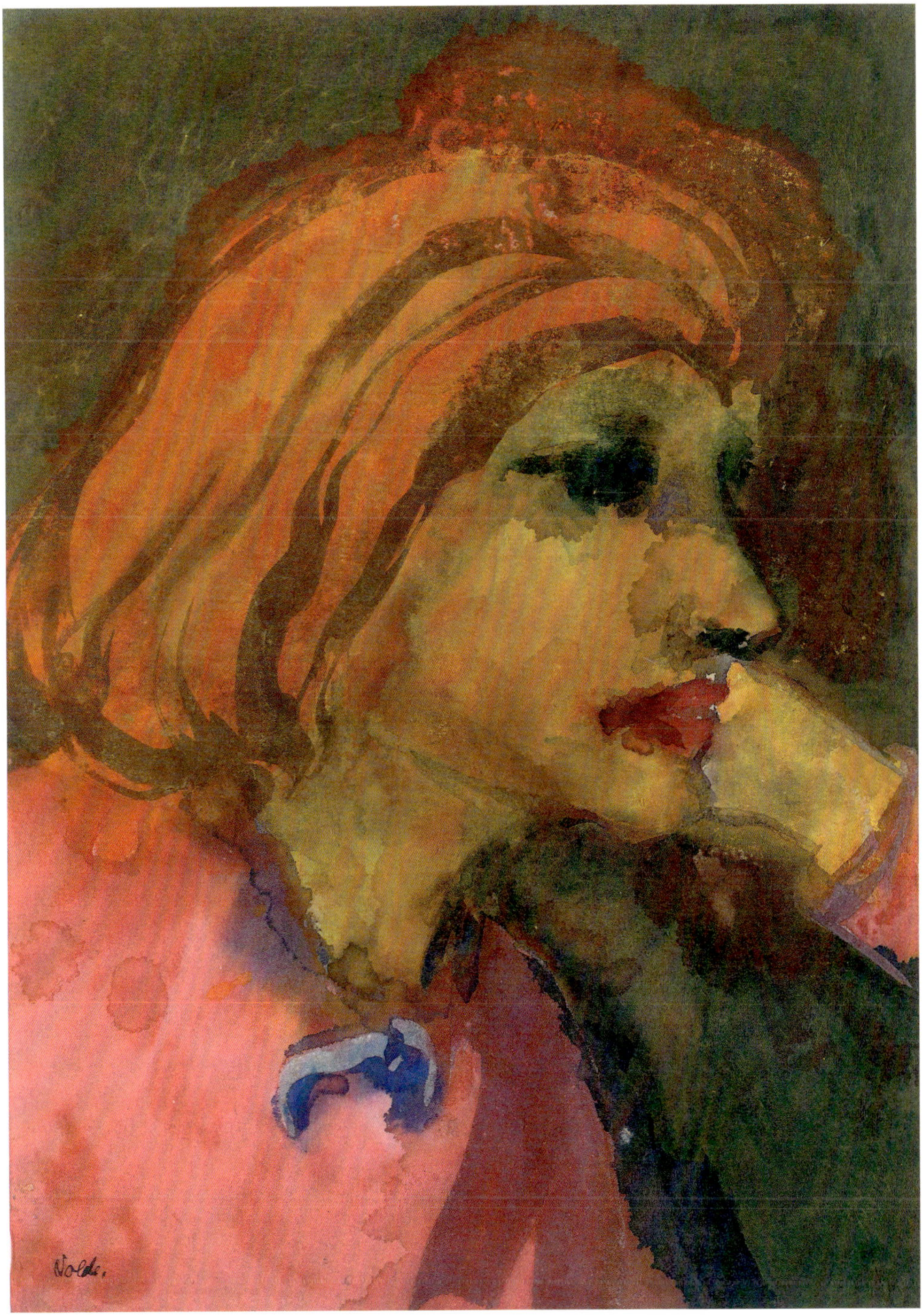

Wilhelm Morgner
Selbstbildnis
1912

»Ich will das rasende Feuer, das mir die Natur in die Adern gießt, in Farben überströmen lassen.« Wilhelm Morgners malerisches Werk strotzt nur so von Energie und Ausdruckswillen. Seine pastosen, parallel aneinandergelegten Pinselstriche erinnern an van Gogh. Türkis und ein »Grün wie Gift«, wie er es nennt, sind die dominierenden Farben. Das Gesicht sticht im Komplementärkontrast dazu hervor. Gelborange ist das Inkarnat, rot die wulstigen Lippen und die breit ausladenden Nasenflügel. Die reine Farbe gibt Morgner eine Möglichkeit, den Geist der Unendlichkeit auszudrücken: »Ich will mein Ich in Farbe und Form kleiden«, schreibt er in einem Brief aus der Entstehungszeit des Bildes. »Durch richtige Komposition von Farbe will ich den lebendigen Gott in mir mitteilen, unmittelbar.« Das Jahr 1912 markiert einen Höhepunkt in Morgners kurzem, an der Westfront des Ersten Weltkriegs 1917 beendetem Lebens: Das Werk des kaum 20-Jährigen ist auf der Kölner Sonderbundausstellung und im Almanach *Der Blaue Reiter* vertreten. Sein *Selbstbildnis* aus diesem Jahr ist eines von über hundert gezeichneten und gemalten Selbstporträts, in denen Morgner Facetten seines Ichs präsentiert. Auf der Suche nach der eigenen Identität spielt er mit seiner Physiognomie. Hier inszeniert er sich in einem monumentalen Brustbildnis, das klassische kunsthistorische Posen zitiert. Gleichzeitig lassen sich in seinem Blick und seiner Körperhaltung Schwermut erkennen. Trotz starker Verbundenheit mit seiner Heimatstadt Soest leidet er unter der provinziellen Enge. Er beschäftigt sich intensiv mit der Gedankenwelt Friedrich Nietzsches und der Passionsgeschichte Christi, in der er Parallelen zu seinem eigenen Nicht-verstanden-Werden erkennt. Morgners farbintensive, kraftvoll stilisierende Malerei wird in den Kunstzentren der Vorkriegsjahre mit großem Interesse rezipiert. Auch wenn Morgner zu Lebzeiten die Anerkennung seiner Heimatstadt vermisst, wird er später als Ausnahmetalent und Hauptfigur des Westfälischen Expressionismus gelten.

Claudia Leonore Kreile

 Öl auf Pappe, 100×72cm 0.00077

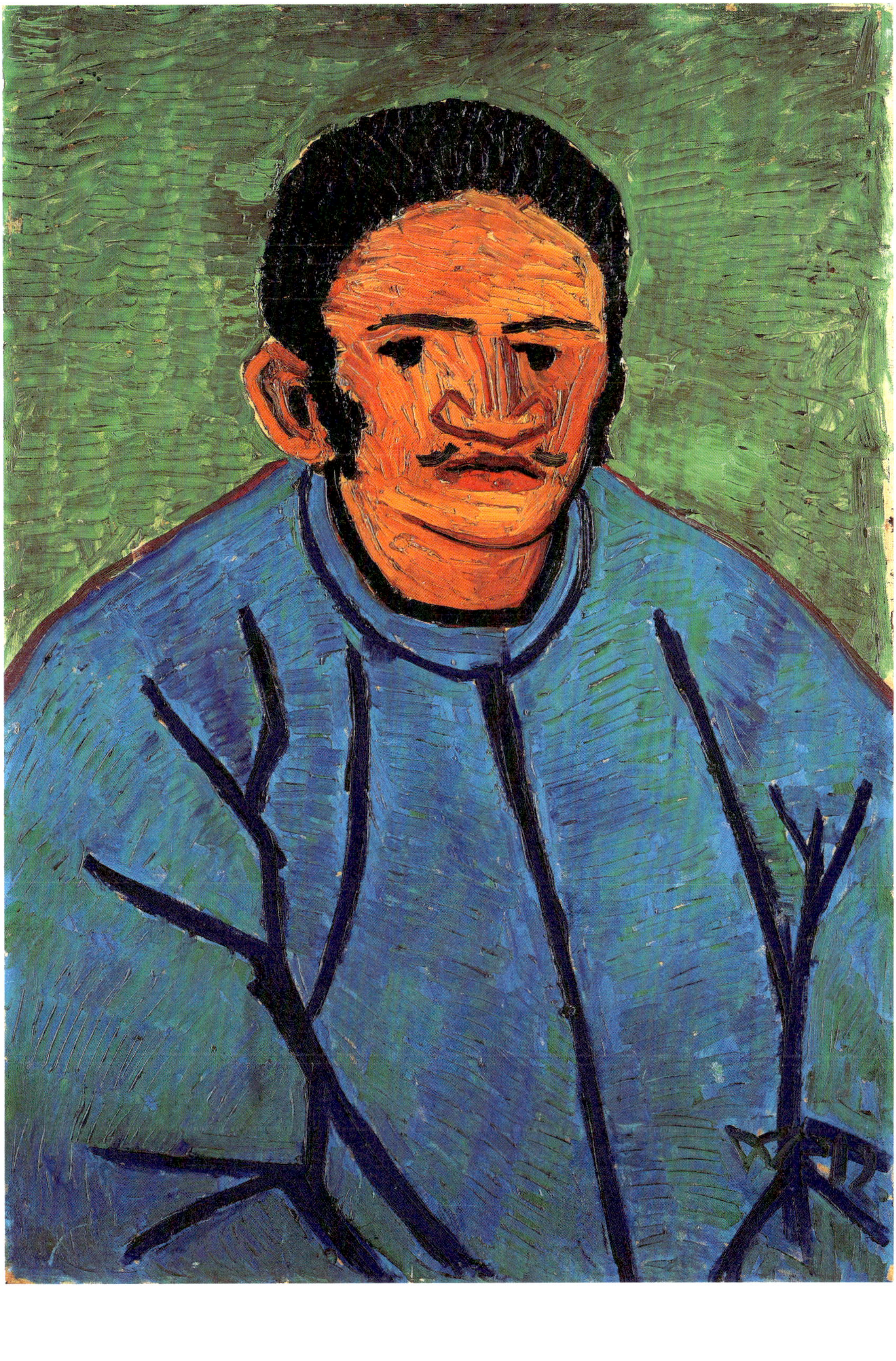

Alexej von Jawlensky
Kopf in Blau
1912

Die beiden großen, schräg stehenden Augen einer jungen Frau mit kantigem Kurzhaarschnitt fixieren uns. Mit nur wenigen reduzierten Zeichen und vereinfachten Strichen bannt Alexej von Jawlensky das ausdrucksstarke Bildnis einer Frau auf die Leinwand. Der gespitzte, kleine Mund, das Haupt sowie die schmalen Wangen wirken weiblich. Die starken Farben, die Jawlensky in schnellen Strichen und in einer lockeren Pinselführung kontrast- und stimmungsreich nebeneinandersetzt, stechen hervor. Jawlensky gehört nicht zu den Gründern des Blauen Reiters. Erst später tritt er dieser Münchner Künstlervereinigung bei. Trotzdem kommt ihm eine tragende Rolle zu. Er gehört zu den Mitbegründern der Neuen Künstlervereinigung München, von der sich dann 1911 der Blaue Reiter mit Wassily Kandinsky und Franz Marc abspaltet. 1908 ist Jawlensky gemeinsam mit seiner Lebensgefährtin Marianne von Werefkin, Wassily Kandinsky und Gabriele Münter in Murnau. Jawlensky kann dort die Freunde dank seiner Kenntnisse über Henri Matisse und Paul Gauguin mit der Möglichkeit formaler Vereinfachung und freier, von der Abbildhaftigkeit losgelöster Farbigkeit vertraut machen. Er führt den seinerzeit in Frankreich diskutierten Begriff der »Synthese« ein, der die Programmatik beider Gruppierungen nachhaltig beeinflussen wird. Kandinsky, zusammen mit Marc der Initiator des Blauen Reiters, greift den Gedanken auf. Er gehe davon aus, so formuliert er es, »dass der Künstler außer den Eindrücken, die er von der äußeren Welt, der Natur, erhält, fortwährend in einer inneren Welt Erlebnisse sammelt«. In der Kunst müsse dann eine Synthese der äußeren und inneren Erfahrungen erzielt werden. Das Streben danach, so Kandinsky weiter, scheine ihm »eine Losung, die gegenwärtig immer mehr Künstler geistig« vereinige. Jawlenskys *Kopf in Blau*, entstanden im Jahr seines Übertritts zum Blauen Reiter, ist ein Paradebeispiel dafür. Das noch erkennbare Abbild der Porträtierten wird durch zeichenhafte Verdichtung und farbsymbolische Aufladung mit Gehalten der inneren Erlebniswelt zusammengeführt.

Sophia Plaas

 Öl auf Karton, 60,5×44,5cm 0.00063

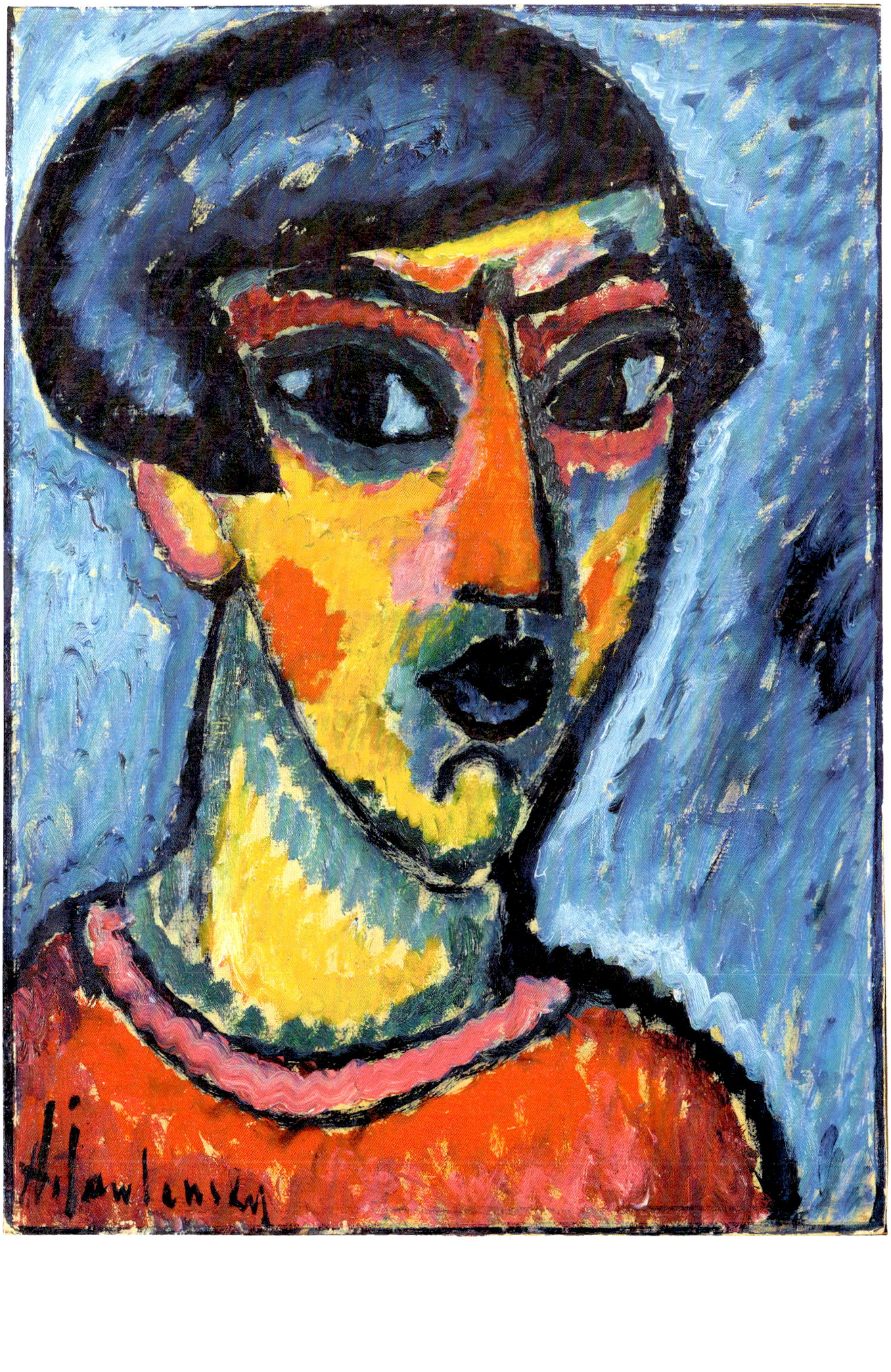

Emil Nolde
Araber
1920

»Mein Herz pochte stets etwas lebhafter, wenn ich künstlerisch gestaltend einem Sibirer, einem Chinesen oder einem Südseeinsulaner gegenüberstand, ja selbst der nächtlich verdorbene Großstädter erregte mich wie eine Fremdnatur«, so erklärt Emil Nolde seine »Liebe zum Ungewöhnlichen«. Sein Porträt eines Arabers zeigt ein exotisch anmutendes Bildnis, malerisch umgesetzt in expressivem Farbausdruck. Frei setzt Nolde grüne, blaue und schwarze Farbflächen an- und übereinander, vor denen das abstrahierte Brustbild des Mannes erscheint. Die in strahlenden Rot- und Orangetönen gemalte Kleidung hebt sich kontrastreich vom Hintergrund ab. Die Physiognomie wird von eckigen Konturen und einem fleckig schwarz-braunen Farbauftrag bestimmt, in dem sich auch das Grün des Umraums wiederholt. Die Hinwendung zu außereuropäischen Kulturen – der sogenannte Primitivismus – packt Anfang des 20. Jahrhunderts eine ganze Generation von Künstlern. Ähnlich wie viele seiner Zeitgenossen fertigt Nolde in den 1910er-Jahren Masken- und Skulpturenstudien im Berliner Völkerkundemuseum. »Die absolute Ursprünglichkeit, der intensive, oft groteske Ausdruck von Kraft und Leben in allereinfachster Form, das möge es sein, was die Freude an diesen eingeborenen Arbeiten gibt«, so beschreibt Nolde seine Begeisterung für die Unmittelbarkeit und Ausdruckskraft des vermeintlich Ursprünglichen. 1913 ergibt sich für Nolde die Möglichkeit, gemeinsam mit seiner Frau Ada an einer medizinisch-demografischen Expedition in die Südsee teilzunehmen. Die Eindrücke der einjährigen Reise sollen den »germanischen peintre naif«, wie ihn Lothar-Günther Buchheim beschreibt, nachdrücklich prägen. Auch der *Araber* ist im Kontext der Südseereise zu sehen, deren Route Anfang August 1915 über den ägyptischen Hafen Port Said zurück nach Europa führt. 1937 als »entartet« konfisziert, legt das Werk einen geschichtsträchtigen Weg zurück, bevor es 1971 von Lothar-Günther Buchheim erworben wird. Es ist das einzige Ölgemälde Noldes in der Sammlung Buchheim.

Laura Lang

 Öl auf Leinwand, 66,5×51cm 0.00035

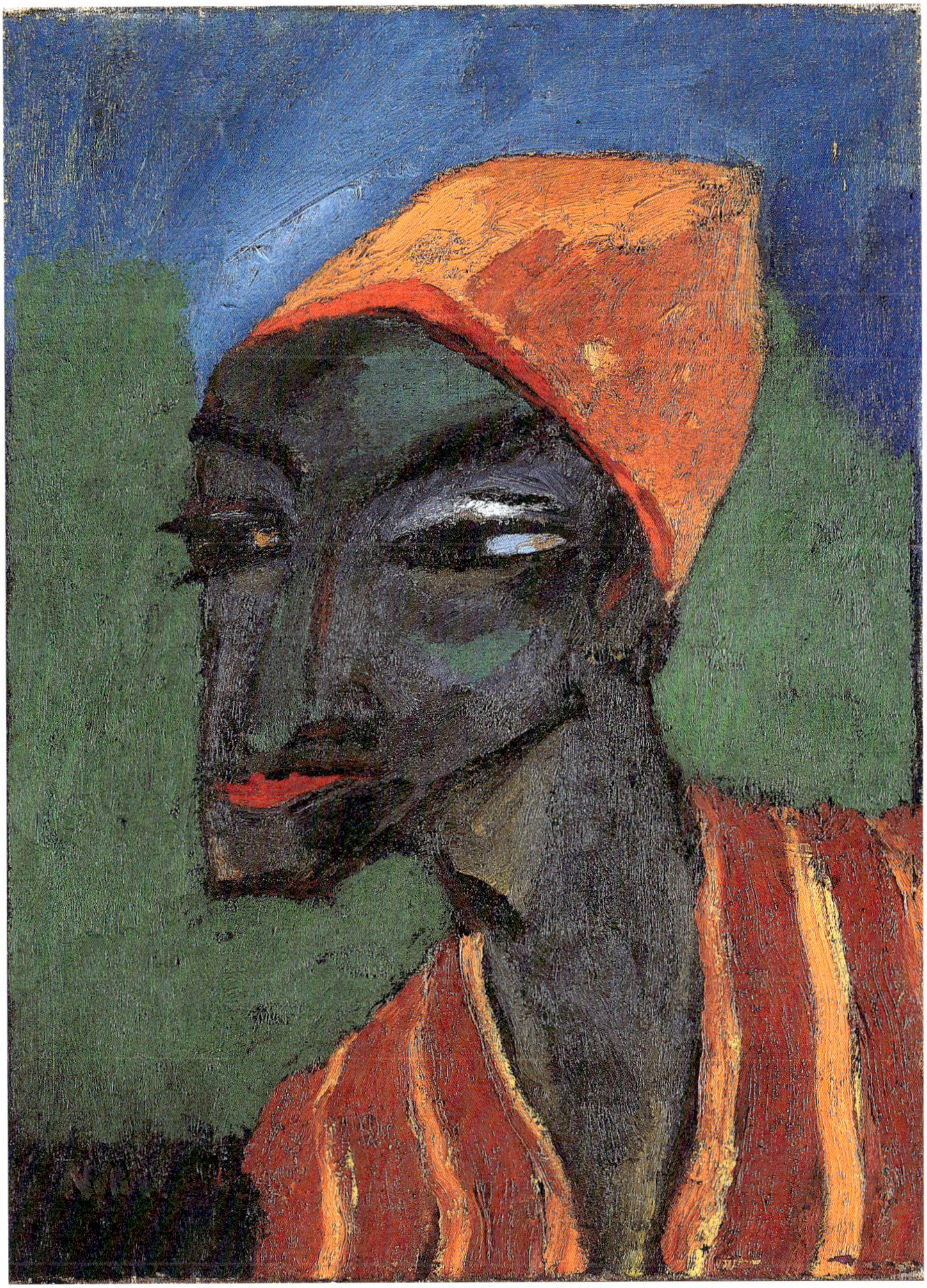

Max Beckmann
Frau mit Hut und Muff
1944

Als das Bildnis der *Frau mit Hut und Muff* entsteht, befindet sich der Künstler mit seiner Ehefrau bereits sieben Jahre im Amsterdamer Exil. Wie bei vielen seiner Bilder wählt Beckmann ein schmales Hochformat, das die Porträtierte im Pelzmantel mit ihrem großen Hut fast völlig ausfüllt. Der schmale Bildausschnitt erweckt den Eindruck von Enge und Beklommenheit, der sich auch in der geduckten Haltung, im ängstlichen Gesicht sowie im engen Augenabstand der noch jungen Frau widerspiegelt. Im Hintergrund sind auf der rechten Bildhälfte auf grünem Grund horizontale und vertikale schwarze Striche zu erkennen, die aufgrund ihrer Struktur die Assoziation an Stacheldraht wecken und abermals das Thema der Beengtheit aufnehmen. Die linke Bildhälfte des hinteren Bildraumes besteht aus einer hellgrauen Farbfläche, die mit lockerer Pinselführung an die dunkle Kontur des Bildnisses herangemalt ist. Der Verzicht auf Raumillusion, die Betonung der Fläche und die formale Vereinfachung erinnern an die abstrahierende Reduktion des Holzschnitts der Brücke-Künstler. Die Dargestellte hat eine geheimnisvolle Aura. Sie erscheint schön und verheißungsvoll, und doch ist sie umhüllt von dunkler Bedrohung und Trauer.

Sophia Plaas

 Öl auf Leinwand, 60,5×40,5cm 0.00042

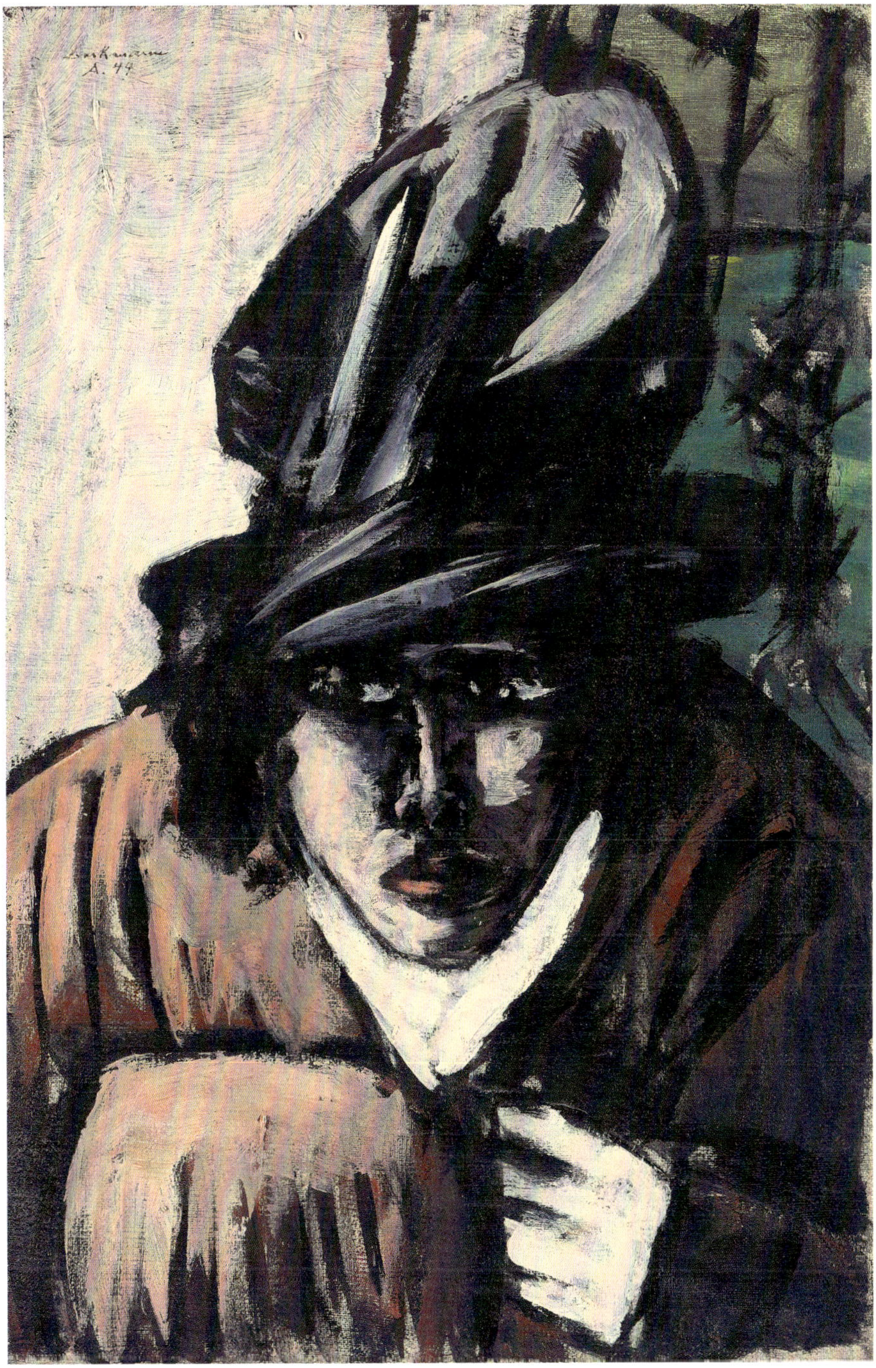

Erich Heckel
Frau mit Kissen
1911

Die Werke *Frau mit Kissen*, *Kniende im Atelier* und *Krankes Mädchen* illustrieren, wie virtuos und vielseitig Heckel die Technik der Zeichnung und des Aquarells einzusetzen versteht.

Insbesondere im Jahr 1911 widmet sich Heckel der Arbeit auf Papier. Er gelangt hier zu einer großzügigen Flächenkomposition bei lässiger und doch zugleich präziser Strichführung. Die Linie avanciert zum tragenden Element. *Frau mit Kissen* basiert auf einer lockeren Zeichnung geschwungener Bleistiftspuren, die sodann mit stark verdünnter Wasserfarbe koloriert wurde. Stellenweise fließen die Farben ineinander. Es entstehen marmorierte Maserungen und sanfte Übergänge, die eine lyrische Atmosphäre erzeugen. Die Frau wird umspielt von einer sinnlichen Leichtigkeit.

Claudia Leonore Kreile

 Bleistift und Aquarell, 36,5 × 46 cm 1.00044

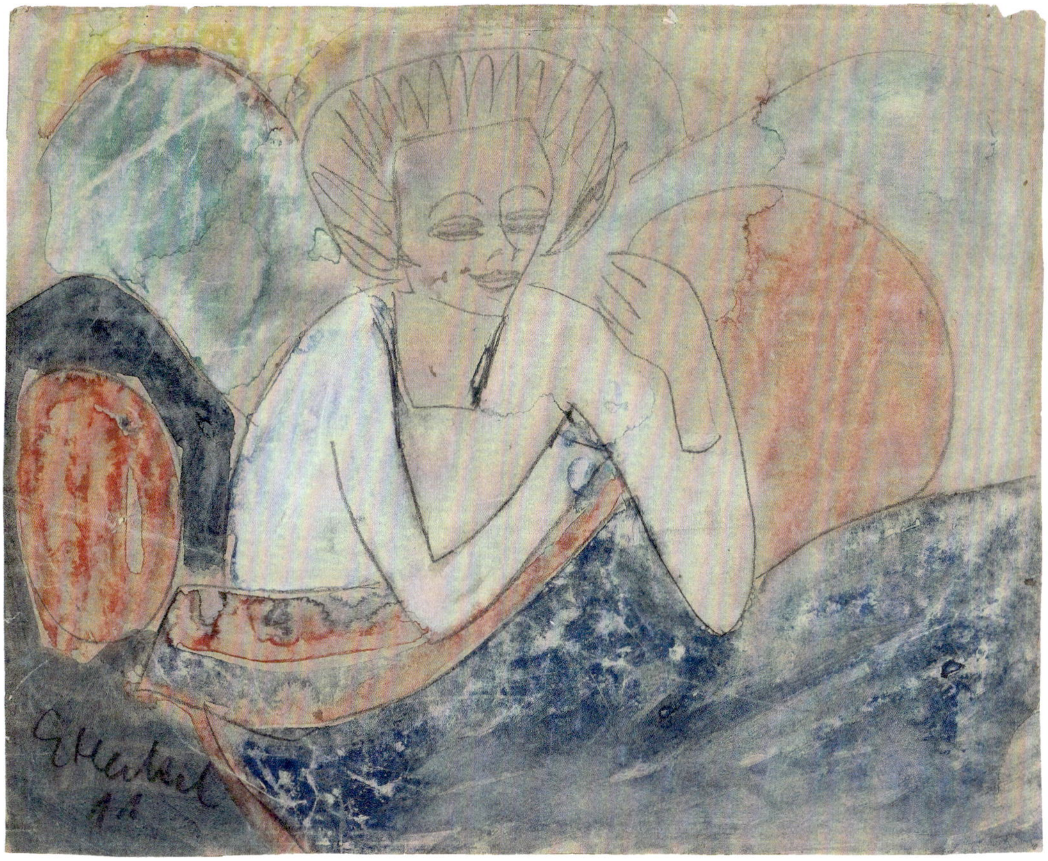

Karl Schmidt-Rottluff
Mädchenbildnis
1915

Im Bildausschnitt, den Rahmen von oben bis unten ausfüllend, sitzt eine junge Frau in einem Schaukelstuhl mit grüner Polsterung und braunen Rahmenteilen. Ihr Gesicht ist schmal. Sie blickt ausdruckslos aus dem Bild heraus. Ihre Wangen heben sich in ungesundem Grün von ihrem sonst dunklen Teint ab. Gesicht und Haltung erscheinen statuenhaft, ähnlich jenen afrikanischen Plastiken, die Schmidt-Rottluff wie die anderen Brücke-Maler in der völkerkundlichen Abteilung des Dresdner Zwingermuseums für sich als Inspirationsquelle entdeckt hat. Der Halsansatz ruht unnatürlich tief zwischen den breiten Schultern. Darunter verschlankt sich der Körper zur Taille, um dann an den Hüften stark anzuschwellen und sich zu den Knien hin wieder spindelförmig zu verjüngen. Sie hält die Beine unter ihrem grünen Rock geschlossen. Die aus einer kurzärmeligen blauen Bluse hervortretenden Unterarme wirken hölzern. Heller als ihr grün-blauer Untergrund, bilden sie zwei parallele Diagonalen, die das untere Bilddrittel beherrschen. Der rechte Ellbogen ist auf die Armlehne gestützt, die Hand ruht abgewinkelt auf der Brust. Die linke Hand liegt auf dem rechten Knie. Bei der Porträtierten handelt es sich wahrscheinlich um Emmy Frisch, einem Modell, das sich bereits 1908 von Ernst Ludwig Kirchner im Schaukelstuhl abbilden ließ. Von Kirchner in rauschhaftem Ballkleid auf rotem Sitzmöbel höchst repräsentativ in Szene gesetzt, wirkt sie auf Schmidt-Rottluffs Bild alltäglich schlicht. Jenseits aller kompositorischer Strenge verraten ihr Kolorit, ihre Haltung und ihr Blick vor allem eines: Resignation und Trauer. Es ist eines der allerletzten Ölgemälde, die Karl Schmidt-Rottluff fertigstellt, bevor er im Mai 1915 einberufen wird und als Soldat nach Russland geht. Nach seiner Rückkehr heiratet er 1919 Emmy Frisch.

Daniel J. Schreiber

 Öl auf Leinwand, 98,5×61cm 0.00030

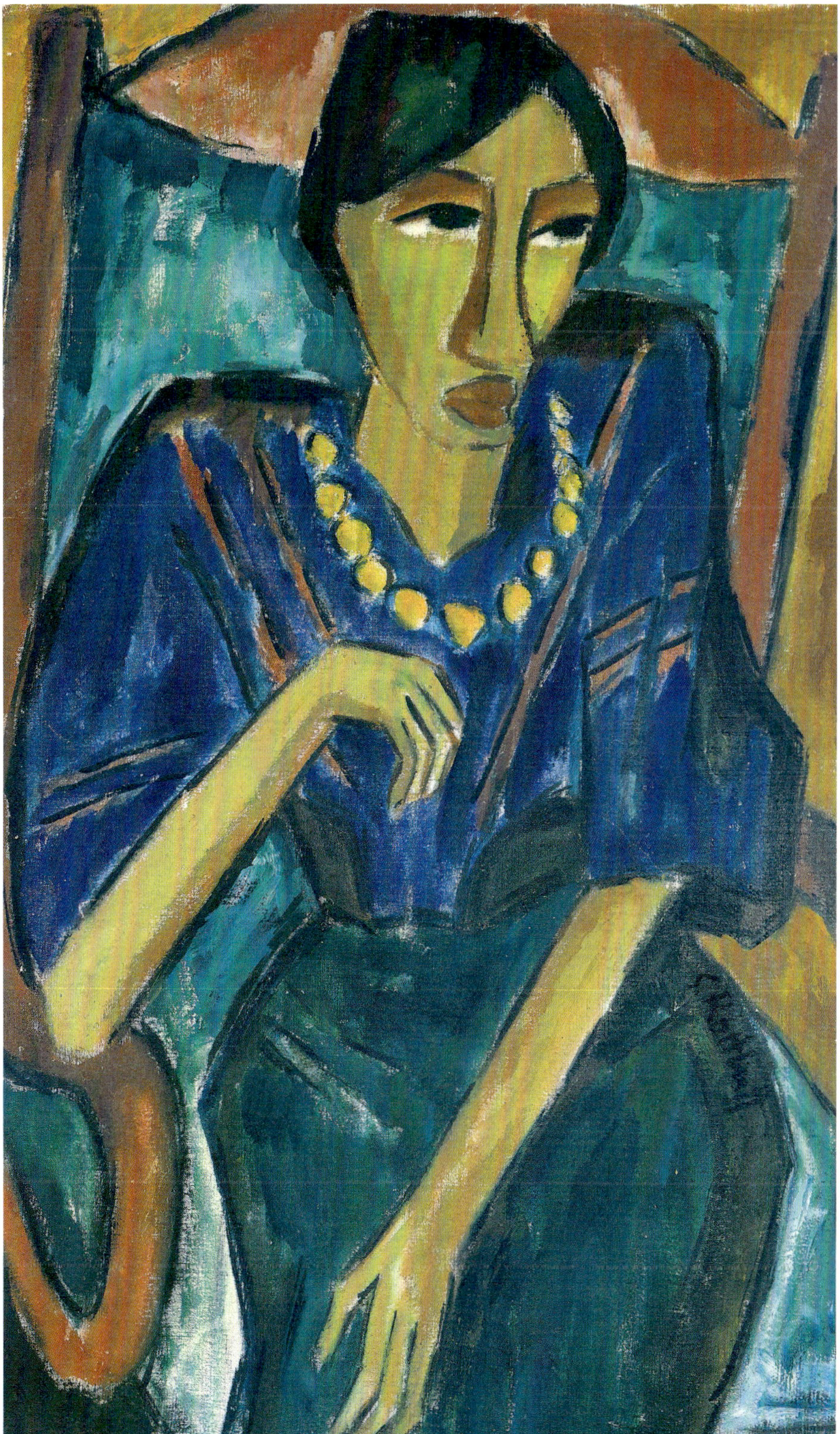

Erich Heckel
Der schlafende Pechstein
1910

Wie bedeutsam das Bild im sammlungsgeschichtlichen Kontext ist, zeigt die niedrige Inventarnummer an. Das Gemälde von Erich Heckel war nicht Buchheims erster Ankauf, aber ganz gewiss doch seine persönliche Nummer eins. Bei keiner anderen Erwerbung klaffen der niedrige Kaufpreis und die hohe kunsthistorische Bedeutung so weit auseinander wie hier. Worin liegt der Wert des Bildes? Ein junger Mann ist in einem Liegestuhl eingeschlafen. Seine Arme hat er über den Kopf gelegt. Die glühende Mittagshitze brennt ihm auf den Leib. Wie der Titel schon verrät, handelt es sich um Max Pechstein. Das Bild entsteht in Dangast, einem kleinen, recht unbedeutenden Badeort am Jadebusen. Heckel wählt ihn auf der Suche nach neuen Horizonten per Zufallsprinzip aus dem Atlas aus. Zwischen 1907 und 1910 begibt er sich mit seinem Künstlerkollegen Karl Schmidt-Rottluff immer wieder für intensive Arbeitsaufenthalte hierher. Im Sommer 1910 stößt Pechstein für einige Wochen zu seinen Brücke-Freunden. Es kommt zu dem Bildnis des Künstlerkollegen, das den Höhepunkt dieser für Heckels Entwicklung so entscheidenden Zeit markiert. Die Marschlandschaft ist ihm Inspiration. Angeregt durch die wenigen kräftigen Farben reduziert er seine Palette auf eine Handvoll intensiver und kontrastreicher Töne: das leuchtende Rot der Häuser, das saftige Grün der Wiesen, das tiefe Blau des Himmels und hie und da noch gelbe Lichtpunkte und schwarze Konturen. Er gelangt zu klarer Ordnung. Er überwindet das über 500 Jahre bestimmende Schema des zentralperspektivischen Illusionsraums zugunsten einfacher Farbflächenkompositionen. Die Pinselführung lässt einen spontanen Farbauftrag erkennen. Im Pechstein-Bild verdichten sich Formen und Farben maximal. Der Sitzende füllt das Bild nahezu vollständig aus. Gesicht, Hemd, Füße und Boden leuchten rot. Die Hose hebt sich in dunklem Blau ab. Der Oberkörper ist komplementär mit dem kühlenden Grün der Vegetation hinterlegt. Das von harten Kontrasten hervorgerufene flirrende Farberlebnis lässt den Betrachter den schwülen Tagtraum des jungen Pechstein erahnen.

Daniel J. Schreiber

 Öl auf Leinwand, 110×74cm 0.00001

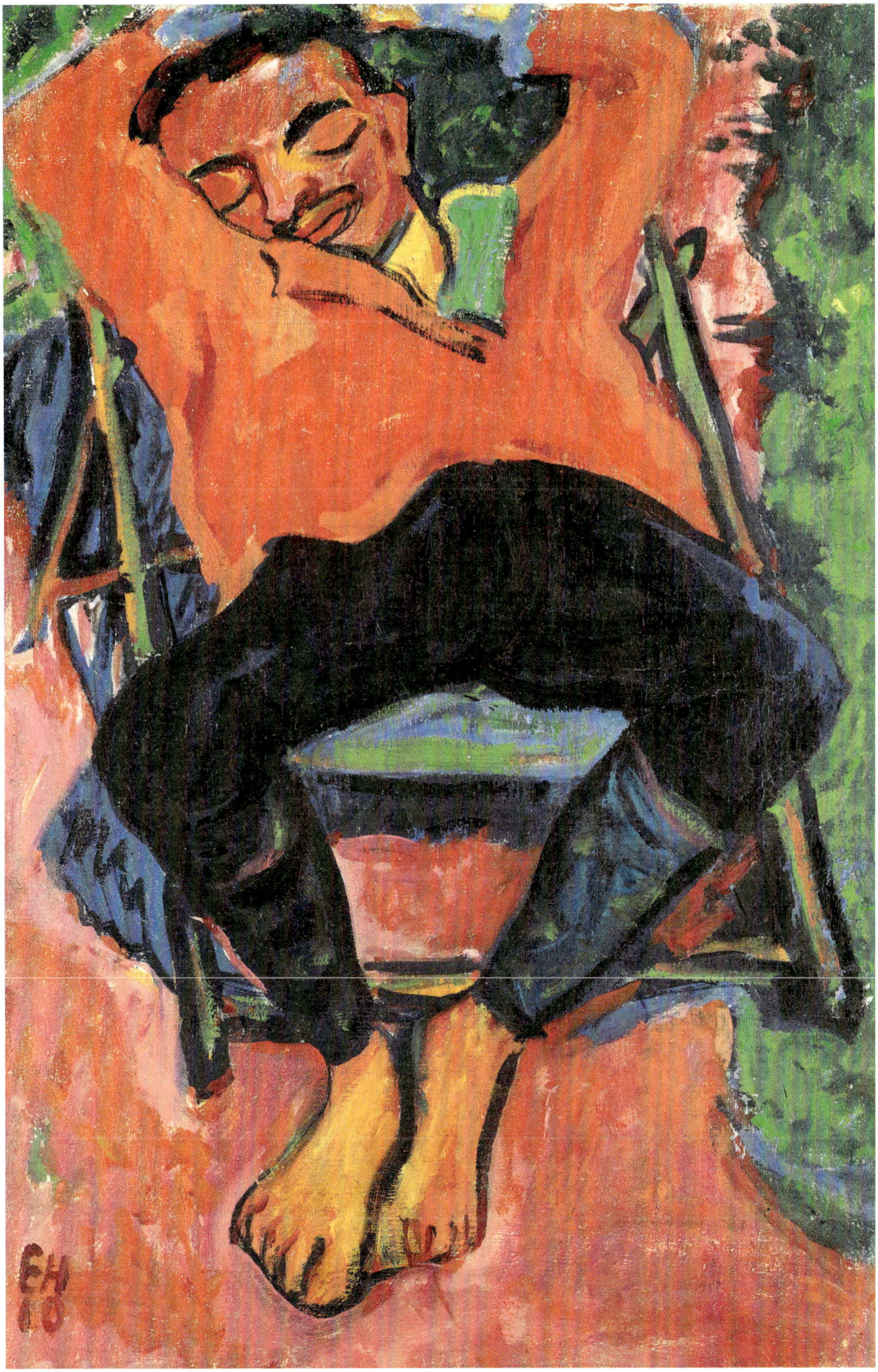

Ernst Ludwig Kirchner
Alter Bauer
1919/20

Wie so viele meldet sich Ernst Ludwig Kirchner bei Ausbruch des Ersten Weltkriegs freiwillig zum Dienst an der Waffe. Er erträgt das Soldatenleben jedoch nur wenige Monate. Nach einem Nervenzusammenbruch wird er 1915 ausgemustert. Sein Kriegstrauma macht ihn medikamentensüchtig. 1917 zieht er in die Schweiz, in die Nähe von Davos. Von Lähmungserscheinungen behindert, glaubt er nie wieder malen zu können. Dank kompetenter medizinischer Betreuung gelingt ihm wenigstens vorübergehend die Entwöhnung von der Sucht. In dieser Zeit der Genesung beschäftigt sich Kirchner motivisch mit der imposanten Berglandschaft sowie den Menschen und Tieren, die sie bewohnen. So entsteht auch das Ölgemälde des alten Bauern. Der Porträtierte, ein ergrauter Mann mit Schnauzbart, bekleidet mit Hemd und Weste, ist von der harten körperlichen Arbeit in der alpinen Landwirtschaft gezeichnet. Sein Gesicht weist tiefe Furchen auf der Stirn und rund um die Augen auf. Die Hände wirken sehnig, die Haut ledrig und von der Sonne gebräunt. Ein länglicher, stabähnlicher Gegenstand in der linken Hand des Bauern mag eine Pfeife sein. Doch auch die Assoziation eines Pinsels drängt sich auf. Möglicherweise identifiziert sich der Künstler mit dem vom Leben Gezeichneten. Der orange-rote Bildhintergrund wird durchbrochen von einem angedeuteten Ausblick auf eine grüne Alm unter blauem Himmel. Rechts neben dem Abgebildeten erinnert eine grüne Zylinderform an den Stumpf eines gefällten Baumes. Wirken Kirchners Werke der Berliner Jahre meist zerfasert und zersplittert, so findet er nun zu einer vitaleren, ruhigeren Malweise.

Mira Naß

 Öl auf Leinwand, 90×75cm 0.00012

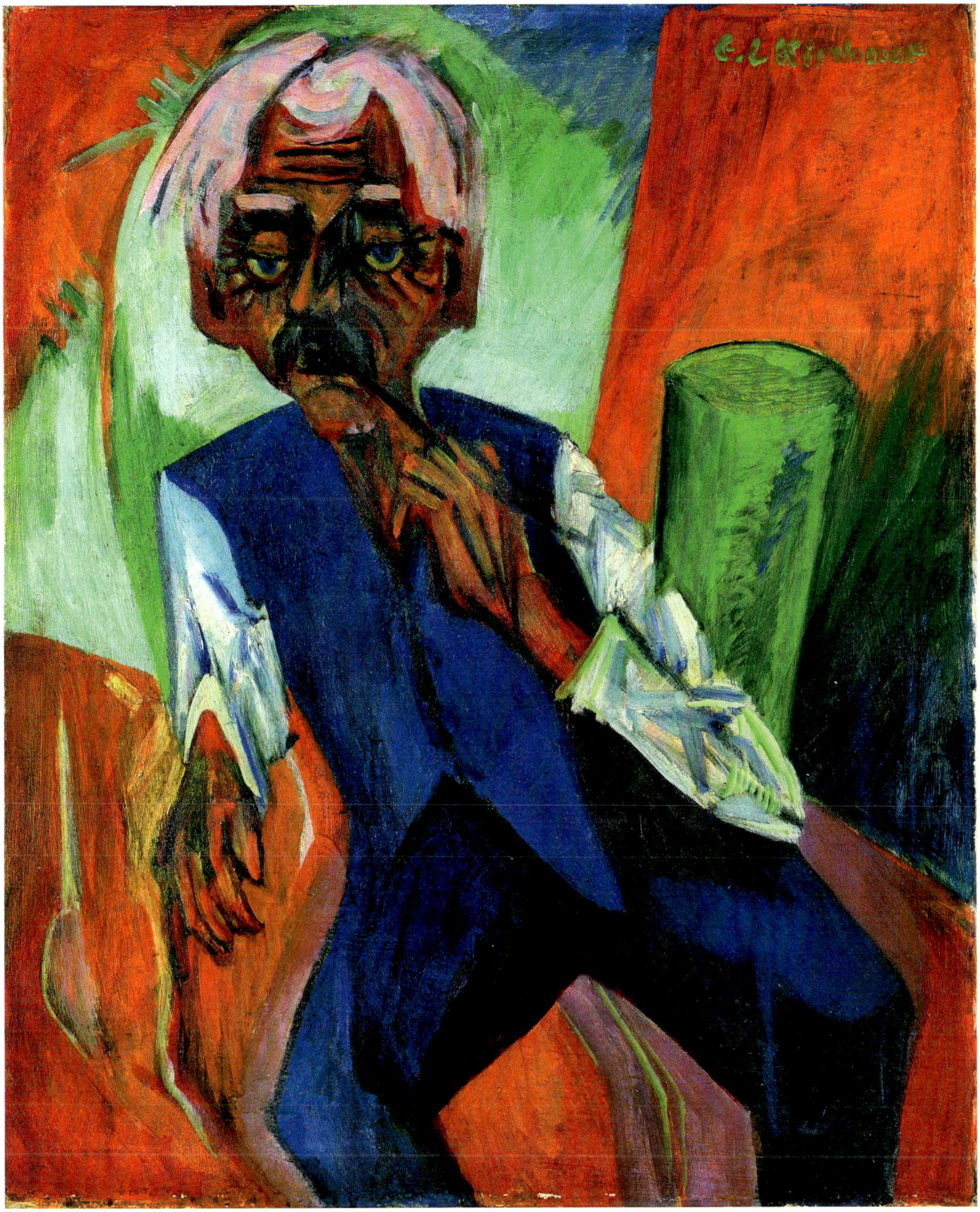
E. L. Kirchner

Ernst Ludwig Kirchner
Dame in Rosa (Herbstzeitlose)
1922

Das Gemälde zeigt es eine dunkelhaarige Frau, die sich an eine hölzerne Brüstung lehnt. Es handelt sich um Kirchners Lebensgefährtin Erna Schilling, die auf dem Balkon des gemeinsam bewohnten Hauses in den Lärchen in Davos steht. Im Hintergrund lässt sich das Alpenpanorama erkennen, welches ebenso wie das bodenlange Kleid der Porträtierten in rosa-violetten Farbnuancen erstrahlt. Angelehnt an das in stürzenden Linien dargestellte Geländer, von links und oben umrahmt durch die Balkenlagen des Holzhauses und die Regenrinne des weit überstehenden Daches, betrachtet die Frau mit leicht angewinkelten Knien und gesenktem Haupt den ebenfalls rosafarbenen Blütenkopf einer Herbstzeitlosen. Mit ihrer Blütezeit im Oktober gilt die Pflanze als eine Vorbotin des nahenden Winters. Die Dominanz der Farbe Rosa lässt sich in vielen Werken der frühen Davoser Schaffensperiode Kirchners bemerken. Die Sinnlichkeit jenes mit viel Weiß gemischten Rottones verweist auf die dramatische und einprägsame persönliche Erfahrung Kirchners in den Schweizer Bergen. Ein schon beinahe den romantischen Landschaftsbildern eines Caspar David Friedrich nahekommendes, erhabenes Naturerlebnis manifestiert sich durch die imposanten Gebirgslandschaften, die im Licht der Morgen- oder Abendsonne erstrahlen. In einem Brief an den belgischen Architekten Henry van de Velde, mit dem er in jenen Jahren in intensivem Austausch steht, beschreibt er eine Stimmung, die in ähnlicher Form auch dieses Bild beseelen mag: »Heute früh vor Sonnenaufgang war ein herrlicher Monduntergang, die Berge ganz blau, der Himmel rötlich-violett mit rosa Wölkchen und der gelbe sichelnde Mond. Es war einfach toll schön, aber wahnsinnig kalt. Oh wenn man das malen könnte.«

Mira Naß

 Öl auf Leinwand, 151×76cm 0.00016

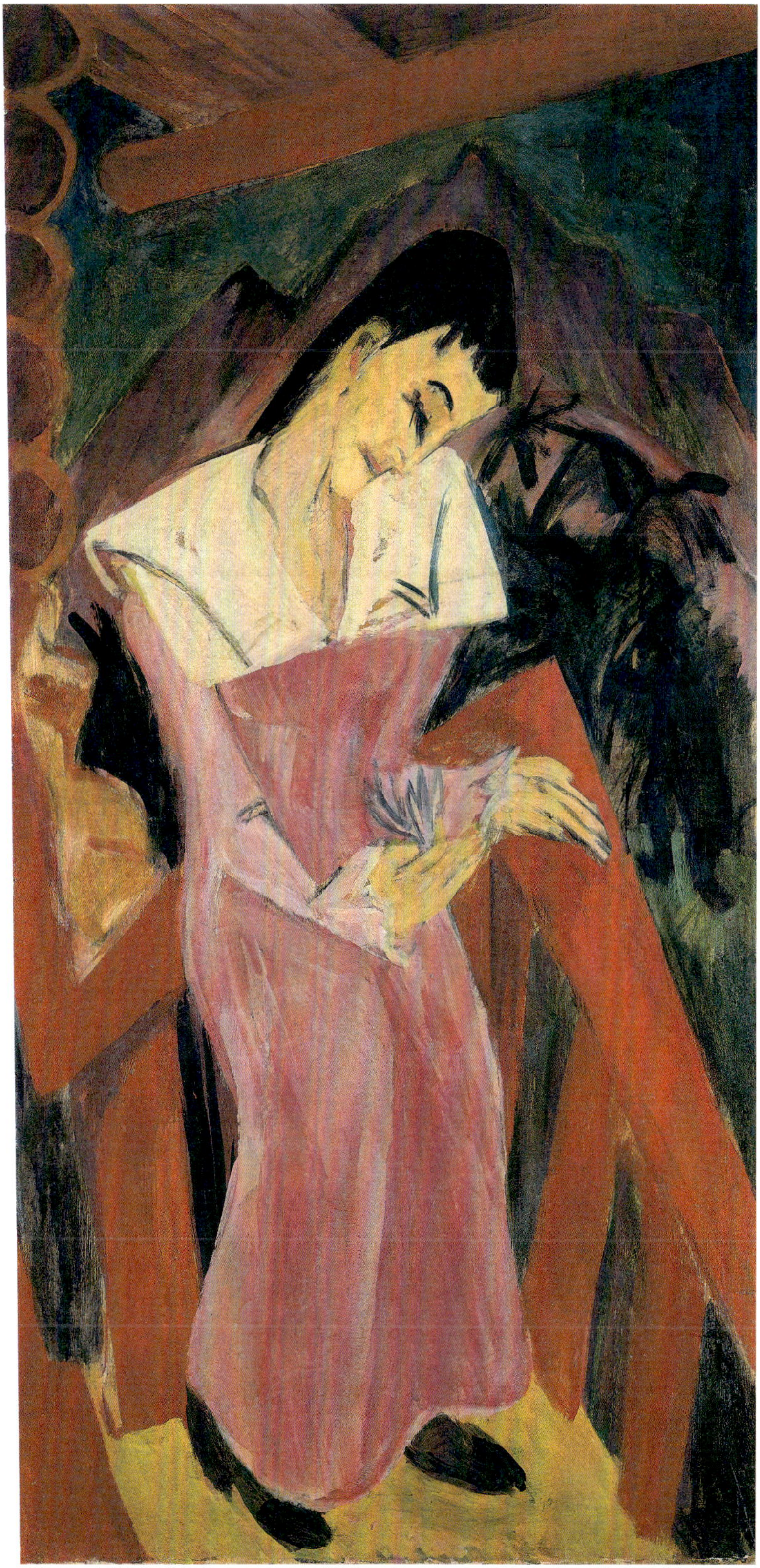

Ernst Ludwig Kirchner
Französische Tänzerin
1910

»Und es tanzt vor allem die Frau, weil sie zu ewiger Jugend und Gefühlsmystik vom Geschlechtsschicksal verurteilt worden ist. Sie alleine auch ist der universal gerichteten Tanzseligkeit noch fähig.« Dieses Zitat des wirkungsmächtigen Kunstkritikers Karl Scheffler aus einem Artikel von 1907 über die damals sehr populäre Ruth St. Denis zeigt unverkennbar, welche Bedeutung der Tänzerin im Allgemeinen um die Jahrhundertwende beigemessen wird: Sie ist der Inbegriff entfesselter Triebkräfte, und so erscheint sie auch in Kirchners Werk *Französische Tänzerin*. Inspiration für die Kaltnadelradierung mag er bei einem jener häufigen Varietébesuche erhalten haben, die er während seiner Dresdner Zeit tätigt. In lässiger Linienführung ritzt Kirchner die elementaren Linien des im Tanz bewegten Frauenkörpers in die Platte. Vorhang und Bühnenelemente werden in wenigen harten Linien erfasst. Mit nicht weniger sparsamen Mitteln gibt Kirchner die erotische Ausstrahlung der Tänzerin wieder. Ihr Unterleib tanzt mit weit gespreizten Beinen gleichsam losgelöst vom Oberkörper. An die doppelt gerundete Linie des Busens schließen die kokett abgewinkelten Arme an. Das hübsche Gesicht wird von einem opulenten Kopfschmuck bekrönt, wie es bei den Darbietungen des Ausdruckstanzes zu dieser Zeit üblich ist. Ihren Blick richtet die Darstellerin selbstbewusst in das Publikum. Bloß in zart eingeätzten Andeutungen ist das durch den Beinschwung hochgeworfene Tutu wahrnehmbar, welches den Blick in das nur zu erahnende Zentrum des weiblichen Schritts lenkt. Trotz hohem Abstraktionsgrad gelingt es Kirchner bei dieser Druckgrafik in kaum zu überbietender Weise, die Vorstellung der erotischen Verführungskraft einer Frau wachzurufen.

Mira Naß

 Kaltnadelradierung, 22,8×20cm 1.00205

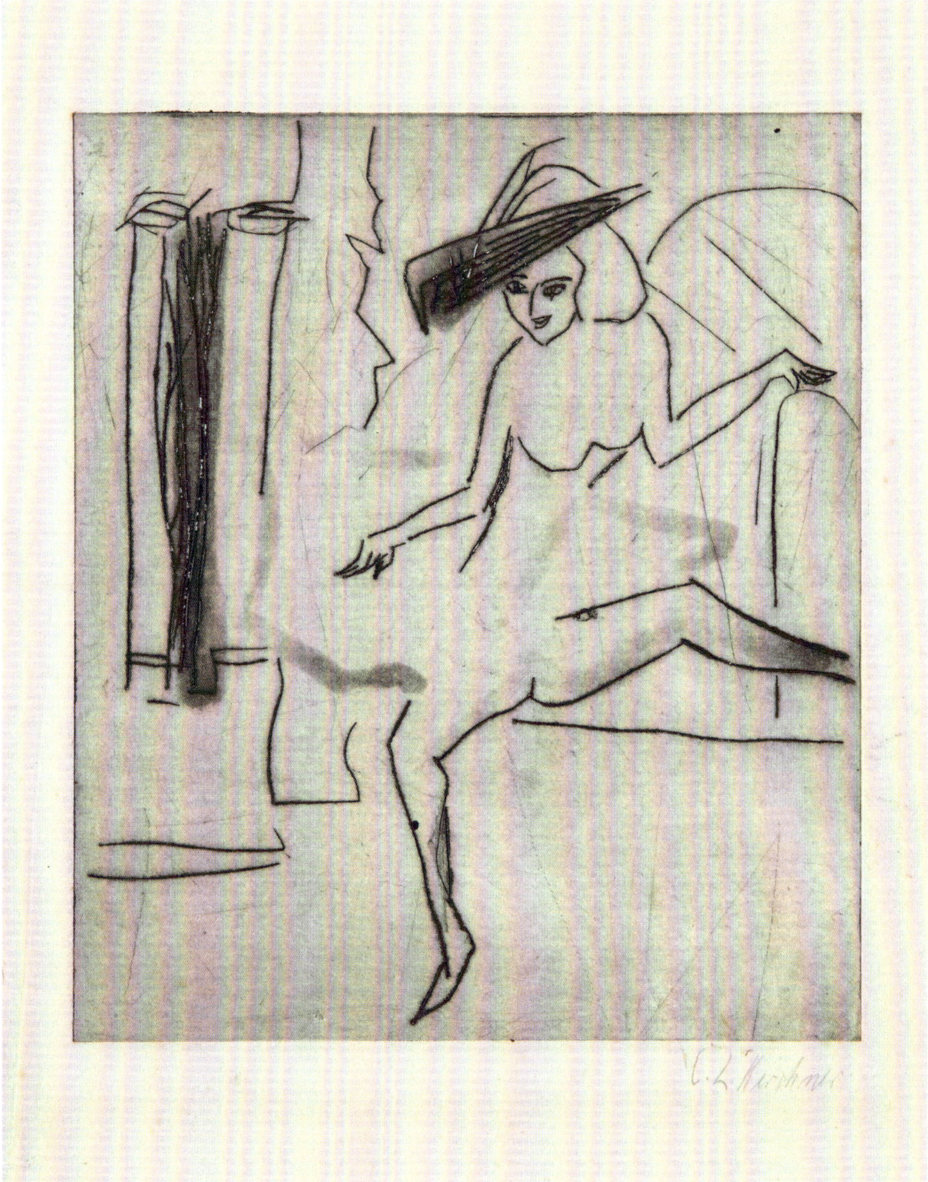

Lovis Corinth
Der tanzende Derwisch
1904

Kein Bild der Sammlung steht in so unmittelbarer Verbindung zu meiner Vita wie Lovis Corinths *Tanzender Derwisch*. Ich bin in Chemnitz aufgewachsen. Dort gab es ein ausgezeichnetes Museum: die Chemnitzer Kunsthütte. Schreiber-Weigand war der Direktor. Meine Mutter – sie war Malerin –, mein Bruder und ich verbrachten jeden Sonntagvormittag im Museum. Während für andere der sonntägliche Kirchgang ein Obligo war, galt für uns: Am Sonntagvormittag bildet die Mutter ihre beiden Kinder. Bei einem dieser Museumsgänge hat sich mir Corinths *Tanzender Derwisch* fest eingeprägt. Ich bewunderte das Bild schon damals als ein großartiges Exempel von Primamalerei, direkt aus vollem Pinsel auf die Leinwand gesetzt, der Hintergrund nichts anderes als die rohe Leinwand. Ich hatte dieses Bild über all die Jahre im Kopf. Da fand ich es in einem Auktionshaus, flog hin, bot bei der Versteigerung und bekam den Zuschlag. Selten war ich so glücklich über einen Kauf. Von diesem Bild kann man mit Fug und Recht sagen: ein großer Wurf. Das ist Malerei wie Balancieren auf dem hohen Drahtseil: Entweder fällt man herunter oder es klappt. Ein Zwischending gibt es nicht. Wenn einer selbst Maler ist und weiß, wie schwierig das ist – die Verkürzung der Oberschenkel, das Kleingefüge des Kopfes, die Tönungen des nackten Fleisches – kann er nur staunen und bewundern. Corinth hat das Bild auf der Höhe seines Schaffens gemacht. 1904 – just an der Grenze vom Impressionismus zum Expressionismus.

Lothar-Günther Buchheim

 Öl auf Leinwand, 98×88cm 0.00022

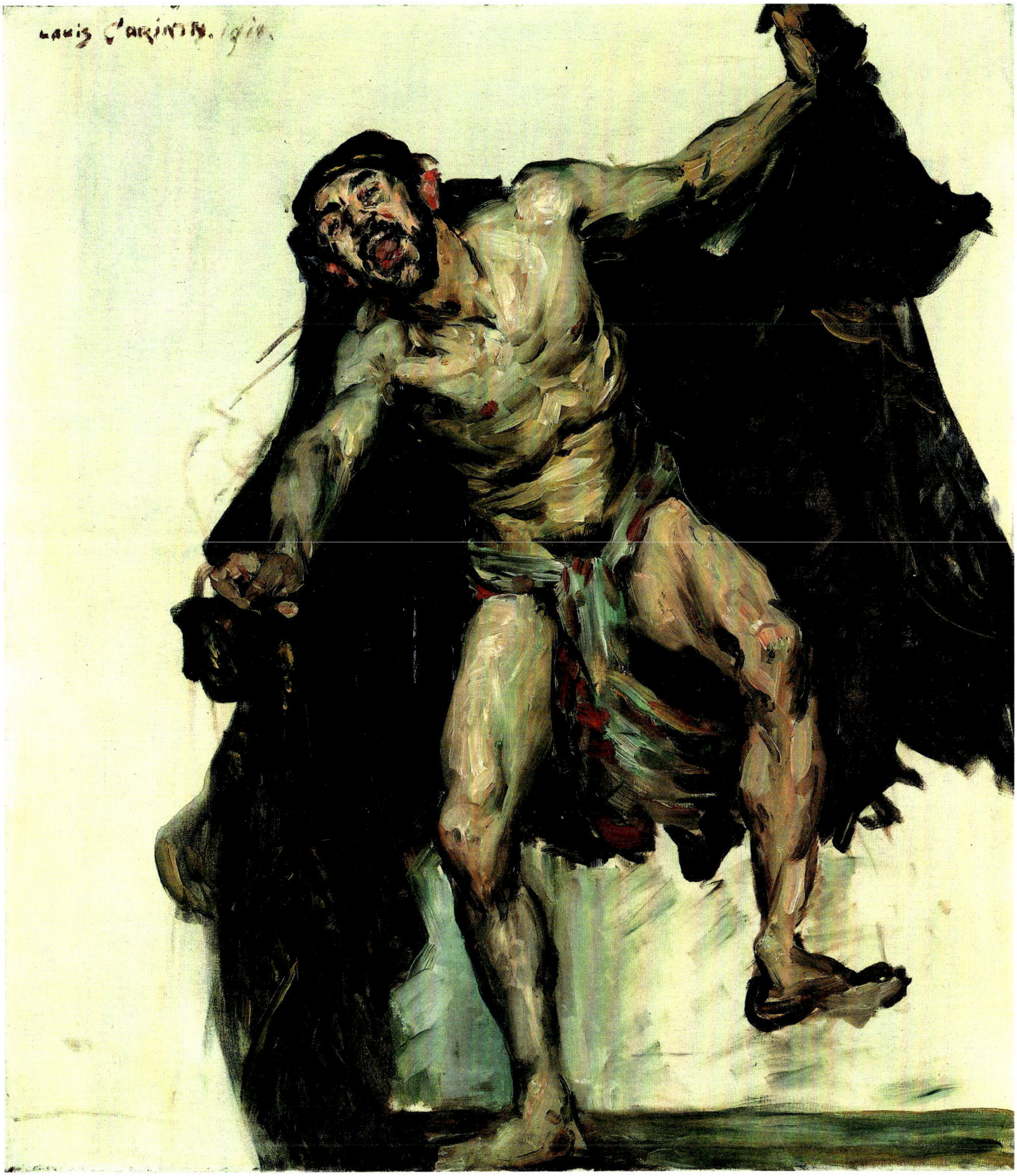
Louis Corinth. 1911.

Otto Dix
Frühlingsabend
1922

Wir beobachten Mann und Frau bei einem sehr deutsch konnotierten Spaziergang im Grünen. In dem Aquarell mit dem heiter klingenden Titel *Frühlingsabend* von 1922 und anderen »Sonntagsbildern« begibt sich Otto Dix in die Sehnsuchtsräume des Bürgerlichen. Er lässt in seiner präzisen Beschreibung des sonntäglich ausstaffierten Kleinbürgers kein scherzhaft spießiges Detail aus: Ein verliebtes Paar umfasst sich inniglich und zufrieden auf dem Weg durch die grüne Frühlingskulisse. Die beiden haben sich mit charakteristischen Attributen wie Knickerbockern, weißem Hemd, Fliege, Sakko, Hut, adrettem Sommerkleid und passendem Täschchen sichtlich herausgeputzt. In ihrer insgesamt harmlosen und unbedarften Erscheinung geben die beiden ein biederes und braves Bild ab. Der Eindruck setzt sich auch in der Malweise des Blattes fort. Dix passt seinen Malstil der sogenannten Sonntagsmalerei an. Er bewegt den Pinsel in naivem, laienhaftem Duktus, der sich freilich im Kontext der überaus gekonnten Gesamtkomposition als ironische Attitüde erkennen lässt. Auf den ersten Blick wirkt das Bild harmlos, doch die friedliche Atmosphäre trügt. Wie zwei Pappfiguren in einem Guckkasten stellt Dix seine Figuren in harter Frontalansicht dem Betrachter zur Schau. Die Wertmaßstäbe des Kleinbürgertums – das traute Heim, die gute Ehe, der sonntägliche Kirchgang – werden als Kulisse demaskiert. In anderen Bildern kehrt Dix das Albtraumhafte des bürgerlichen Traums vom Glück heraus: Das im selben Jahr entstandene Aquarell *Der Selbstmörder* aus der Sammlung Buchheim zeigt einen greisen Kleinbürger, der sich in seinem biederen Interieur erhängt hat. Die Lebenslüge hat nicht standgehalten. Für Dix ist das traute Heim der Schreckensschauplatz menschlicher Tragödien.

Sophia Plaas

 Tuschpinsel und Aquarell, 48,6×36,8cm 1.00819

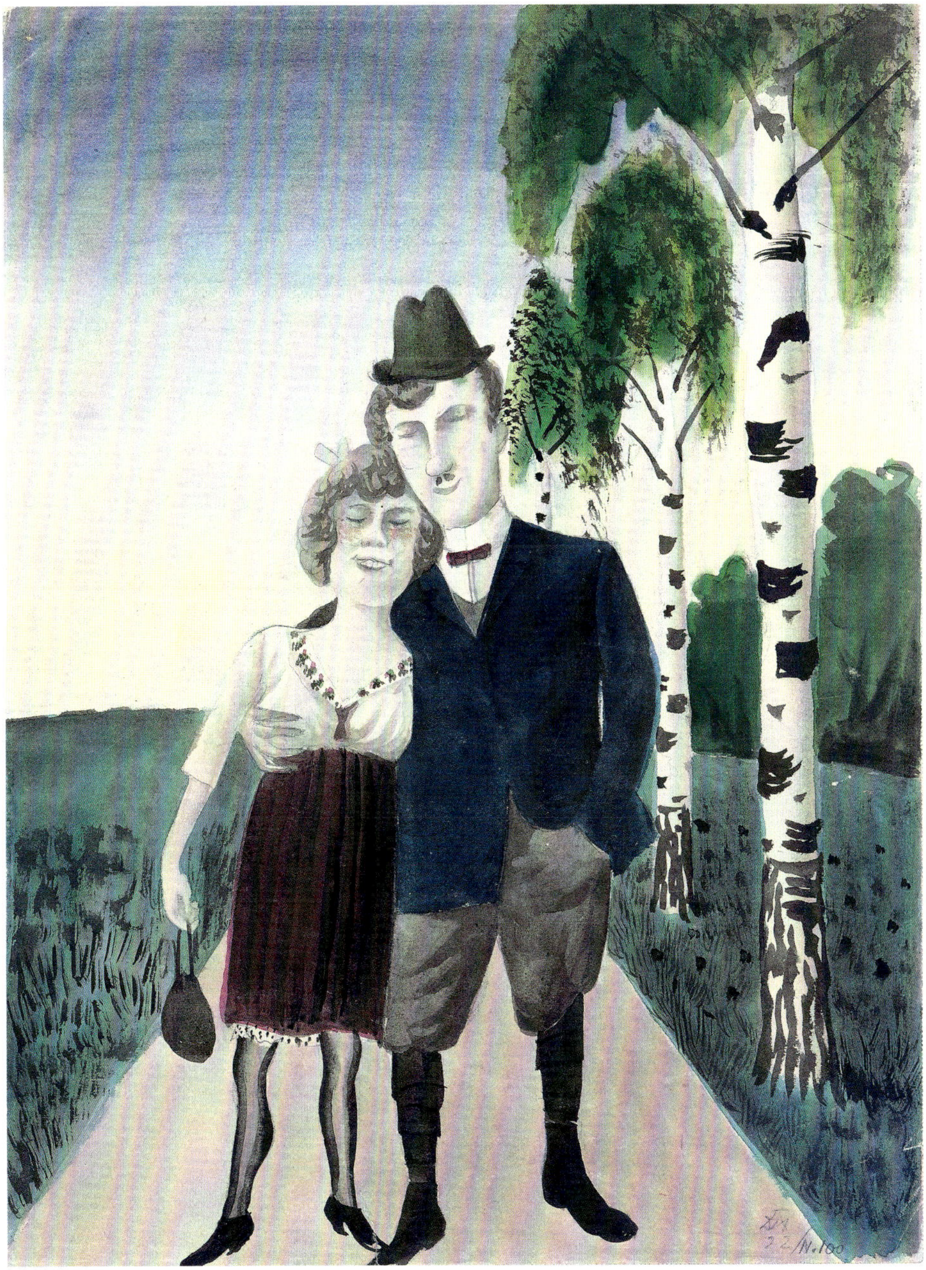

Otto Dix
Modernes Tanzpaar
1920

Otto Dix, der sich selbst in Abgrenzung zum Expressionismus als Erfinder der Neuen Sachlichkeit versteht, gehört zu den Einzelgängern innerhalb der vornehmlich expressionistischen Sammlung Lothar-Günther Buchheims: »Kunst machten die Expressionisten genug. Wir wollten die Dinge ganz nackt, klar sehen, beinahe ohne Kunst. Die Neue Sachlichkeit, das habe ich erfunden.« Diese Programmatik kommt bei Dix in besonderer Konzentration und Qualität bei den Arbeiten auf Papier zu tragen, von denen Lothar-Günther Buchheim einige der schönsten erwerben konnte. Mit Lust am Grotesken legt Dix die Mimik und Körperhaltung des *Modernen Tanzpaares* an. Zu sehen ist ein Paar im Look der 1920er-Jahre, das gerade mit energischer Körperhaltung und überspitzter Miene zum Tanz ansetzt. Vor einem festlich rot-goldenen Hintergrund verbiegen und verschränken sie sich zu einer exzentrischen Tanzfigur. Mit emporgerecktem Po und zusammengepressten Beinen wendet sich die Frau in hellblauer Abendrobe und mit Federn im Haar ihrem fast schwebenden Tanzpartner entschlossen zu. Nach den Gesetzen der Physik müsste das Paar bereits die Balance verloren haben. Nur der rechte Bildrand, an den sie sich förmlich anlehnen, scheint sie aufrecht zu halten. Die schlaksigen, überlangen und nach innen verdrehten Beine des Mannes zeigen ihn als eine im eleganten Frack verkleidete Parodie des blasierten Snobs. Das Bild steht im Kontext zu Dix' Auseinandersetzung mit der zerrissenen Nachkriegsgesellschaft der Weimarer Republik. Wie in vielen anderen Bildern zeigt er hier die Vergnügungssucht der Menschen, die den Irrsinn des Ersten Weltkriegs im Rausch zu betäuben versuchen.

Sophia Plaas

 Bleistift, Tuschpinsel und Aquarell, 56.8×39cm   1.00820

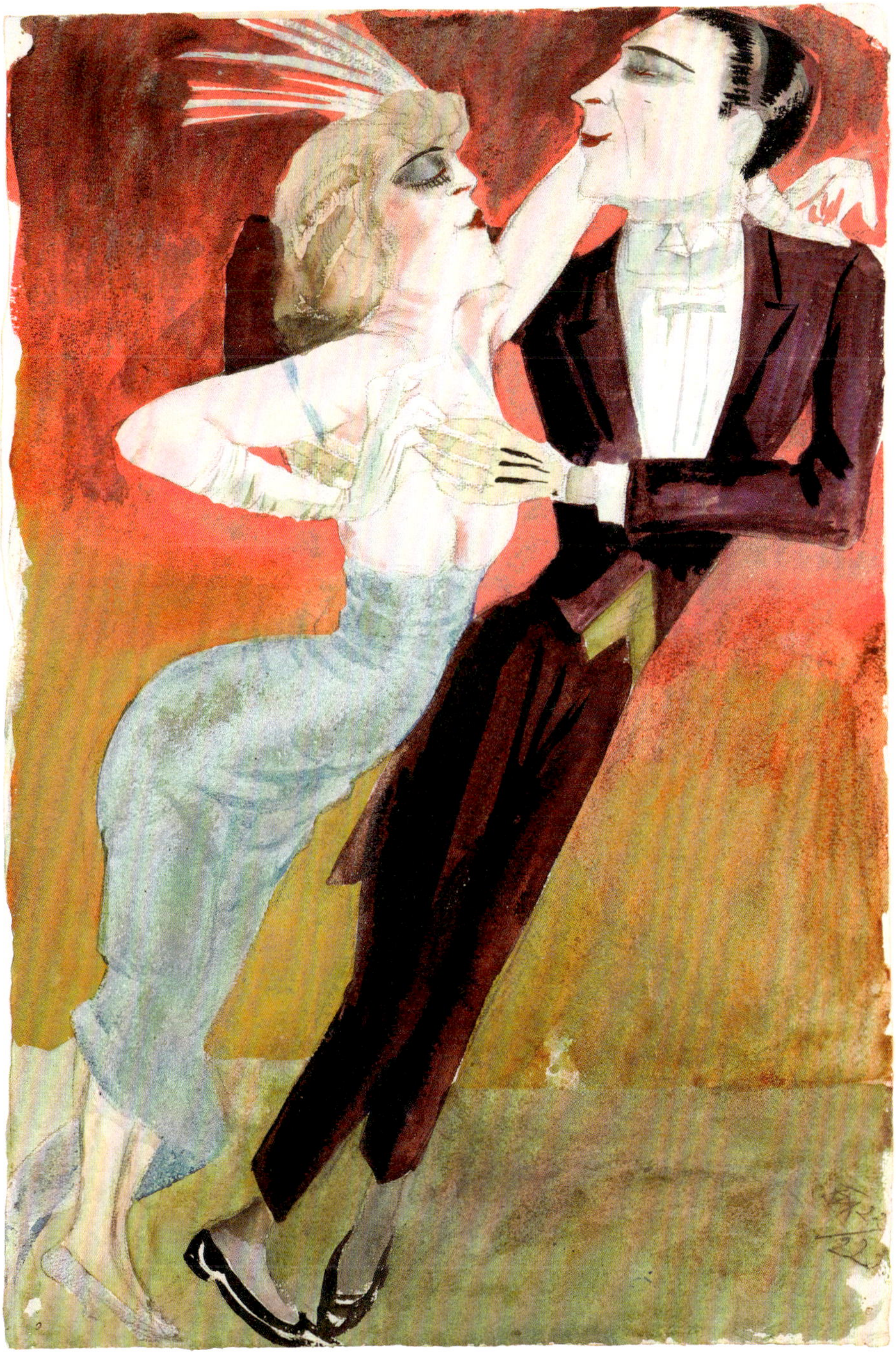

Otto Dix
Besoffenes Liebespaar
1923

Ein Seemann, im tief ausgeschnittenen Matrosenanzug mit charakteristischem Kragen sowie schief sitzender Mütze, dazu die Zigarettenkippe im Mundwinkel, und seine vollbusige Begleiterin mit auslaufender »Buddel« liefern eine drastische Szene. Beide taumeln volltrunken bei aufgehender Sonne über eine Mole. Sie übergibt sich gerade. Im Hintergrund lässt sich das Hafenwasser mit aufragenden Schiffsmasten erahnen. Das *Besoffene Liebespaar* ist eine Arbeit auf Papier, die Otto Dix 1923 mit locker geführtem Tuschpinsel und trüben Aquarellfarben malt. Der Matrose ist ein immer wiederkehrendes Motiv bei Dix. In ihm verdichtet sich für den Künstler das Lebens- und Lustprinzip jenseits der bürgerlichen Existenz. Dem steifen und verklemmten Biedermann steht der raubeinige Geselle und harte Kerl gegenüber. Der promiskuitive Seemann und die frivole Großstadtdirne, die wir hier an seiner Seite sehen, gehören zu den beliebtesten Protagonisten des Antibürgerlichen in Dix' Werk. Selbst als Arbeitersohn einer sozial aufsteigenden Familie in Gera aufgewachsen, war der junge Dix früh umgeben vom politisch revolutionären Gedankengut der auf Erneuerung und Gleichberechtigung pochenden Arbeiterklasse.

Sophia Plaas

 Tuschpinsel und Aquarell, 60,7×49cm 1.00835

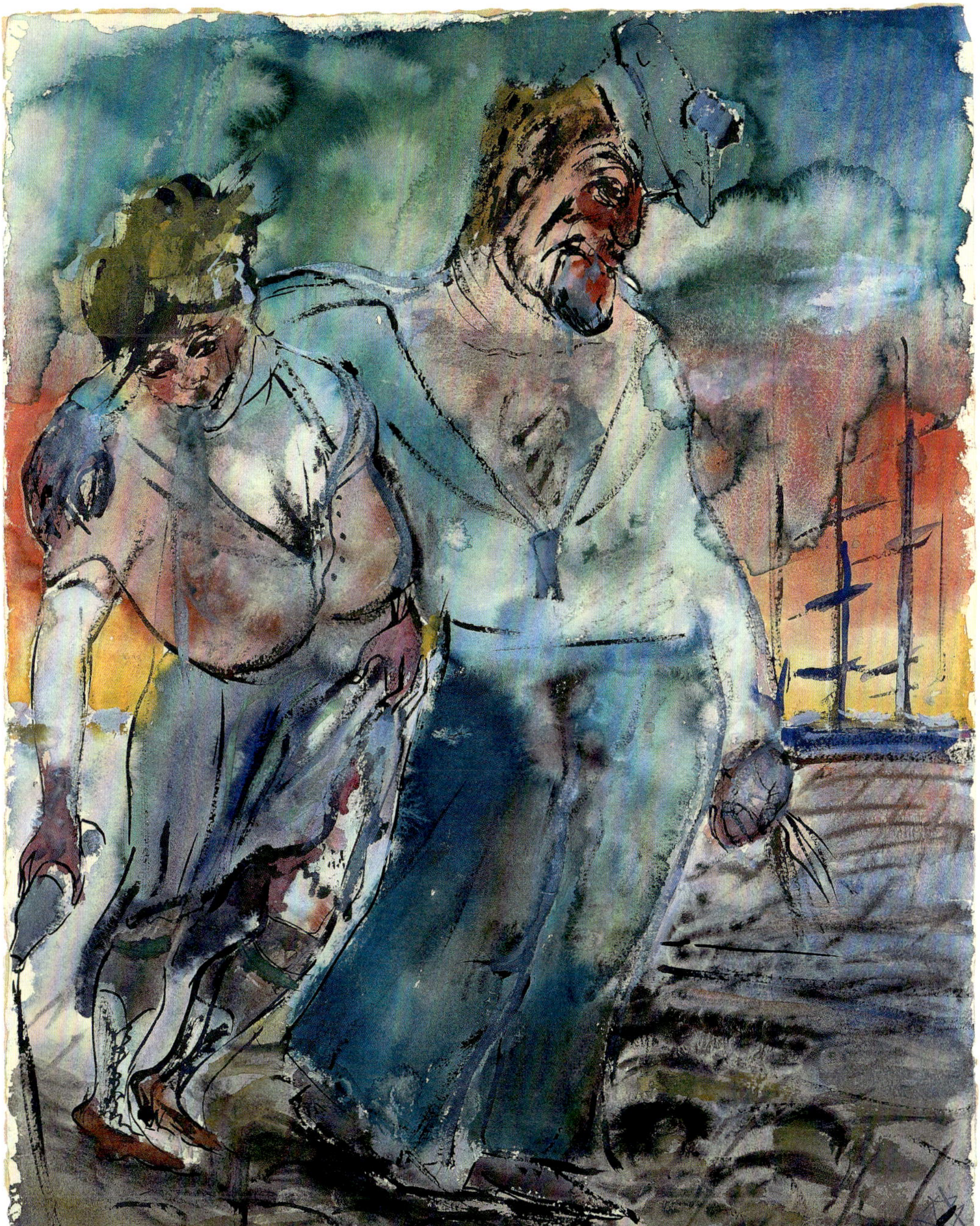

Ernst Ludwig Kirchner
Zwei Freunde im Gespräch
1914

Das im Kriegsjahr 1914 entstandene Ölgemälde zeigt zwei in häuslicher Umgebung liegende Männer in Anzügen. Während der eine auf einem rot gemusterten Sofa zu schlummern scheint, liegt der zweite mit hinter dem Kopf verschränkten Armen rücklings auf einer Art Chaiselongue mit identischem Muster. Das übrige im Bildausschnitt gezeigte Zimmer mit einem Sessel, zwei Tischchen und Teppichboden ist überwiegend türkis gehalten. Das Gemälde wird von der unruhigen Dynamik einer kraftvollen Schraffur dominiert, die im Kontrast zu den ruhenden Männerkörpern steht. Der gesamte Bildraum wird durch diesen schroffen Strich in eine fieberhaft träumerische Atmosphäre getaucht. Stürzende Linien intensivieren diesen instabilen Eindruck. In den zur selben Zeit entstandenen Straßenbildern Kirchners lässt sich eine ähnlich hektische Stimmung erkennen. Auch in diesen wird jene vor allem durch einen schroffen Strich erzeugt. Diese nervöse Instabilität verweist auf den von vielen Menschen so empfundenen Industrialisierungsschock der Zeit um die Jahrhundertwende. Kirchner thematisiert in diesem hektischen Bild zweier Ruhender die zunehmende Beschleunigung des Alltags, der die menschliche Wahrnehmung nicht mehr Folge zu leisten vermag. Die allseitige Modernisierung wird als Bedrohung dargestellt, die in den Privatraum vordringt. Zur Entstehungszeit ist diese Bedrohung durch den Beginn des Ersten Weltkriegs reell. Eindrücklich belegt ist die Ungewissheit der Verhältnisse durch den Umstand, dass das Bild wohl aus einer Mangelsituation heraus auf der Rückseite des ein Jahr zuvor entstandenen Bildes *Dünenlandschaft mit Mädchen* entstanden ist.

Mira Naß

 Öl auf Leinwand, 71×81cm 0.00011

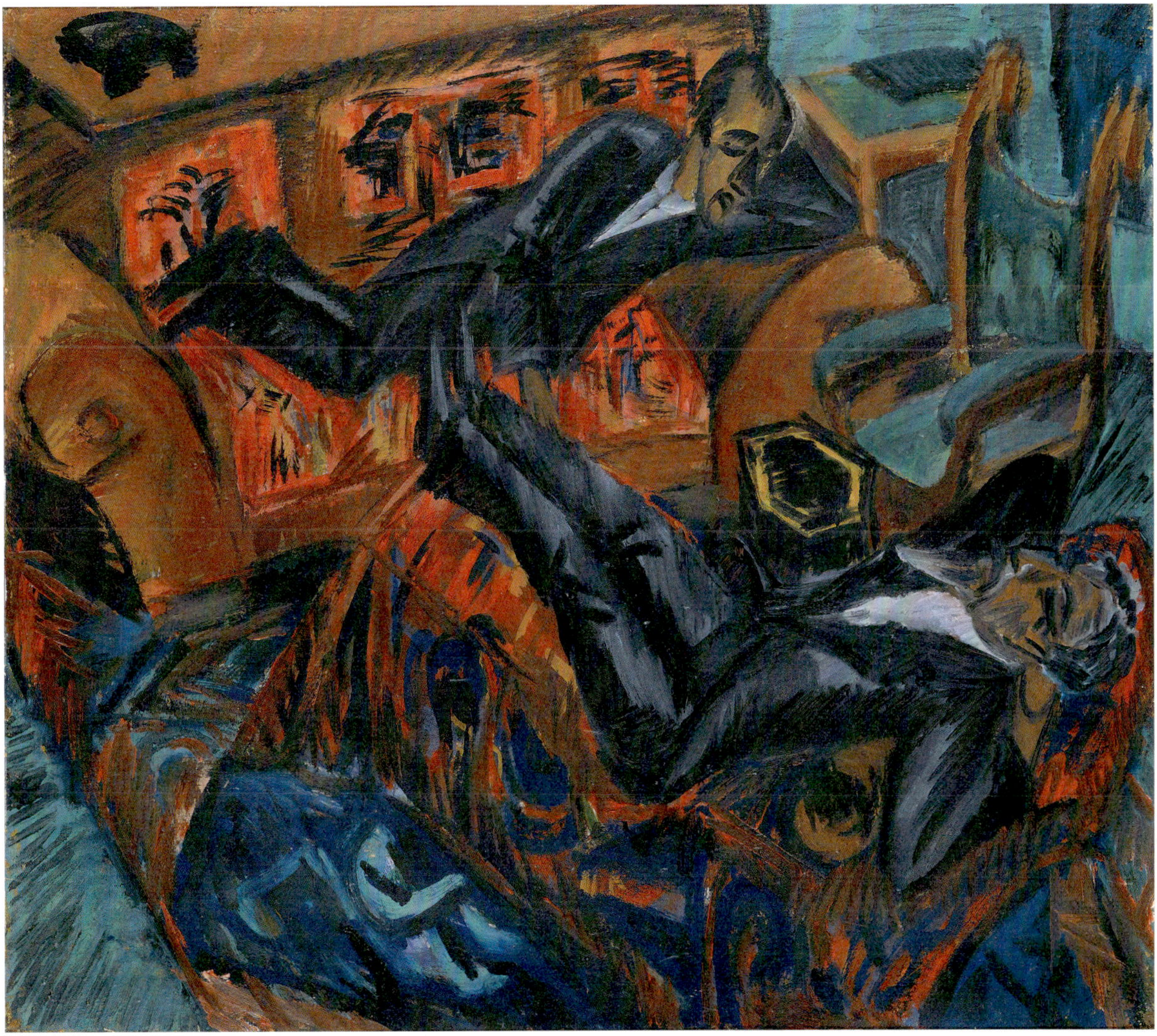

Max Kaus
Freunde – Interieur mit vier Personen
1917

Das Gemälde entstand während des Ersten Weltkriegs im Sanitätslager im belgischen Ostende. Es ist eine Hommage an die überlebenswichtige Bedeutung von Freundschaft. Der in seinem Zimmer im Bett liegende Max Kaus versammelt seine Künstlerfreunde um sich: Erich Heckel, vorne links sitzend, der seinen Sanitätszug kommandierte; den Dichter Ernst Morwitz vorne rechts sitzend; seine Frau Turu in der Mitte.
In gekrümmter Haltung und einander abgewandt starren die Figuren mit lethargischer Mimik ins Leere. Die Expressivität der reinen Farben, verstärkt durch die ausgeprägten rot-grünen Komplementärkontraste, schafft eine spannungsgeladene und doch verhalten optimistische Stimmung. Max Kaus hat sich wie viele Künstler freiwillig zur Waffe gemeldet. Die Fronterfahrungen als Sanitätssoldat füllen sein Werk mit einem unverhohlenen Ausdruck von Resignation und Weltschmerz.
In seinen Erinnerungen wird er gleichwohl schreiben, dass die Kriegszeit durch die Freundschaften, unter anderem mit Heckel, einen großen Gewinn für ihn bedeute. Während der Dienstzeit versorgen sie Verletzte. In ihrer freien Zeit zeichnen, malen und drucken sie; oder sie treffen sich abends in ihren Zimmern zu Bildbesprechungen und Lesungen. »Auf den ersten Blick«, so resümiert Lothar-Günther Buchheim, »lässt Kaus uns nicht wissen, ob er uns die Schönheit der sichtbaren Welt oder ihre Vergänglichkeit bewusst machen will.« Buchheim setzte sich als Sammler, Autor und Ausstellungsmacher intensiv dafür ein, dem malerischen und druckgrafischen Œuvre von Max Kaus die verdiente Anerkennung zu verschaffen.

Claudia Leonore Kreile

 Öl auf Leinwand, 105×131,2cm 0.00046/0.00048

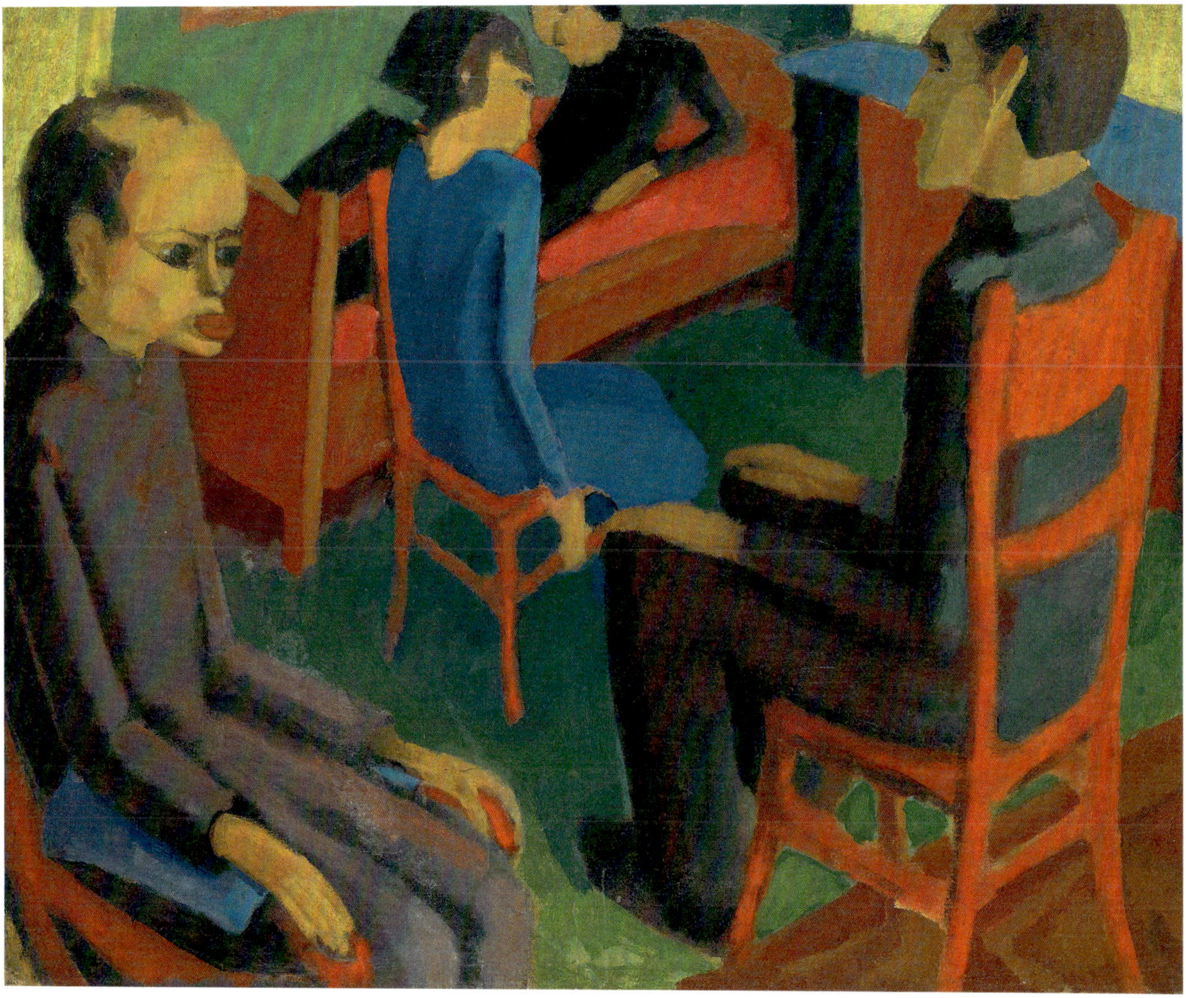

Ernst Ludwig Kirchner
Interieur mit Maler
1920

Das Ölgemälde ist ein einzigartiges Zeugnis der Lebensverhältnisse Ernst Ludwig Kirchners. Es zeigt den Künstler mit seiner Lebensgefährtin Erna Schilling im Haus in den Lärchen in Davos, in dem er seit 1918 wohnt. Hier will er sich von seinem Kriegstrauma und seiner Drogensucht kurieren. Erna Schilling, die sich erfolgreich um Verkäufe und Ausstellungen in Berlin kümmert, zieht erst 1921 dauerhaft hierher. Rote und orangefarbene Töne, ergänzt um grüne, gelbe und blaue Akzente, bestimmen das Farbklima. In seiner geradezu ornamentalen Farbflächenorganisation wirkt das Gemälde wie einer jener Teppich- oder Stickmusterentwürfe, die Kirchner in dieser Zeit für seine Partnerin fertigt. Zwei Beispiele hierfür sind auch auf dem Bild dargestellt: der vornehmlich blaue Überwurf des Bettes am rechten Bildrand und die überwiegend gelbe Decke des in der Bildmitte stehenden Tisches. An ihm sitzt das Paar. Die Befindlichkeit der beiden Kriegsmigranten mag in der Grünfärbung ihrer Gesichter zum Ausdruck kommen. Der Künstler hat sich einen Pinsel als Attribut in die Hände gelegt. Die Partnerin ist über eine Stickarbeit gebeugt. Durch seine inhaltliche und formale Referenz an die Stoffarbeiten der Partnerin wird das Gemälde zum Werk beider. Schöner hätte die gemeinsame harte Arbeit an einem neuen, besseren Leben nicht in Szene gesetzt werden können.

Daniel J. Schreiber

 Öl auf Leinwand, 90,5×150cm 0.00013

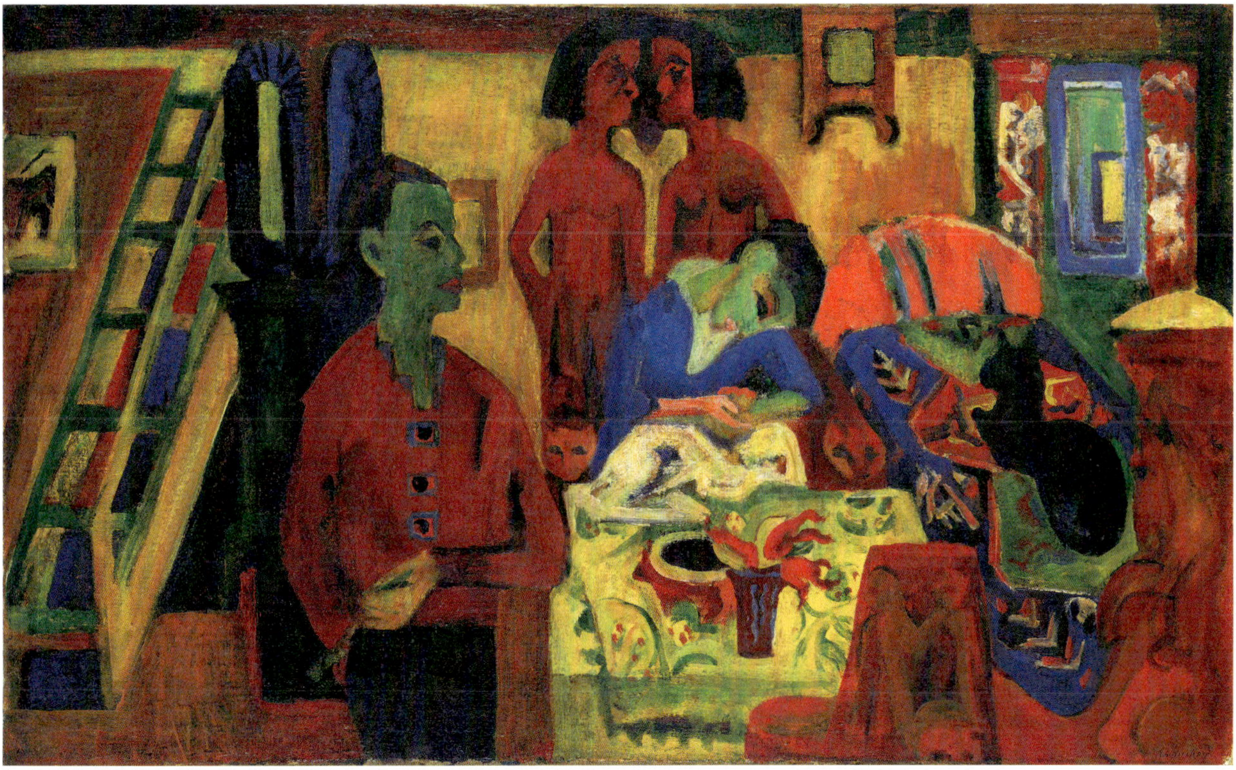

Erich Heckel
Krankes Mädchen
1912

Der Umzug nach Berlin im Herbst 1911 bedeutet für Heckel eine Veränderung seines Menschenbildes. Er interessiert sich nun, wie sein Malerkollege Anton Kerschbaumer bemerkt, verstärkt für »das Psychologische, das Menschliche.« Mit sensiblem Einfühlungsvermögen schildert er in der aquarellierten Kreidezeichnung *Krankes Mädchen* eine äußerst intime Szene. Die junge Patientin ruht in sich gekehrt in einem Bett aus Kissen. Die Farbigkeit reicht von leuchtendem Magenta über Orange, Blau und Braun bis hin zu tiefem Schwarz, das von Heckel nur selten in dieser Flächigkeit wie hier eingesetzt wird. Das Inkarnat ergibt sich aus dem stark verwässerten Ineinanderlaufen mehrerer Farbtöne. Neben Kirchner hat Heckel von den Brücke-Künstlern das umfangreichste Werk von Arbeiten auf Papier geschaffen.

Claudia Leonore Kreile

 Kreide und Aquarell, 30×24,5cm 1.00031

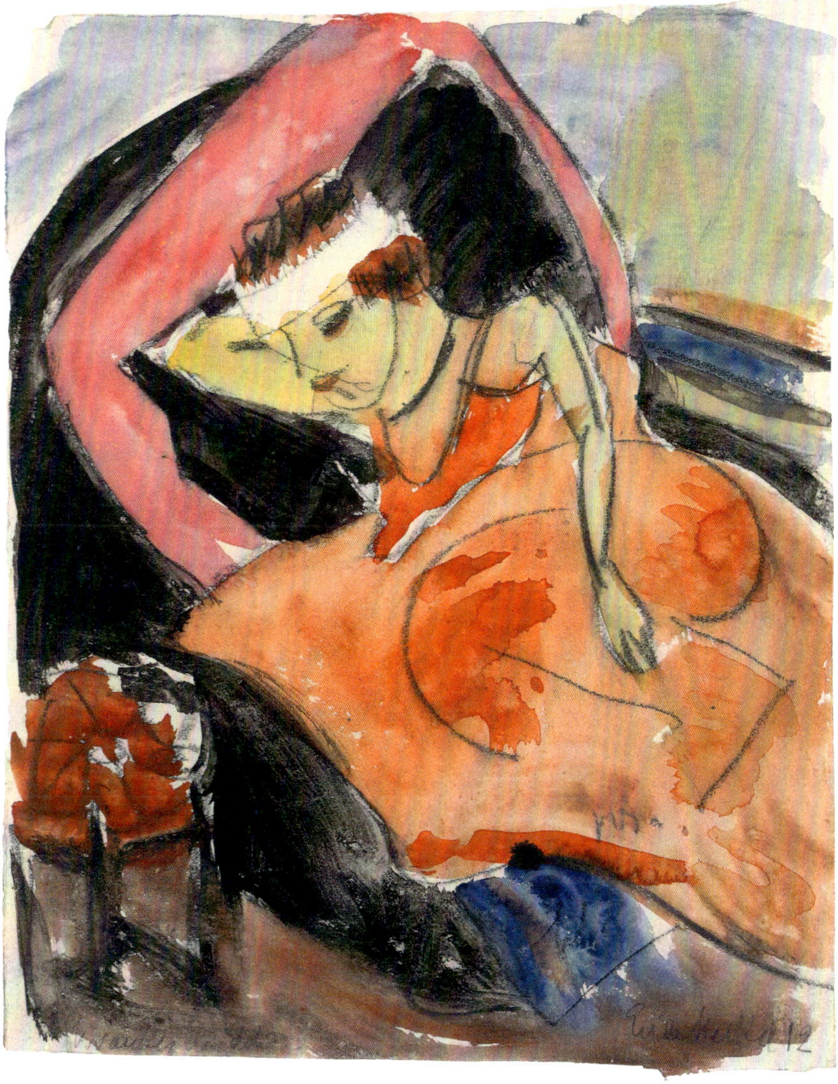

Emil Nolde
Liegendes Mädchen
1907

Seine Bilder seien durch das Einleben in der »Frauen innigstes Wesen« entstanden. Diese Empathie für seine Modelle ist auch in dem Aquarell spürbar. Die Porträtierte liegt auf dem Rücken, die Beine aufgestellt, die Arme entspannt unter dem Kopf verschränkt, das Gesicht dem Betrachter zugewandt. Mit teils sehr kräftigen schwarzen Tuschlinien betont Nolde ihre Konturen. Auf den Flächen ist die durchscheinende Aquarellfarbe skizzenhaft und gestisch frei gesetzt: Orange leuchtet das Haar, rot-violett scheint der Körper an Arm und Gesicht auf, hervorgehoben durch den Komplementärkontrast der sparsam gesetzten grünen Pinselstriche auf dem Leib. Das Lager der jungen Frau ist blau schattiert. Über der Figur schweben zarte gelbe Pinselstriche. Die Pose der Liegenden erinnert an bedeutende Vorbilder aus der Kunstgeschichte, etwa an Giorgiones *Schlummernde Venus* von 1508/10 oder Manets *Olympia* von 1863. Damit steht das *Liegende Mädchen* in einer langen Bildtradition. Allerdings zeigt Noldes Aquarell keinen Akt, sondern die aus dem Alltag gegriffene Momentaufnahme einer ruhenden Frau. Keine Allegorien, keine Idealisierungen, keine künstlichen Posen will Nolde. Für ihn liegt die Schönheit allein in der natürlichen Authentizität. Dabei interessiert er sich nicht für die wirklichkeitsgetreue Wiedergabe der Porträtierten. Er möchte vielmehr das Wesen seines Gegenübers sichtbar machen. Das *Liegende Mädchen* strahlt Sinnlichkeit, Vitalität und ruhiges Selbstbewusstsein aus. Es steht damit in einer Reihe mit Noldes vielschichtigen, sehr modernen Frauenbildnissen.

Laura Lang

 Tuschpinsel und Aquarell, 33×48,5cm 1.00528

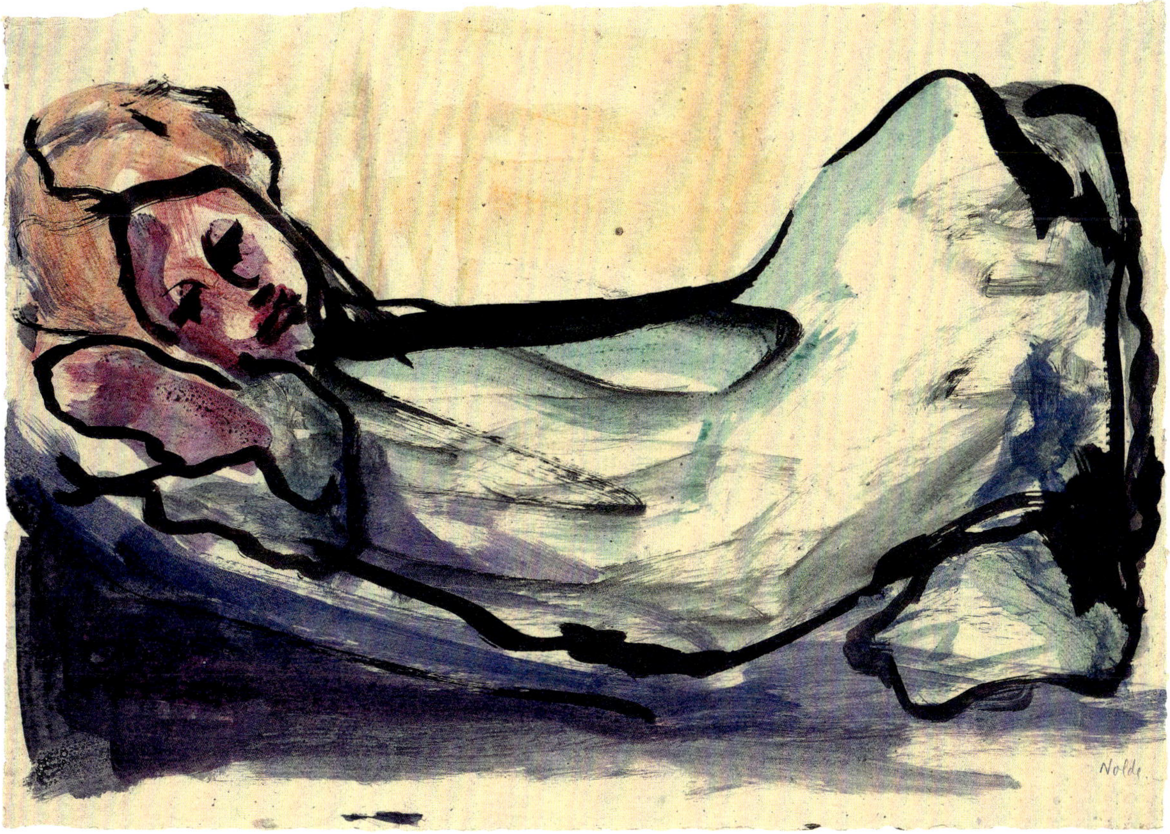
Nolde.

Max Pechstein
Stehende nackte Frau
1909

Als zumindest vorübergehendes Mitglied der Künstlervereinigung Die Brücke hat Max Pechstein seine feste Position in der Sammlung Buchheim. Die höchst routiniert auf das Papier geworfene aquarellierte Tuschzeichnung zeigt einen stehenden weiblichen Akt. Mit skizzenhaften und doch überaus präzisen Linien lässt Pechstein das Bild einer rundlichen Frau mit auffallend spitz geformten Brüsten erscheinen. Der breitbeinige Stand rückt ihre behaarte Scham deutlich in den Mittelpunkt. Mit herabgeneigtem Kopf und leicht abgewandtem Oberkörper erweckt der Akt den Eindruck, während einer natürlichen Bewegung erfasst worden zu sein. Er verkörpert somit in exemplarischer Weise das programmatische Gegenteil zum akademischen Posen-Zeichnen. Der im gelblichen Ton des holzhaltigen Papiers belassene Körper tritt aus dem mit wenigen Federstrichen und Pinseltupfern in Rot, Gelb, Grün und Schwarz angedeuteten Interieur mit Blumenstrauß hervor. Die private Umgebung, durch die sich die Nackte ungeniert bewegt, verleiht der Grafik ein intimes und erotisches Moment. Tatsächlich sind Maler und Modell in trauter Liebesbeziehung vereinigt. Im Winter 1908/09 lernt Pechstein bei dem Bildhauer Georg Kolbe das Künstlermodell Lotte Kaprolat kennen. 1911 heiratet er sie. Mit ihrer fülligen Gestalt und ihren vollen Lippen ist sie auf vielen Bildern Pechsteins wiederzuerkennen.

Mira Naß

 Feder und Aquarell, 30×20,6cm 1.00415

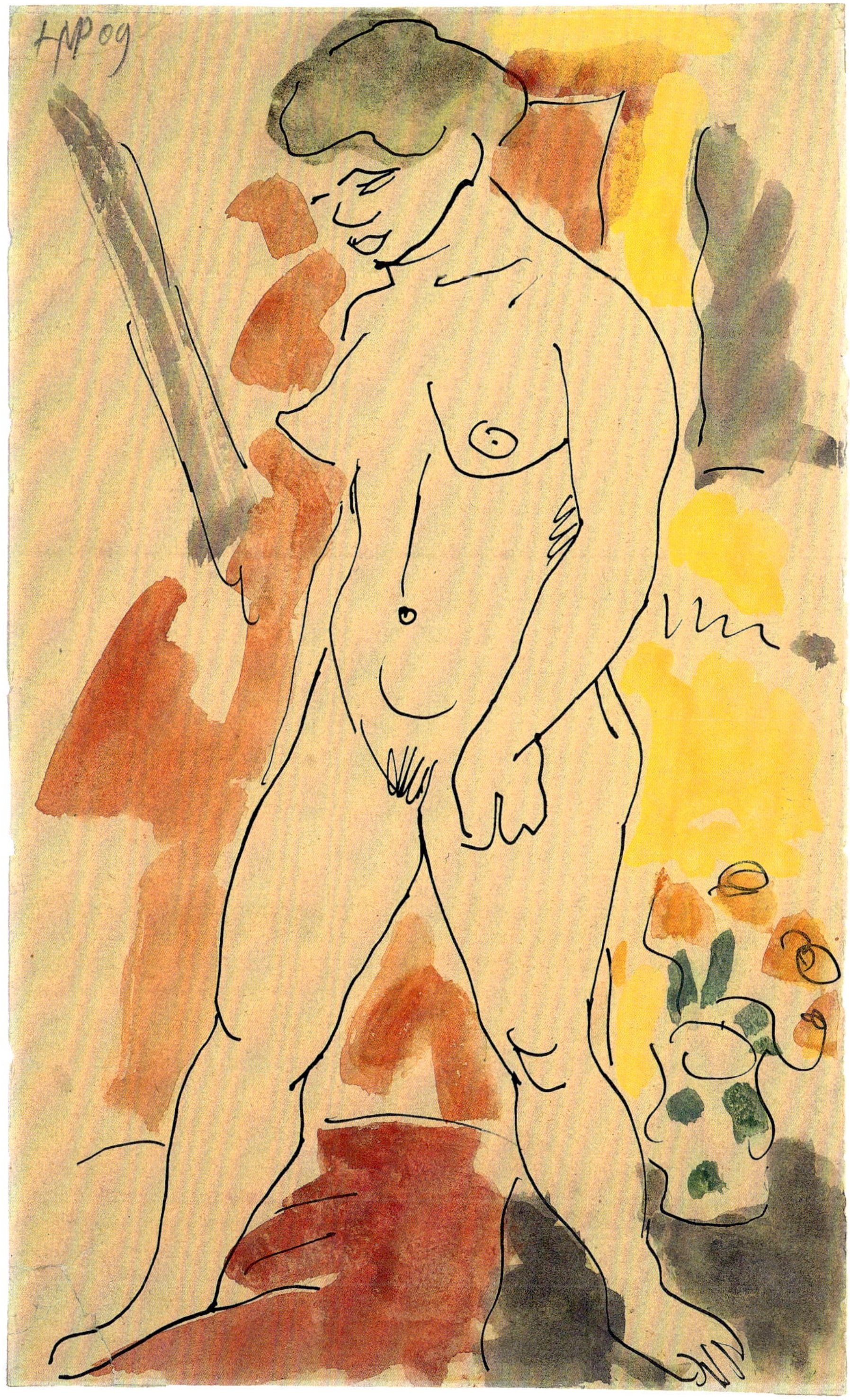
HNP 09

Karl Schmidt-Rottluff
Liegender Akt in Grün
1913

Wie alle Brücke-Künstler möchte Karl Schmidt-Rottluff den weiblichen Körper unmittelbar in seinen natürlichen Bewegungsabläufen erfassen. Idealisierende Posen, wie sie in der akademischen Malerei üblich sind, verabscheut er. Er verfolgt in der aquarellierten Tuschzeichnung das Ziel, das Gesehene direkt aus der subjektiven Empfindung heraus auf das Papier zu bringen. Zur Umsetzung seines Anliegens nutzt er die Eigenheiten der eingesetzten Mittel. Schnell muss es gehen, wenn die Unmittelbarkeit des Eindrucks festgehalten werden soll; und schnell muss es gehen, wenn ein Tuschstrich nicht beim Ansetzen zu dick und beim Absetzen faserig und dünn werden soll. Die Linienführung der Kontur des liegenden Aktes verrät uns die Spontaneität seiner Entstehung. Mit der darübergelegten Aquarellfarbe verhält es sich ähnlich: Das Bild spiegelt die Geste des Malvorgangs wider. Der Pinsel muss präzise und schnell gesetzt werden, wenn die Farbe nicht aus der Form laufen soll. Bei aller Schnelligkeit in der Ausführung gelingt es Schmidt-Rottluff, die Frau inmitten eines natürlichen Bewegungsablaufs zu erfassen. Das Gesicht der Liegenden ist von uns abgewandt. In gewagter Perspektive schauen wir ihr von hinten über die Schultern. Sie scheint sich gerade aufrichten zu wollen. Ihre Beine sind angewinkelt. Wir sehen lediglich ihre Oberschenkel bis zu den Knien. Ein rascher grüner Pinselstrich erfasst die Grundstruktur des Körpers. Kopf und Oberarme liegen im Dunkel der lavierten Tusche. Die Oberschenkel scheinen im Licht wässrigen Grüns. Räumlich gefasst wird der Körper durch eine Aquarelllinie im roten Komplementärkontrast. Zusammen mit wenigen Tuschlinien markiert sie das Lager der Liegenden.

Benedikt Ohm

 Tuschpinsel und Aquarell, 37×50,3cm 0.00435

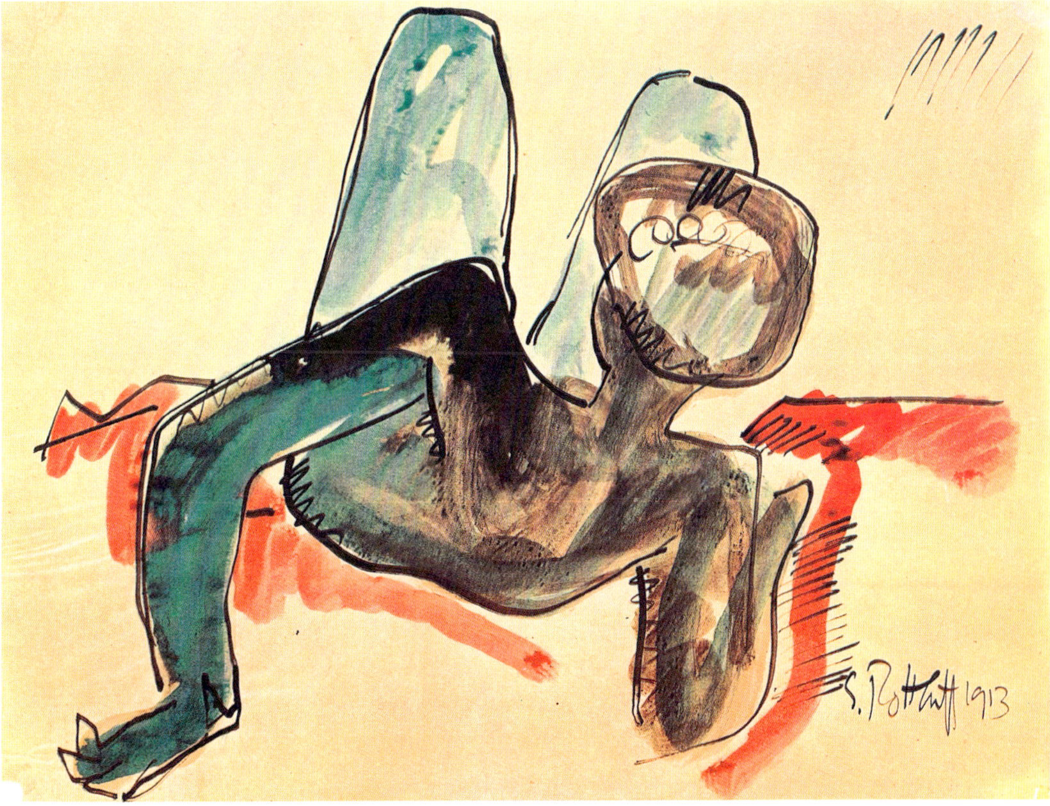
S. Rottluff 1913

Karl Schmidt-Rottluff
Akte auf Teppich I
1911

Es ist zuvorderst der Holzschnitt, in dem es Karl Schmidt-Rottluff gelingt, sich von Impressionismus und Jugendstil zu lösen und eine expressionistische Ausdrucksform zu finden. »Noch deutlicher als in den Bildern«, so bringt Lothar-Günther Buchheim Schmidt-Rottluffs besondere Gabe auf den Punkt, »wird das neue Gestaltungsprinzip, das nach Monumentalität durch Großflächigkeit und Vereinfachung strebt, in den Holzschnitten sichtbar. Das Starre, Klobige, Kantige, Schroffe seiner Kunst wirkt in ihnen als materialgerechter Ausdruck.« Als der Brücke-Künstler die beiden *Akte auf Teppich* 1911 schneidet, ist er auf dem Höhepunkt seiner von radikaler Vereinfachung gezeichneten Kunst angelangt. Hauptgestaltungselement sind die von der Hochdrucktechnik vorgegebenen harten Schwarz-Weiß-Kontraste. Die weißen Flächen und Linien werden durch nur wenige stehen gebliebene Holzgrate strukturiert. Die beim Abzug dezent sichtbar belassene Holzmaserung belebt die schwarzen Flächen. Die beiden Frauenakte lagern auf einem hellen, dezent gemusterten Teppich, der auf dunkler Fläche im Nirgendwo zu schweben scheint. Die tütenförmigen Brüste und maskenhaften Gesichter offenbaren eine zweite Quelle für Abstrahierungstendenzen in Schmidt-Rottfluffs Werk: die afrikanischen Plastiken, die er aus der Anschauung im Museum kennt. Sie eignen sich aus Sicht der Brücke-Künstler gut als Vorbilder, wenn es darum geht, jene Unmittelbarkeit und Unverfälschtheit im künstlerischen Ausdruck zu erzielen, die im Programm der Künstlergruppe von 1906 gefordert wird. Trotz der Formalisierungen zeigen die beiden dargestellten Frauen individuellen Ausdruck: Eine liegt mit bequem auf ihre Hand aufgestütztem Kopf, die andere sitzt mit überschlagenem Bein daneben. Die Sitzende blickt nach unten, die Liegende blickt den Betrachter direkt an. Mit der schlichten, fast geometrisch präzisen Komposition dieses Holzschnitts ist es Schmitt-Rottluff in beispielhafter Weise gelungen, die Ausdrucksform formelhaft zu verknappen und von der Abbildhaftigkeit zu lösen. Von hier aus ist es nur noch ein kleiner Schritt zur reinen Abstraktion, die dann von den Künstlern des Blauen Reiters endgültig vollzogen wird.

Daniel J. Schreiber

 Holzschnitt, 29,2×38,7cm 0.00405

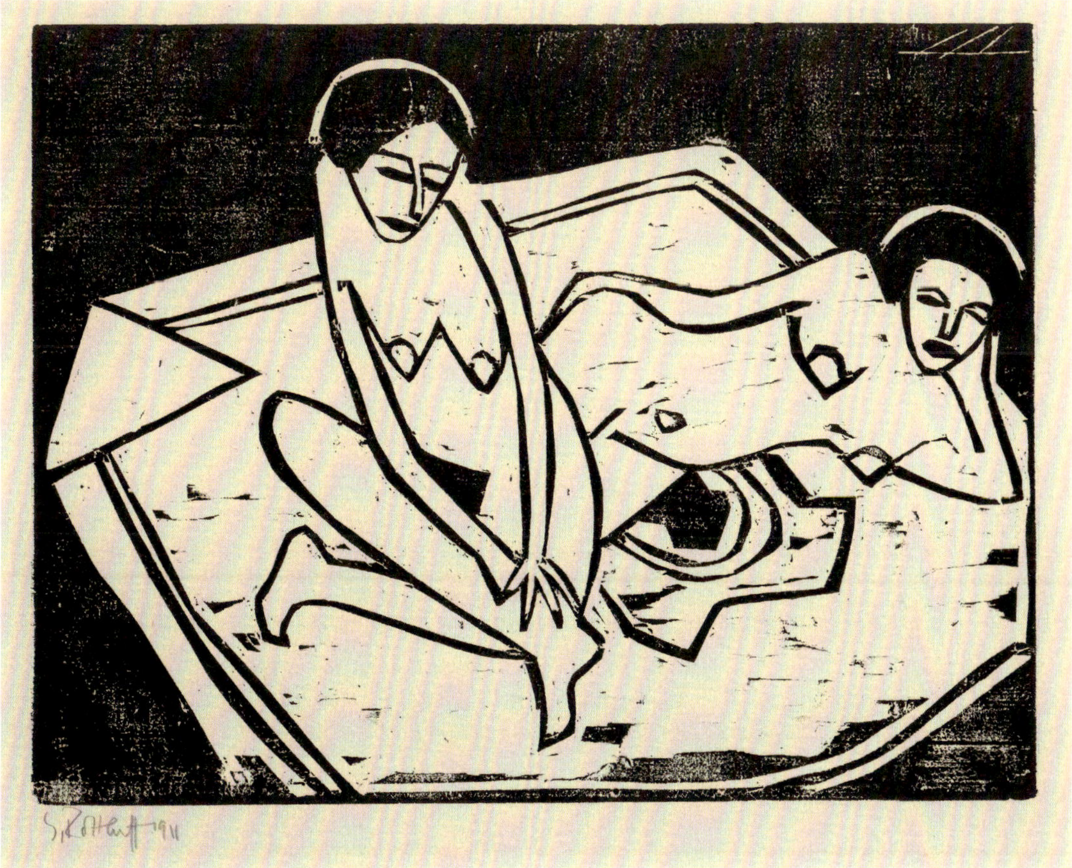

Erich Heckel
Kniende im Atelier
1911

Im Sinne des Brücke-Programms »unmittelbar und unverfälscht« zeigt sich bei der *Knienden im Atelier* der spontane Charakter einer schnell hingeworfenen Skizze. Grobe, kantige Bleistiftlinien und schnell gesetzte Pinselstriche umreißen die Motive schemenhaft. Während ihrer Dresdner Zeit zwischen 1905 und 1911 treffen sich die Brücke-Künstler regelmäßig zu sogenannten »Viertelstundenakten« in ihren Ateliers. Im Gegensatz zur akademischen Praxis bietet sich ihnen die Möglichkeit, befreundete Modelle in Posen zu zeichnen, die wie bei der *Knienden* mitten aus dem Leben gegriffen sind.

Claudia Leonore Kreile

 Bleistift und Aquarell, 27,1 × 34,3 cm 1.00032

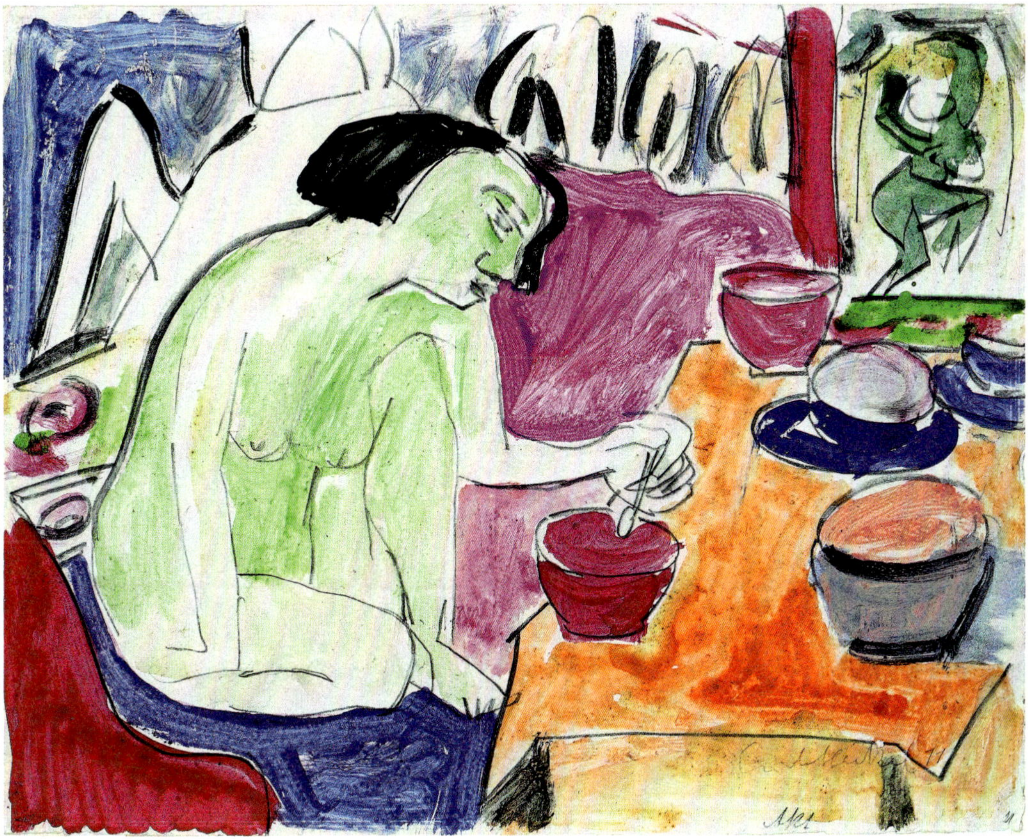

Otto Dix
Der Gott der Friseure
1922

Der Gott der Friseure ist eines der berühmtesten Blätter von Otto Dix aus der Sammlung Buchheim. Das Aquarell zählt zu seinen ironischen Gesellschaftsporträts. Dix setzt hier die exaltierte Figur eines eleganten Dandy-Friseurs in eine dadaistischen Komposition. Er hat den Salon wie eine surreal anmutende Bühne angelegt, auf der neben dem Hauptdarsteller auch typische Attribute seines Handwerks präsentiert werden. Parfumflakons, Sprühfläschchen, ein Sockel mit Holzkopf, ein aufrecht stehendes Rasiermesser, ein Frisierkopf mit gescheitelten Toupet, ein Zopfimitat mit blauer Schleife und ein Spiegel mit schwülstig ornamentiertem Giebelaufsatz repräsentieren die auf Perfektion und Makellosigkeit getrimmte Welt des schönen Scheins. Im Zentrum dieses Arrangements schwebt über dem Boden in graziler Pose mit geziert abgespreizten Armen und Beinen *Der Gott der Friseure*. Der Körper der puppenartigen Friseurfigur ist blütenweiß wie ein gepudertes Frauengesicht der 1920er-Jahre. Der emporschwebende Schönling ist nur mit gestreiften Socken und Sockenhaltern bekleidet. Seine Frisur ist mit Pomade glänzend in Form gebracht. Schnauzbart und Schamhaare sind sauber gescheitelt. Die Lippen sind bemalt. Die Wangen tragen rosa Make-up. Der Friseur ist durch und durch eine Verkörperung des Artifiziellen. Dix, der sich selbst lustvoll verkleidet und in verschiedene Rollen schlüpft, inszeniert hier die Makellosigkeit als wirklichkeitsferne Groteske, auf anderen Blättern hingegen dokumentiert er das Elend in gnadenlosem Realismus.

Sophia Plaas

Bleistift, Tuschpinsel und Aquarell, 58,3×48,2cm   1.00821

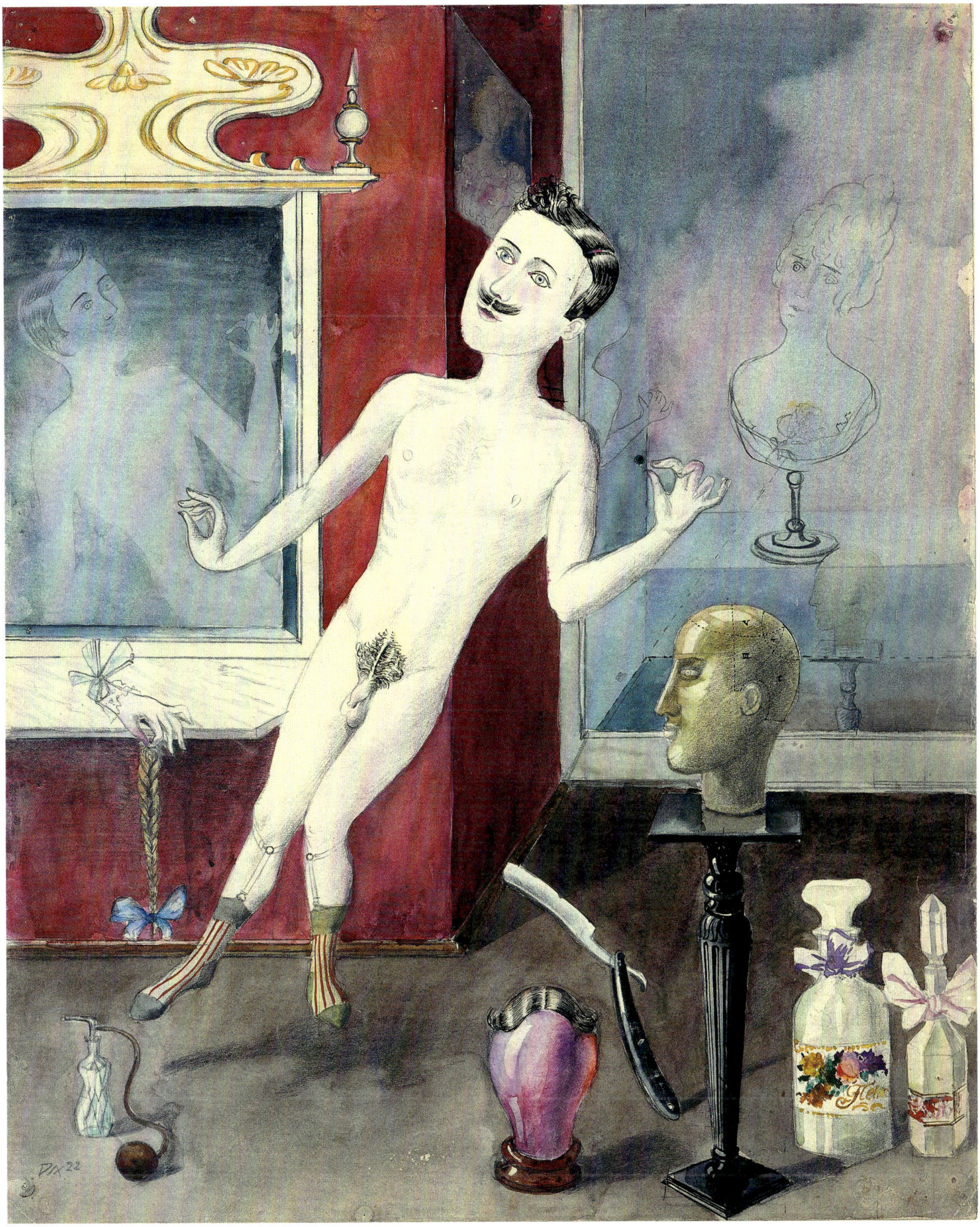
DIX 22

Otto Mueller
Drei Akte vor dem Spiegel
um 1912

Drei Mädchen präsentieren ihre nackten Körper zu ungezwungenen Haltungsstudien im Atelier. In je unterschiedlichen Posen bieten sie dem Künstler vielfältige Ansichten, zusätzlich erweitert durch den raffinierten Einsatz des Spiegels. Die schwarz konturierten Körper der Frauen sind modelliert in pastelligen Farbtönen aus Ocker, Rosa und hellem Blau. Die Formensprache der spitzwinkligen, langgestreckten Glieder wie auch die kompakte Anordnung der Figuren im Raum erwecken Assoziationen an Pablo Picassos berühmtes erstes kubistisches Gemälde *Les Desmoiselles d'Avignon* von 1907. Auch eine Kenntnis der feingliedrigen Skulpturen und Zeichnungen Wilhelm Lehmbrucks, dem Mueller während seiner Berliner Jahre 1908 bis 1916 begegnete, zeichnet sich hier ab. Vor allem anderen ist jedoch der Einfluss der Künstlergemeinschaft Die Brücke spürbar, deren aktives Mitglied Mueller in der Zeit um 1912 ist. Begeistert darüber, in Mueller einen Verwandten im Geiste gefunden zu haben, nehmen Kirchner, Heckel und Pechstein ihn gleich nach der ersten Begegnung als selbstverständliches Mitglied auf. Muellers Bilder heben sich mit ihrer zurückgenommenen Eleganz von der impulsiven Expressivität des »Brücke-Stils« ab. Doch der Wunsch, Aktstudien fernab akademischer und bürgerlicher Zwänge zu betreiben, verbindet ihn mit der Künstlergruppe. Die Maler sind mit ihren Modellen freundschaftlich verbunden. Sie streben nach einer sinnlichen Einheit von Leben und Kunst. Wie stets bei seinen Gemälden verwendet Mueller auch hier seine ihm eigene, geheime Leimfarbenrezeptur und Rupfen als Malgrund. Buchheim bewundert das »Duftige, Gedämpfte, Freskenhafte« dieser Technik und bemerkt, dass es nicht leicht sei, diese zu beherrschen, da sich die Farbtöne beim Trocknen veränderten. Trotz Muellers Eigenständigkeit kann *Drei Akte vor dem Spiegel* als ein Werk verstanden werden, das unter dem Eindruck der Brücke und der internationalen Avantgarden entstanden ist.

Claudia Leonore Kreile

Leimfarbe auf Rupfen, 121×90cm 0.000017

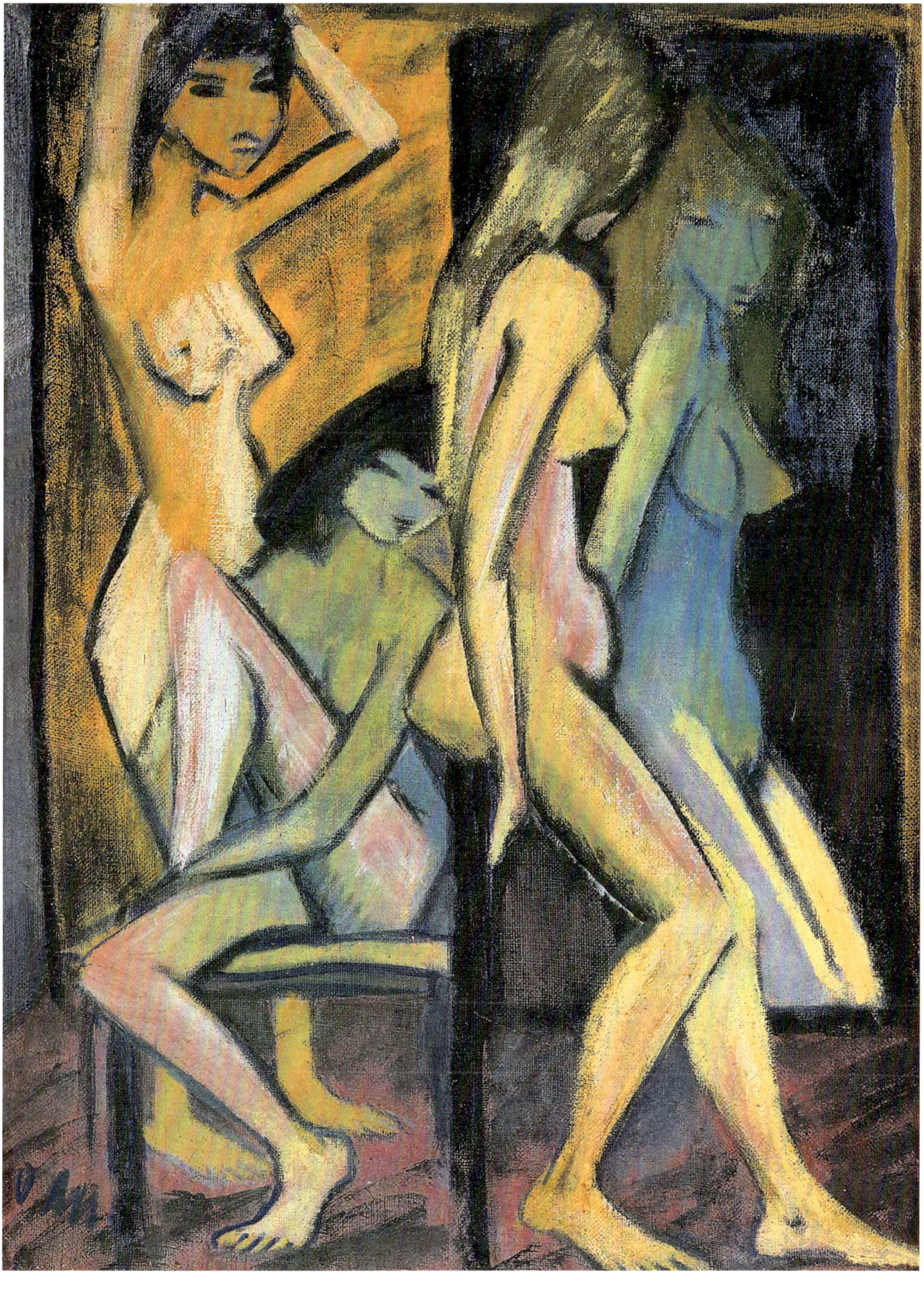

Max Pechstein
Nackte Frau mit Kind
1919

Die Sehnsucht nach einer paradiesischen Welt und die romantische Vorstellung einer ursprünglichen Harmonie von Mensch und Natur veranlassen den expressionistischen Maler Max Pechstein 1914 zu einer Reise in die Südsee. Damit tritt Pechstein in die künstlerischen Fußstapfen von Paul Gauguin. Dieser reiste bereits Anfang der 1890er-Jahre nach Tahiti, um sich dort Anregungen für seine Bilder schöner Mädchen in einer farbenfrohen Welt zu holen. Auch Pechsteins »Einbildungskraft« wird, wie er zu Protokoll gibt, durch seinen Aufenthalt auf Palau »in Schwingungen versetzt«. Die Inspiration durch die fremde Landschaft und die für ihn exotischen Menschen lassen sich auch noch in seinen nach dem Ersten Weltkrieg entstandenen Werken erkennen – so auch bei der mit energischen Strichen gefertigten Farbkreidezeichnung. Ihr warmes Farbklima aus sanften Orange-, Gelb- oder Grüntönen erweckt den Eindruck eines sonnenbeschienenen Platzes in freier Natur. Im Bildmittelpunkt befindet sich eine nackte Frau mit braunem Haar, üppigem Busen und vollen Lippen, die sich mit der linken Hand nach hinten gelehnt abstützt, während ihre rechte Hand auf dem Oberschenkel ruht. Ihre leicht angewinkelten Beine entblößen ihre nur angedeutete Scham. Mit dem Rücken zu ihr sitzt ein ebenfalls nackter Junge. Wie bei vielen seiner Aktdarstellungen ist auch hier Pechsteins Frau Lotte das Modell, und hinter dem dargestellten Kind dürfte sich wohl der 1913 geborene gemeinsame Sohn Frank verbergen. Pechstein scheint hier das traditionelle Motiv der Madonna mit Kind in die Moderne übertragen zu wollen. An die Stelle der christlichen Religion tritt jedoch die Anbetung der Natur, wie sie von der Reformbewegung des ausgehenden 19. Jahrhundert initiiert worden ist. Die exotisch anmutende Physiognomie seiner Frau passt dabei gut ins Bild.

Mira Naß

 Farbige Kreidezeichnung, 43,3×34,2cm 1.00426

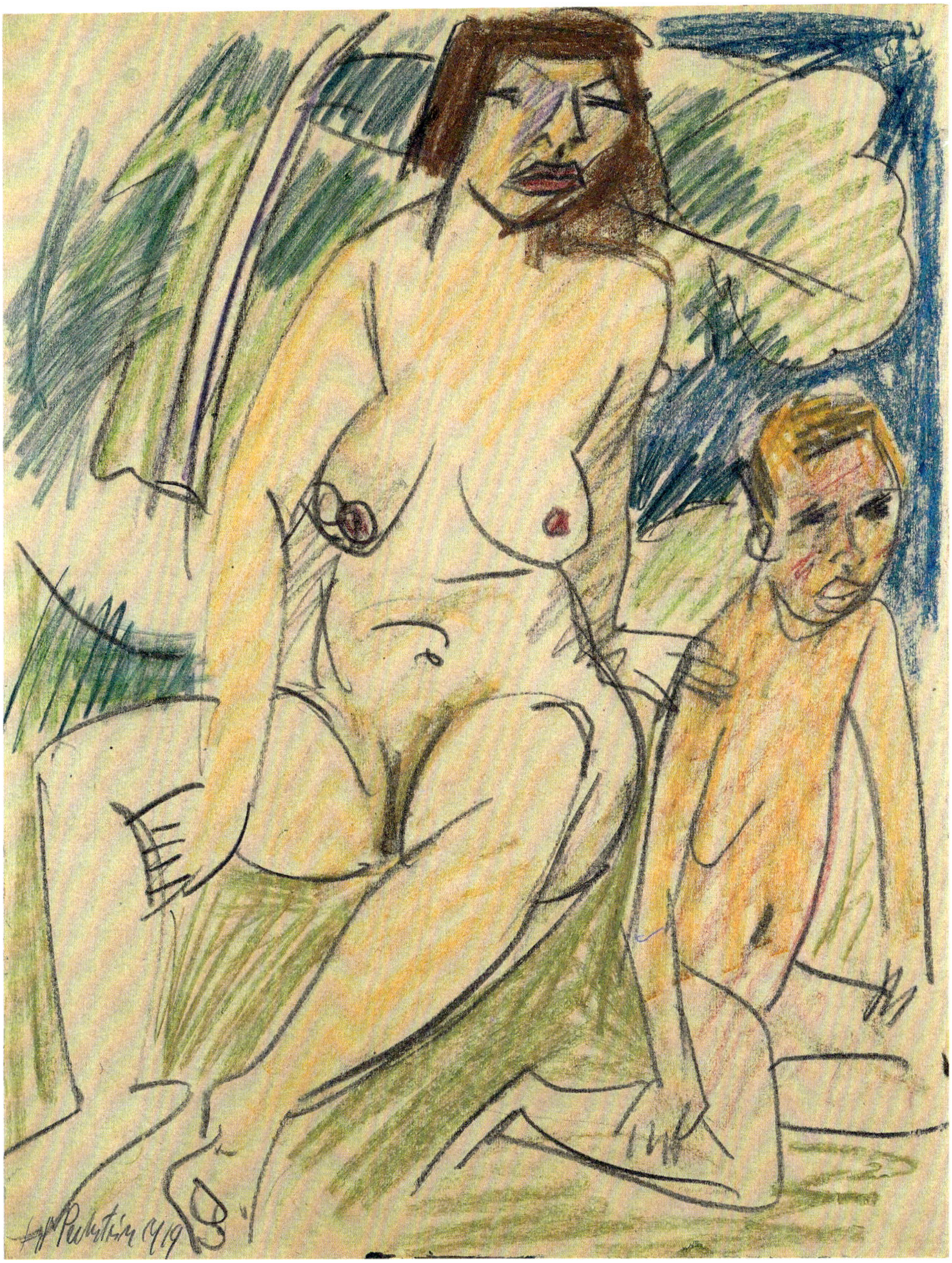

Otto Mueller
Stehende Zigeunerin mit Kind
1927

Offenherzig lächelnd blickt uns eine junge, exotisch anmutende Frau mit dunklem Teint und schwarzen Haaren an. Gewandet in einen wadenlangen roten Rock und eine freimütig geöffnete gelbe Bluse steht sie im Garten eines Hauses. Stolz trägt sie ihr Kind auf dem Arm. Das Motiv der Mutter mit Kind versinnbildicht seit der Antike die ideale Mutterschaft. Otto Mueller zitiert diese Ikonografie bei diesem Blatt, versetzt das Sujet jedoch in die Lebenswelt der von ihm so genannten »Zigeuner«. Er zeigt sie als Madonna in häuslicher Umgebung und versieht sie mit Attributen: Die Sonnenblume gilt als Allegorie auf das Leben. Ihre den Blick auf die Brust freigebende Bluse kann als Symbol weiblicher Fruchtbarkeit gedeutet werden, aber auch als Zeugnis unkonventionellen Lebensstils. Mueller fühlt sich den Bohemiens zugehörig – wie sich die antibürgerlichen Künstler und Intellektuellen in Anlehnung an die aus Böhmen kommenden Roma in den 1920er-Jahren nennen. Ab 1924 unternimmt er ausgedehnte sommerliche Reisen nach Südosteuropa. »Ich habe hier viele Zigeuner gezeichnet und fotografiert«, schreibt er von unterwegs an seine Frau Maschka. Diese Fotografien und Zeichnungen dienen ihm als Vorlagen für die sogenannte *Zigeunermappe*, dem dieses Werk entstammt. Die Farblithografien dieser Mappe entstehen zwischen 1925 und 1927 in einer Auflage von 60 Stück in den Werkstätten der Breslauer Kunstakademie. Bei der *Zigeunermappe* aus der Sammlung Buchheim handelt es sich um ein besonders wertvolles Hybrid – eine Mischung aus Farbdruck und Zeichnung. Es ist Ausdruck Muellers meisterlichen Könnens. Neben dem Mehrfarbdruck, den er per Hand nachkoloriert, webt er auch die Eigenfarbigkeit des braungelben Maschinenbüttenpapiers in die Komposition mit ein. Die weiche, modulationsfähige Technik der Lithografie entspricht nicht nur seinem Wesen, sondern auch dem Sujet der liebevollen Mutter. Für Lothar-Günther Buchheim ist Muellers *Zigeunermappe* eines der »großartigsten Zeugnisse der deutschen Graphik«.

Claudia Leonore Kreile

1927, Farblithografie, mit Farbkreide überzeichnet, 68,8×50,1cm   1.00339
Aus: *Zigeunermappe*, 1927, 9 Farblithografien

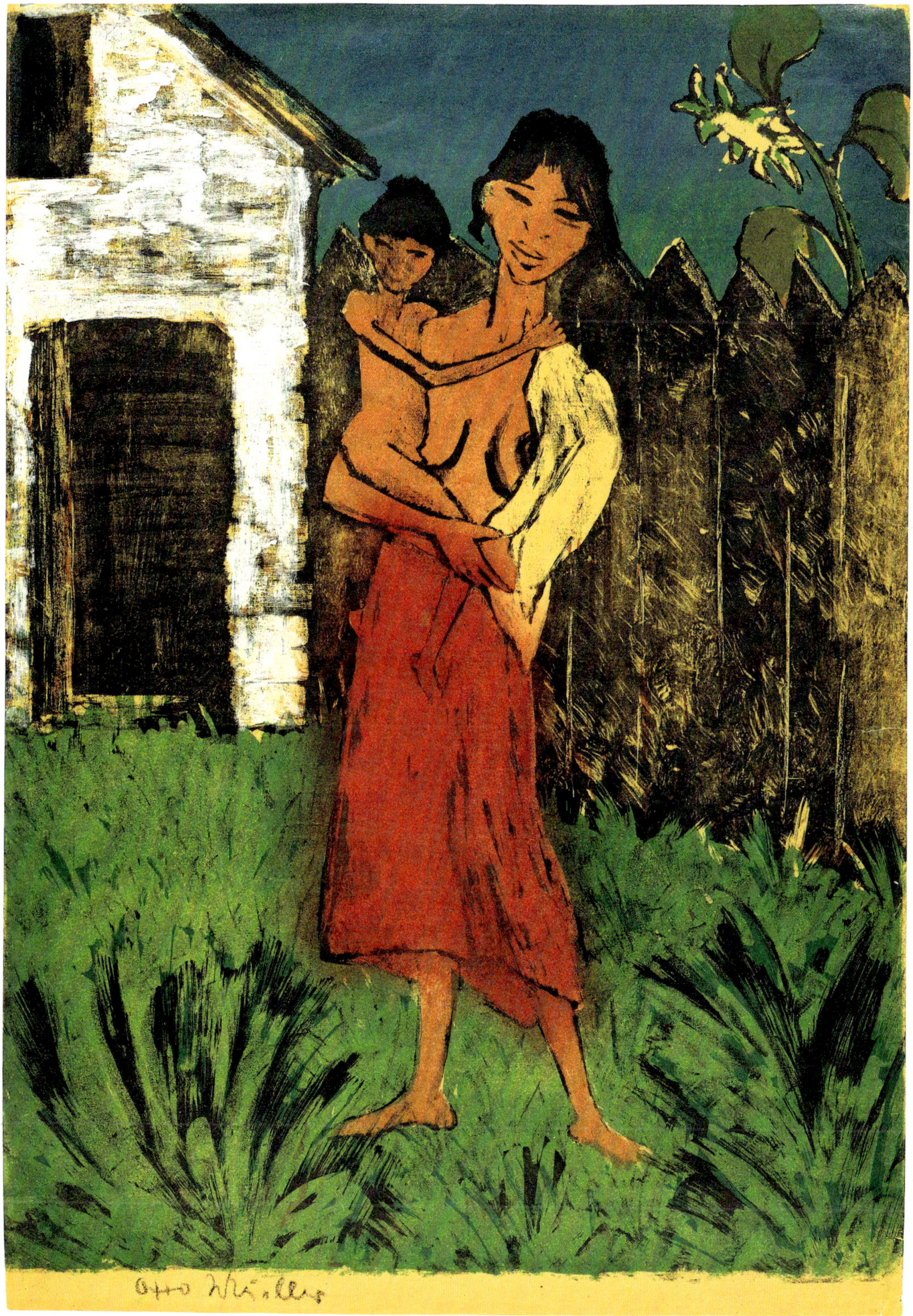

Otto Dix
Mutter und Kind
1922

Wir blicken durch einen ungewöhnlich eng geführten Ausschnitt auf eine intime Szene. Ein nacktes Kind mit runzeliger Stirn reckt sich im Zentrum entblößter Weiblichkeit. Wie in vielen seiner Papierarbeiten konfrontiert uns Dix auch hier mit einer harten und wenig kulanten Frontalansicht. Das Blatt zwischen Aquarell und Zeichnung gibt den Blick auf den rechten Busen und die weibliche Scham frei. Dabei hat Dix die lockere und doch sehr präzise Wiedergabe des weiblichen Körpers auf die Partie zwischen Brust und Schoß reduziert. Das gesamte Blatt kommt mit nur wenigen Bleistift- und Pinselstrichen aus. Auf das Wesentliche vereinfacht, zückt Dix bei seiner Darstellung von Mutter und Säugling einen sarkastisch-veristisch gespitzten Bleistift. Der neusachliche Maler macht keinen Halt vor den überflüssigen Rundungen des Frauenkörpers. Die unverblümte und genaue Beobachtung der behaarten Vulva schlägt in kühle Distanziertheit um. Die rosige Hautfarbe des Neugeborenen steht im Kontrast zu den braunen Farbtönen der Mutter. Dix liefert hier abermals eine monumentale und schonungslose Darstellung des Menschlichen. Das Gesicht des Babys erinnert an die Gesichtszüge eines Greises. In dem angstvoll geweiteten Blick ist bereits der Schrecken angedeutet, den das Kind in dieser Welt, in die es unter Wehen hineingeboren wurde, erwartet. In das Bild von draller Weiblichkeit, Fruchtbarkeit und Geburt mischen sich Anzeichen von Verfall, Vergänglichkeit und Tod. *Mutter und Kind* ist ein Beispiel für Dix' wiederkehrendes Thema von Eros und Tod. Zugleich ist es ein ganz intimer Erfahrungsbericht: Kurz nach seiner Heirat mit Martha Koch kommt im Juni 1923 die gemeinsame Tochter Nelly zur Welt.

Sophia Plaas

 Bleistift und Aquarell, 48,7×45,5cm 1.00818

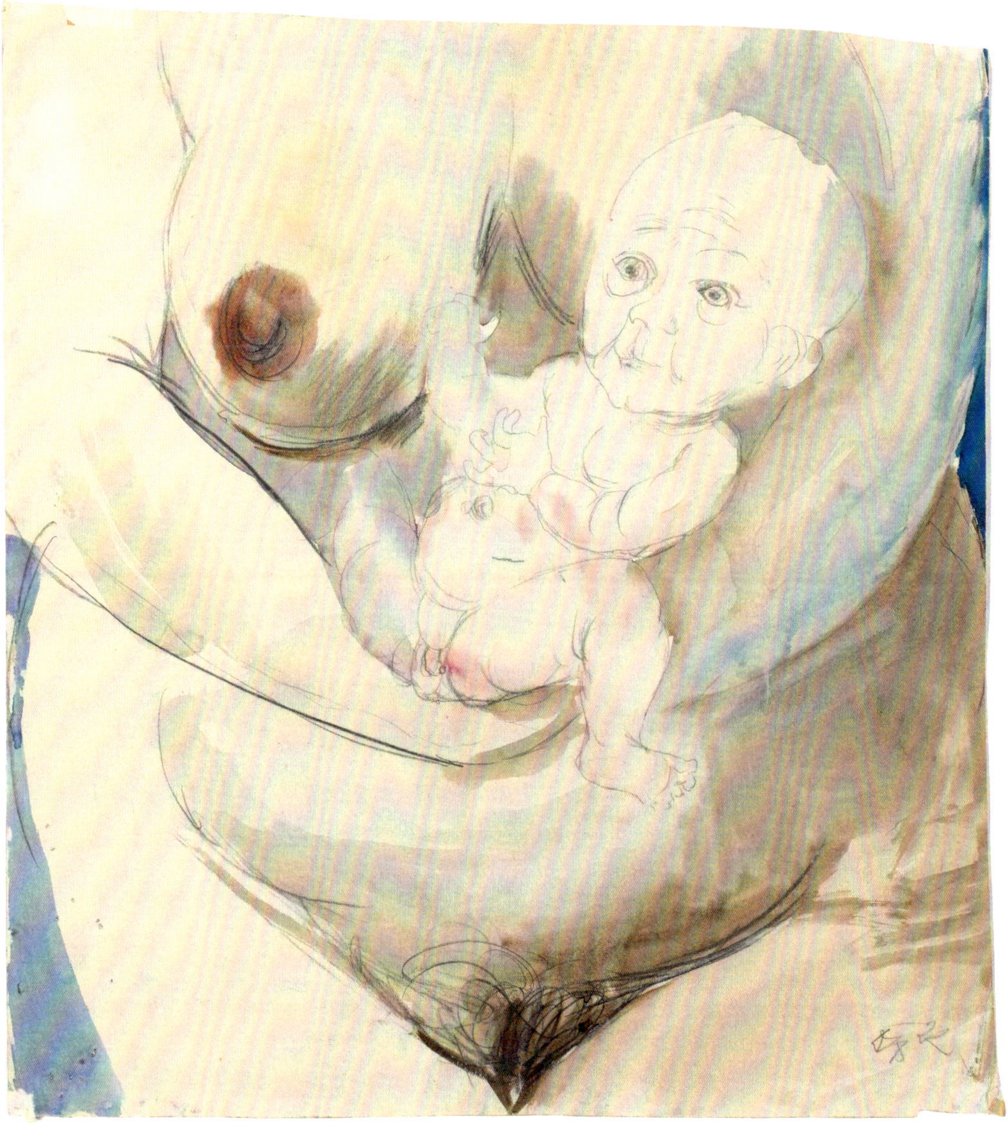

Max Pechstein
Erlegung des Festbratens
1911

Nach längeren Phasen der Malerei ergreife ihn immer wieder die »Sehnsucht nach der Farbigkeit des Schwarzen in der Graphik«, bekennt Max Pechstein, und tatsächlich hat das Medium der Druckgrafik einen hohen Stellenwert in seinem Œuvre. Der kolorierte Holzschnitt *Erlegung des Festbratens* ist gekennzeichnet durch ein Netz dicker schwarzer Linien, die sich bisweilen flächig ausweiten. Die verbliebenen hellen Stellen sind kontrastreich hellgrün, rot, gelb und rosa koloriert. In der Bildmitte steht ein Baum, dessen wenige, kräftige Äste auf die gesamte Bildfläche ausgreifen. In der dünn belaubten Krone sitzen zwei bunte Vögel. Einer der beiden hat die Aufmerksamkeit eines archaisch anmutenden Jägers in rotem Lendenschutz geweckt. Mit schussbereitem Pfeil und Bogen zielt er in seine Richtung. Zwei sehr stilisiert dargestellte, auf dem Boden sitzende Figuren beobachten die Szene. Langes Haar und Brüste weisen sie als weibliche Akte aus. In diesem Holzschnitt bringt Pechstein seine Sehnsucht nach einer ursprünglichen Einheit von Mensch und Natur zum Ausdruck. Dieses besonders schöne Beispiel seines druckgrafischen Schaffens ist Titelbild einer Ausgabe der Zeitschrift *Der Sturm*, die von Herwarth Walden, dem großen Schriftsteller, Verleger, Galeristen und Förderer der Avantgarde, herausgegeben wird.

Mira Naß

 Holzschnitt, koloriert, 22,8×26,6cm 1.00418

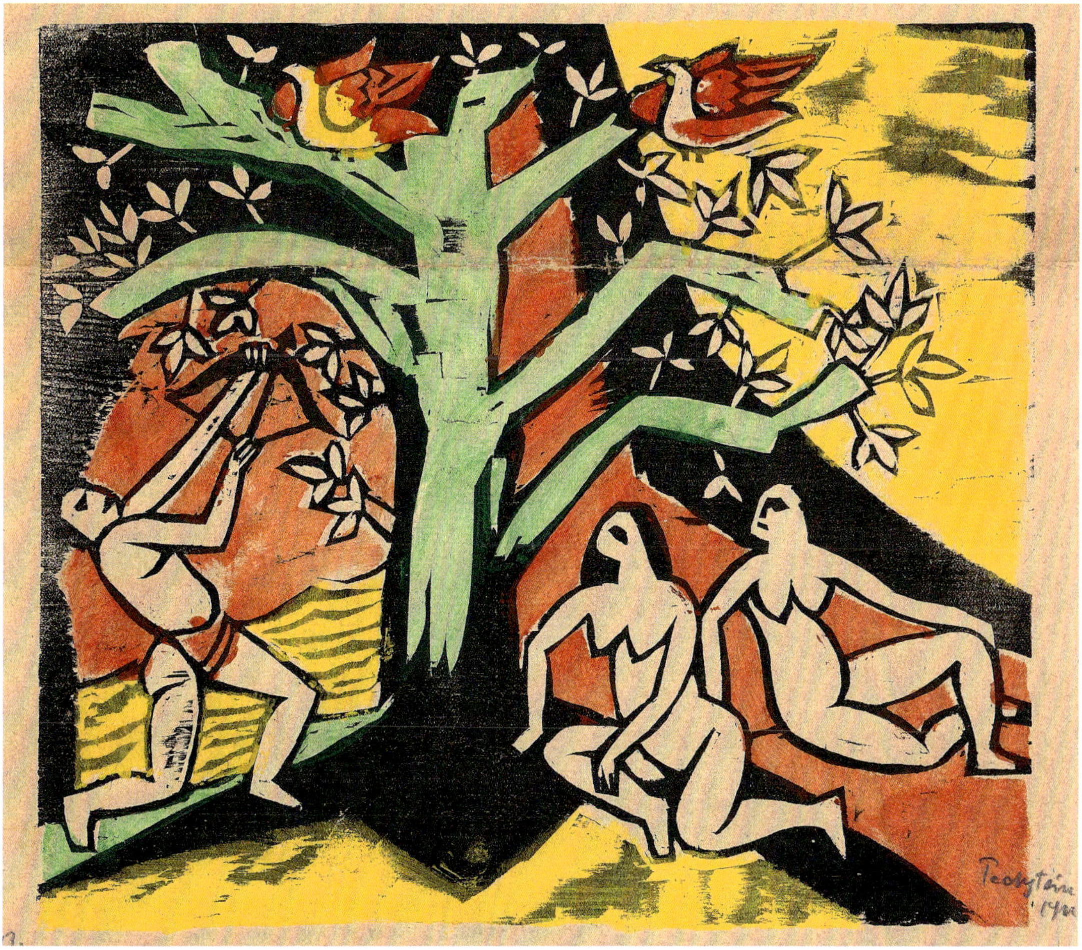

Ernst Ludwig Kirchner
Mädchenakt auf blühender Wiese
1909

»Leib bin ich ganz und gar, und nichts außerdem; und Seele ist nur ein Wort für ein etwas im Leibe.« Friedrich Nietzsche und sein hier zitiertes Werk *Also sprach Zarathustra* sind für die jungen Künstler der Brücke von großer Bedeutung. Eine an Besessenheit grenzende Auseinandersetzung der Künstlergruppe um Kirchner, Pechstein und Schmidt-Rottluff mit dem Körper mag daher auf Nietzsche zurückgehen: Er wendet sich gegen die gängige Vorstellung, dass der rationale Geist über dem Körper stehe. Auch die französischen Impressionisten waren durch ihren neuartigen Blick auf den weiblichen Akt von großer Bedeutung für die jungen Expressionisten. Édouard Manets *Olympia* oder Gustave Caillebottes *Akt auf einem Sofa* sorgten auch hierzulande für Furore. In seinem Gemälde zeigt Ernst Ludwig Kirchner in postimpressionistischer Manier einen sitzenden Akt. Eine expressive Farbigkeit von stark leuchtenden Grün-, Blau-, Gelb-, Rosa-, Orange- und Rottönen verdeutlicht die intensive Sinnlichkeit, die der Künstler mit dem weiblichen Körper verbindet. Beinahe fühlbar reflektiert die nackte Frauenhaut das Sonnenlicht, welches die weiblichen Rundungen an Hüfte, Bauch und Busen noch wohlgefälliger hervortreten lässt. Für Kirchner ist die Darstellung des natürlichen Körpers Ausdruck einer neuen Lebensauffassung – und die »Grundlage aller bildenden Kunst«.

Mira Naß

 Öl auf Leinwand, 89×63cm 0.00005

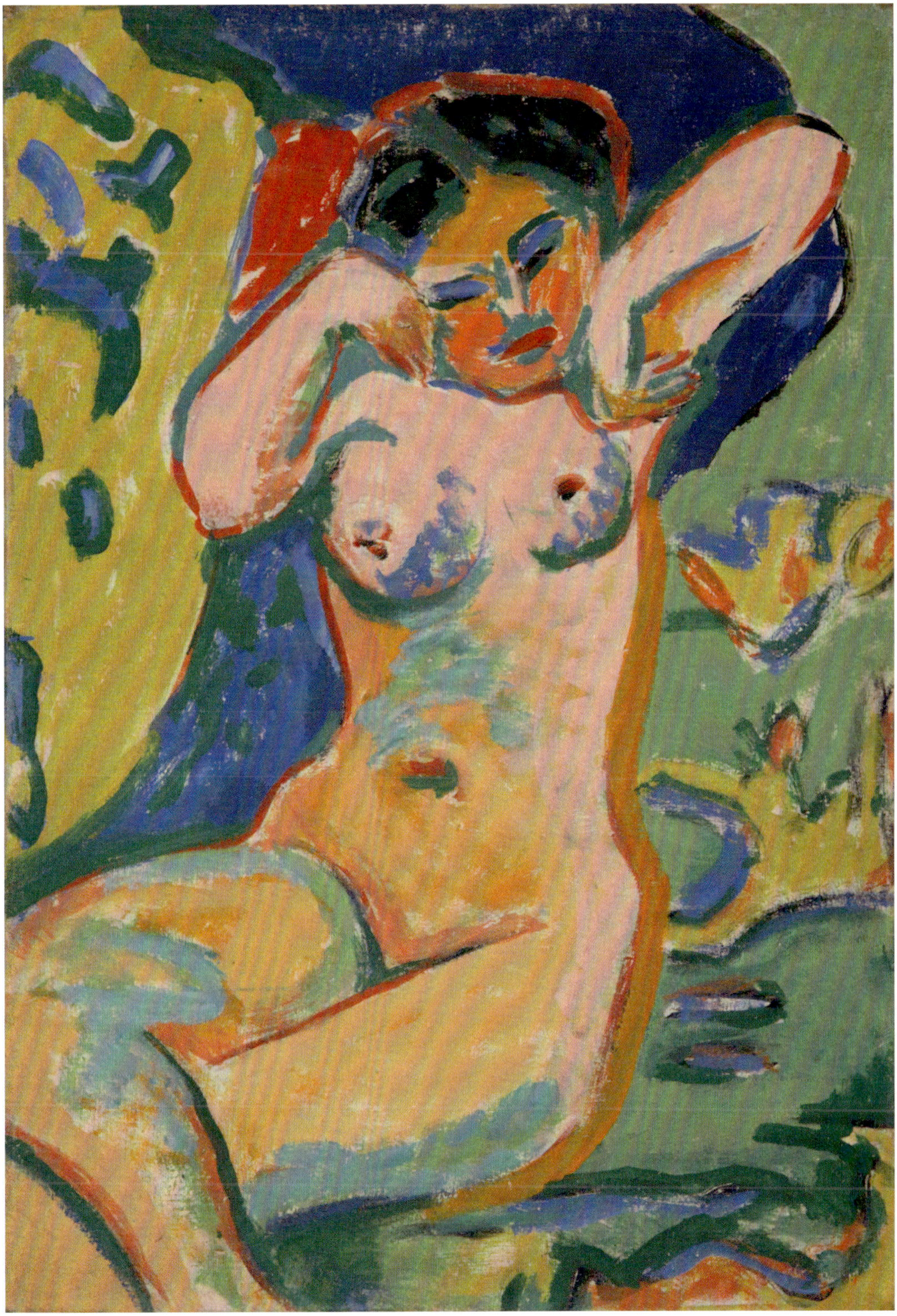

Ernst Ludwig Kirchner
Akt auf blauem Grund
1911

Als Fritz Bleyl 1906 das Plakat zur ersten Ausstellung der Künstlergruppe Die Brücke mit einem weiblichen Akt versieht, fällt es wegen seiner heute kaum noch nachvollziehbaren Explizitheit der staatlichen Zensur zum Opfer. Nichtsdestotrotz und umso mehr bleibt die nackte Frau in den Werken der Brücke-Künstler, allen voran bei Ernst Ludwig Kirchner, Haupt- und Leitthema. Sie ist der Inbegriff von Sinnlichkeit, Natürlichkeit; und sie steht für eine lebensreformerische Abkehr der jungen Künstler von den überkommenen Moralvorstellungen. Die Auseinandersetzung mit diesem »ursprünglichen« Motiv hat Auswirkungen auf die Malweise. Kirchner fordert im Gründungsmanifest der Brücke »Arm- und Lebensfreiheit« in Abkehr von »wohlangesessenen älteren Kräften«. Mit seinem stilistischem Wandel, der sich um 1910 vollzieht, scheint dies dann erreicht. Maßgeblich ist seine Auseinandersetzung mit sogenannter »primitiver« Kunst aus Afrika und Ozeanien, die der Künstler aus dem Dresdner Völkerkundemuseum kennt. Seine von dieser Inspiration herrührende malerische und zeichnerische Unbekümmertheit ist besonders gut im direkten Vergleich zwischen dem *Mädchenakt auf blühender Wiese* von 1909 und dem *Akt auf blauem Grund* von 1911 nachvollziehbar. Während das ältere Bild den weiblichen Leib in impressionistischer Manier im Spiel des Lichts auflöst, kommt es hier nun zu einer kraftvoll schwarz konturierten, klaren Form und flächigem, kaum moduliertem Farbauftrag. Erfährt bei dem früheren Bild die Scham keinerlei Pointierung, so ist sie hier als dunkles Dreieck zwischen den gespreizten Beinen deutlich hervorgehoben. Unmittelbar und direkt wird der Betrachter nun mit der Weiblichkeit konfrontiert. Die Unterschiede zwischen den beiden nur zwei Jahre auseinanderliegenden Gemälden fällt umso deutlicher aus, als für beide die gleiche Frau Modell steht: Doris Große, genannt Dodo – eine Dresdner Modistin, die zwischen 1909 und 1911 Kirchners Geliebte und Muse ist. Die exotischen Gesichtszüge, die sie in *Akt auf blauem Grund* trägt, verraten weniger über ihr tatsächliches Aussehen denn über Kirchners außereuropäische Inspirationsquellen.

Mira Naß

 Öl auf Leinwand, 80,5×70cm 0.00007

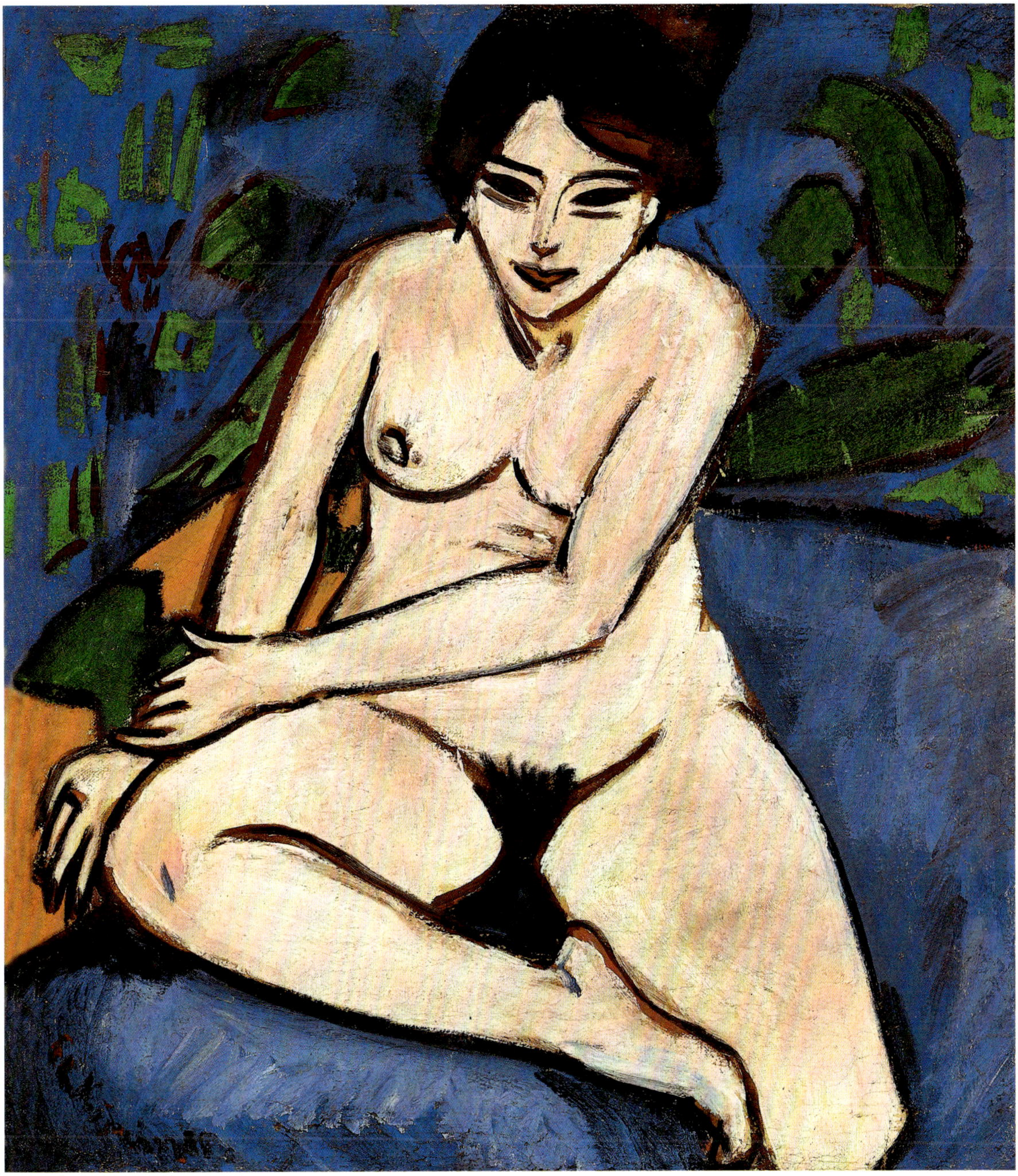

Otto Mueller
Ruhendes nacktes Mädchen
1912

»Die sinnliche Lust am Gesehenen ist der Ursprung aller bildenden Kunst von Anfang an«, so interpretiert Ernst Ludwig Kirchner die Aktstudien. Die beiden Zeichnungen zweier im Grünen ausgestreckten nackten Mädchen entstehen in einer Zeit, in der Otto Mueller intensiven Kontakt zur Künstlergemeinschaft Die Brücke pflegt. Bereits in den Jahren 1910 und 1911 nimmt er an den legendären Ausflügen zu den Moritzburger Teichen teil, die den freien Menschen in freier Natur thematisieren. »Zurück zur Natur!« ist das Motto der Lebensreformbewegung, von der sich die Künstler beeindruckt zeigen. In den vorliegenden Zeichnungen bleibt Mueller seinem bevorzugten Sujet des Aktes in der Landschaft treu, wenngleich sich eine Annäherung an den flüchtigen Skizzenstil der Brücke zwischen 1910 und 1913 erkennen lässt. Mit schnell gezogenen, wellenförmigen Tuschestrichen erfasst Mueller die Konturen der Mädchenkörper. Er beschränkt sich dabei auf die wesentlichen, formdefinierenden Elemente. Die Wiese hebt Mueller davon mit schnell gesetzten Farbkreidestrichen oder Wellenlinien ab. Zu sehen ist das fahle Gelb sandigen Untergrunds, das helle Grün jungen Grases sowie das Braun und Schwarz des Holzes. Kühn sind die nackten Körper in die Fläche gesetzt. Das ruhende Mädchen lehnt mit leicht geöffneten Beinen an einem Baum. Das liegende Mädchen ist im Gras versunken, die Arme über dem Kopf verschränkt. Zusammengenommen wirken die beiden Zeichnungen wie ein Bewegungsablauf, der sich zu einem sinnlich-erotischen Moment verdichtet. Das zeichnerische Werk Otto Muellers nimmt innerhalb der Sammlung Buchheim einen großen Stellenwert ein, schätzt Buchheim es doch als eines der »vollkommensten Zeugnisse« seiner Kunst.

Claudia Leonore Kreile

Tuschpinsel und farbige Kreiden, 46,5×38,2cm 1.00299

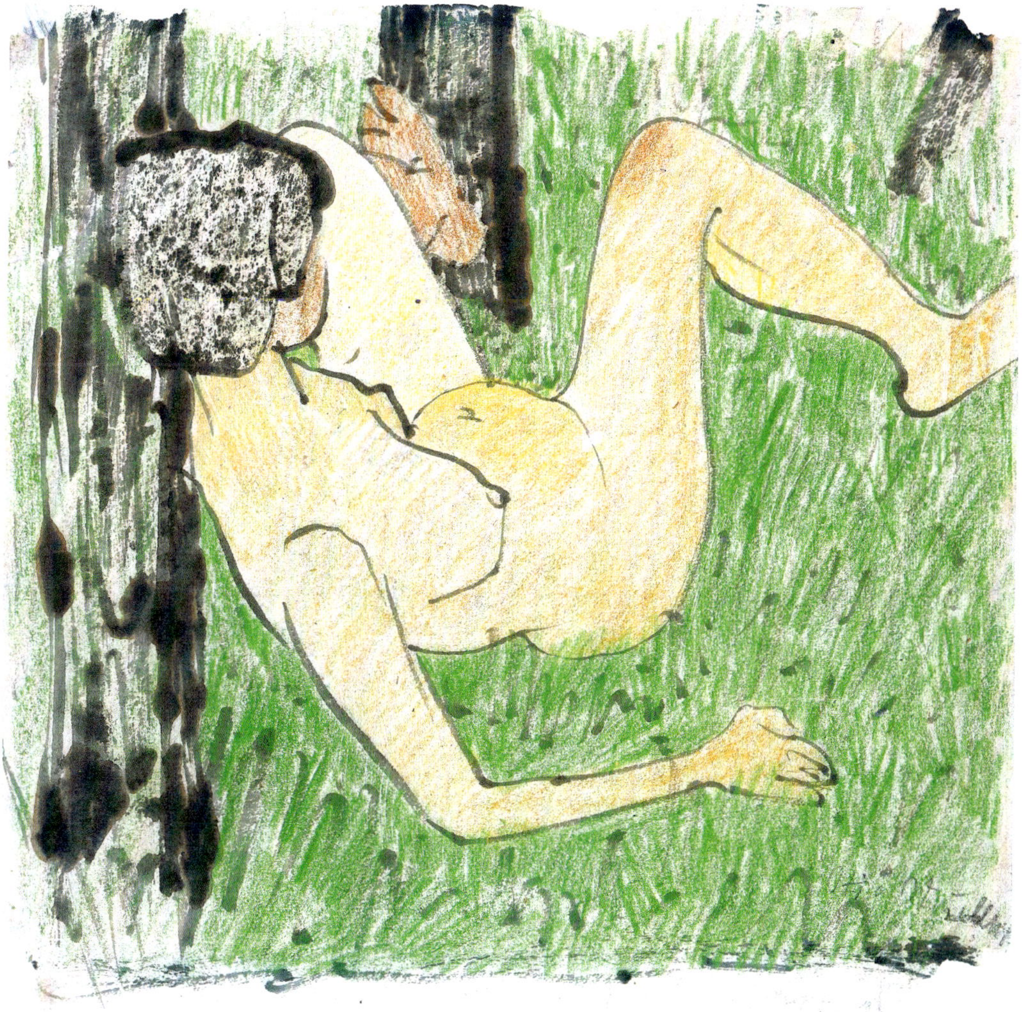

Otto Mueller
Liegendes nacktes Mädchen
1912

 Tuschpinsel und farbige Kreiden, 36,7×38,3cm 1.00300

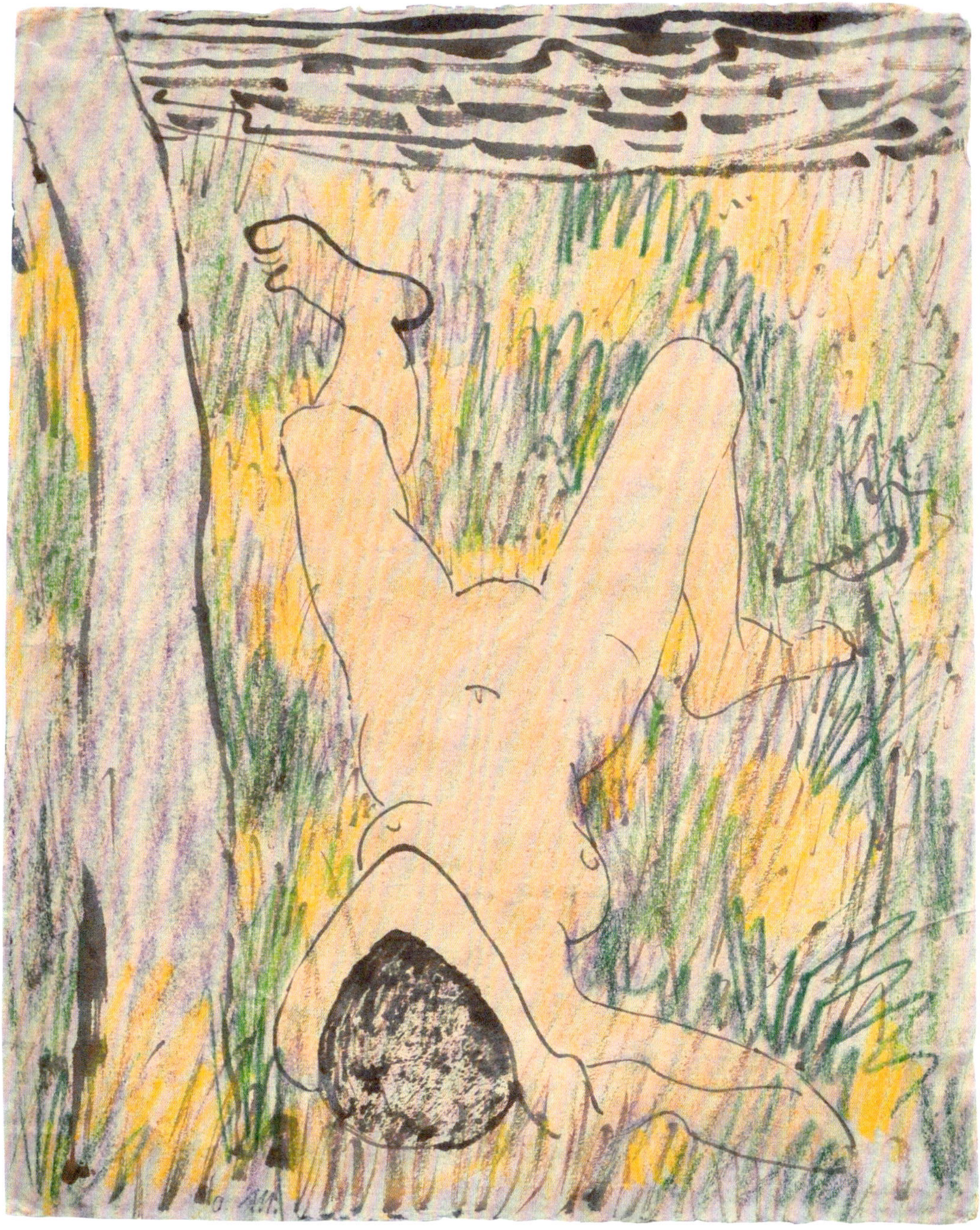

Otto Mueller
Zwei Mädchen im Schilf
um 1926

Zwei junge Mädchen sitzen nackt im Schilf. Elegant und grazil posieren sie mit ihren schlanken, langgestreckten Körpern für ungezwungene Aktstudien in freier Natur. Es ist eine intime Szene vollendeter und gleichzeitig fragiler Harmonie zwischen Mensch, Natur und Künstler: Sinnlich sind die beiden Frauenkörper ineinander geschlungen, kontrastiert durch die spitzwinkligen Schultern und Kniegelenke. Ihre individuellen Haltungen sprechen eine konträre Sprache: Während eines der Mädchen mit angezogenem Knie scheu zur Seite blickt, sitzt neben ihr eine Frau in gelöster Haltung, die Beine leicht gespreizt. Es ist ein Wechselspiel aus scheuem Posieren und laszivem Sich-Winden in der Geborgenheit der Natur. Die Farbigkeit ist dabei dezent reduziert, die pastelligen Töne der Körper finden ihre Entsprechung in der Vegetation und dem Himmel. Das Gemälde ist eine von zahlreichen Variationen der Badenden, ein für Otto Mueller lebenslang zentrales Sujet, dem er auch nach der Auflösung der Brücke konsequent treu bleibt. In der Suche nach dem idealen Einklang des freien Menschen mit der ihn umgebenden Natur begründet er zudem ein künstlerisches Alternativkonzept zur Großstadt. Immer wieder malt er Mädchen, die in arkadischen Landschaften träumerisch versonnen im Schilf hocken. Dabei schafft er ein reiches Formensystem, das Haltungsstudien des menschlichen Körpers und vegetative Segmente der Natur zu immer neuen Bildkompositionen werden lässt, stets motiviert durch die Liebe zur Abgeschiedenheit der Natur: »Hauptziel meines Strebens ist, mit größtmöglicher Einfachheit Empfindung von Landschaft und Mensch auszudrücken.« Die malerische Technik der Leimfarbe auf Rupfen – ein bereits von den alten Ägyptern zur Bemalung der Mumien verwendetes Medium – unterstreicht mit ihrer Langlebigkeit dieses zeitlose Anliegen. In der Sammlung Buchheim findet sich das Motiv der Badenden in zahlreichen Variationen in Form von Aquarellen, Zeichnungen, Lithografien und Gemälden.

Claudia Leonore Kreile

 Leimfarbe auf Rupfen, 139×109,5cm 0.00019

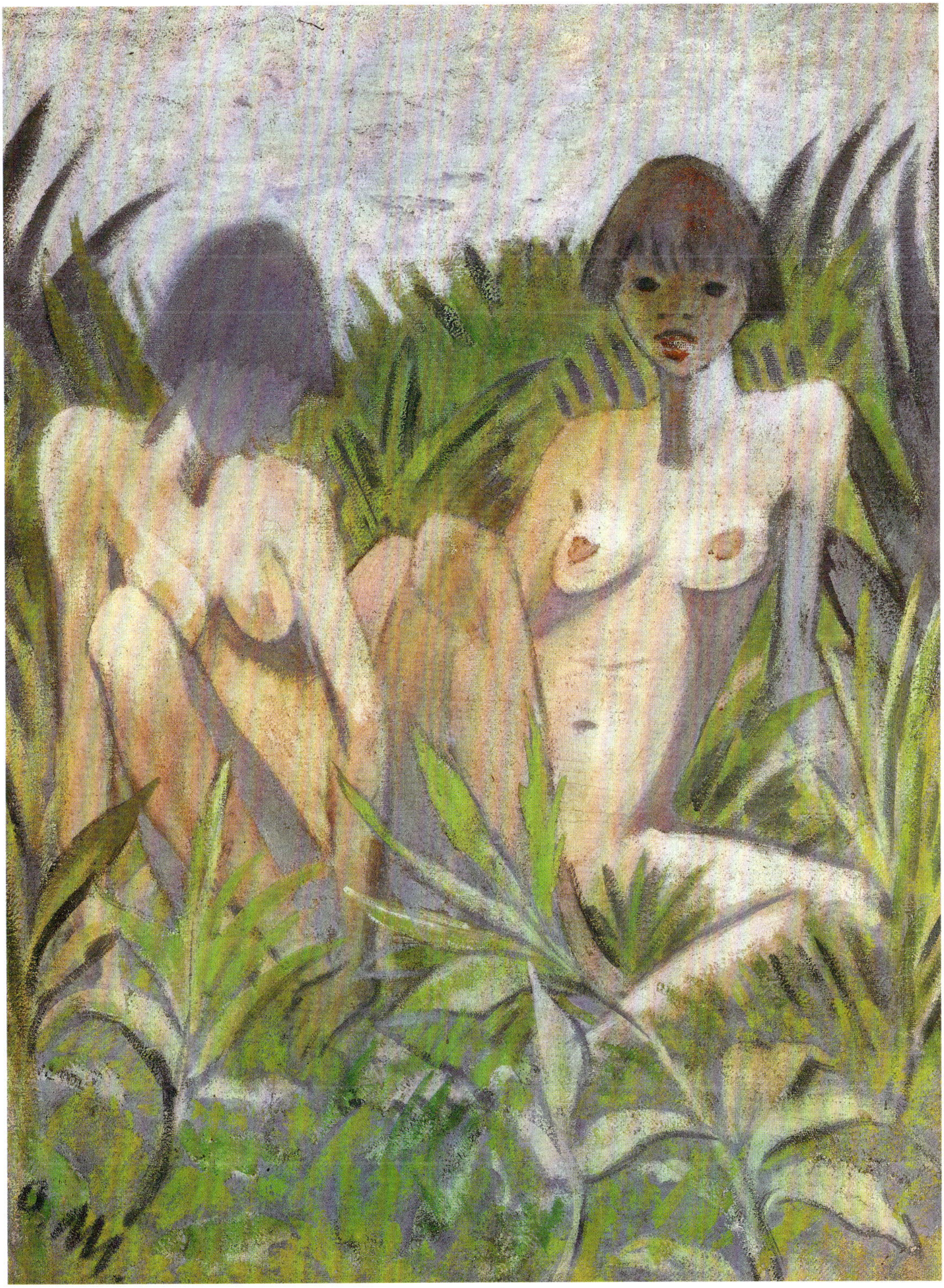

Ernst Ludwig Kirchner
Badende am Strand von Fehmarn
1913

Anders als der Bildtitel es zunächst vermuten lässt, zeigt das Ölgemälde – neben Hecken und Sträuchern – vor allem Stamm und Astwerk eines sich in die Höhe windenden grünen Laubbaums, der zwei Drittel der Bildfläche einnimmt. Der Betrachter findet sich in der beinahe voyeuristischen Position jener wieder, die den Versuch unternehmen, durch die Öffnung am linken Bildrand einen Blick auf die drei Nackten am Meer zu erhaschen. Ein Trampelpfad scheint hinunter zum Strand zu führen, in dessen rötlicher Färbung die sonnenbadenden Körper aufzugehen scheinen. Dahin erstreckt sich, durchbrochen von Sandbänken, das tiefblaue Meer. Am Horizont sind Segelschiffe zu erahnen. Darüber spannt sich der wolkenlose Sommerhimmel. 1908 besucht Kirchner zum ersten Mal die Ostseeinsel Fehmarn. Bis 1914 reist er immer wieder für einige Monate im Jahr dorthin. Für ihn ist es eine paradiesische Parallelwelt fernab der pulsierenden Großstädte mit ihrem hektischen Verkehr und den stinkenden Fabriken. Doch auch in seinen dort entstandenen Werken bleibt Kirchners zivilisationsskeptischer Ansatz nicht verborgen. 1911 von Dresden nach Berlin umgezogen, beschäftigt er sich in den Jahren vor dem Ersten Weltkrieg oft mit dem anonymisierten Großstadtmenschen. »Unsere Menschen, die mit Straßenbahnen fahren, seit sie laufen können,« so begründet er in einer Tagebucheintragung sein Bild eines an die technisierte Lebenswelt angepassten Menschen, »bekommen einen anderen Körper als die alten Griechen, die auf ihr niedriges Dreigespann stiegen, und selbst die Schnelligkeit unserer Fahrbewegung lässt unsere Körper anders formen«.

Mira Naß

 Öl auf Leinwand, 110,3×86,2cm 0.00009

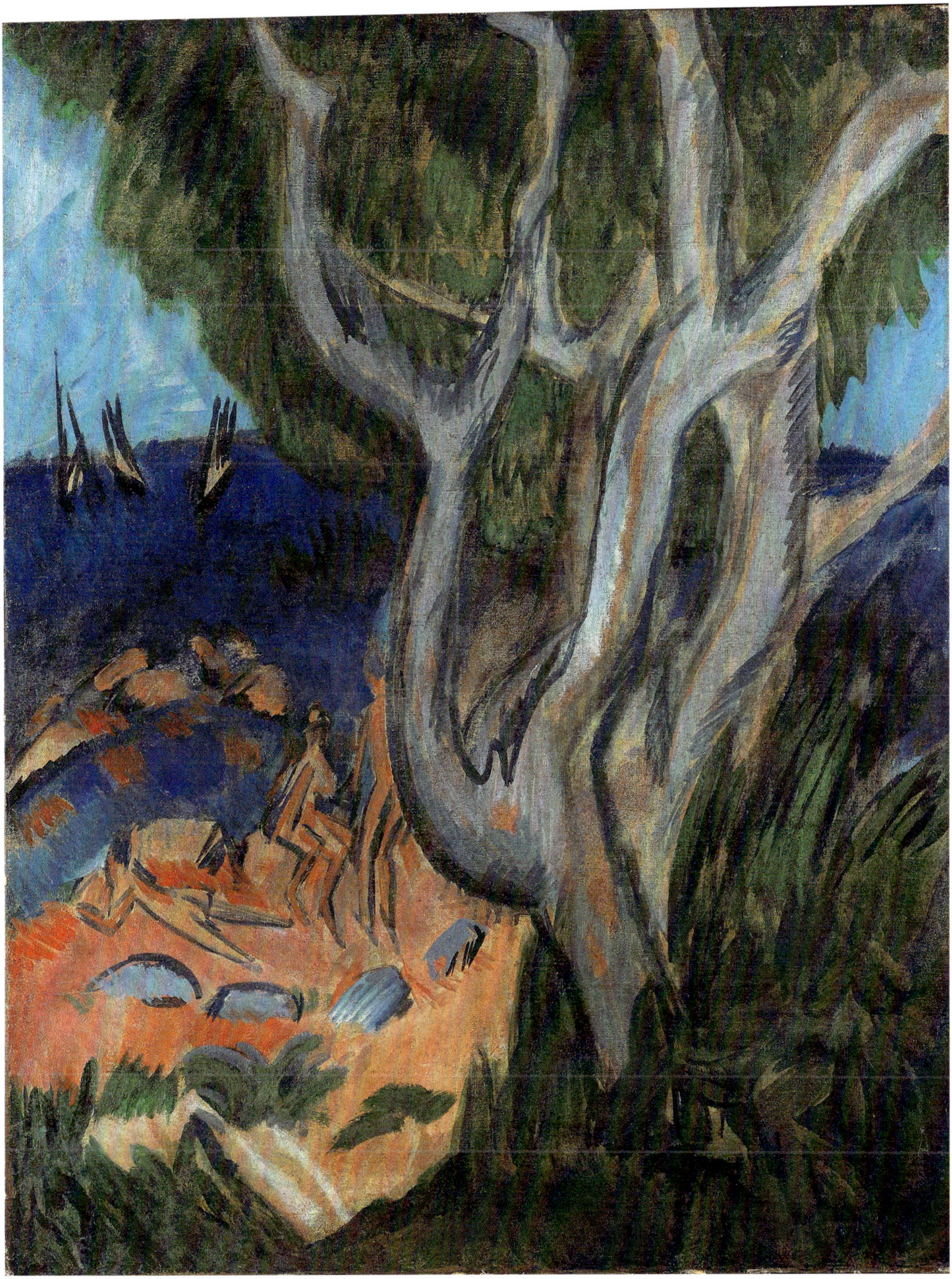

Karl Schmidt-Rottluff Nehrungslandschaft 1913

Schmidt-Rottluff malt die *Nehrungslandschaft* 1913 während eines Aufenthaltes in Nidden, einem Ort auf der Kurischen Nehrung im heutigen Litauen. Gedämpftes Dunkelgrün, blasses bis trübes Blau, Flächen aus stumpfen oder schwach leuchtenden Braun- und Ockertönen bestimmen das Klima. Vor dem Hintergrund seiner Zeit, noch vor dem Ersten Weltkrieg, ist das Bild eine sehr weit gehende abstrakte Komposition. Doch schält der Blick nach anfänglicher Orientierung dunkel konturierte Formen heraus, die beim Betrachter schließlich den Eindruck einer Landschaft erwecken. Ist der L-förmige Querriegel mit kammförmig angesetzten Strichen nicht ein breites Gehöft mit Fenstern und Schornsteinen? Ist das beige Doppeldreieck daneben nicht ein Giebelhaus? Davor stehen Bäume und Büsche. Die Stämme sind nichts als gewundene Linien. Die Baumkronen und das Blattwerk sind zu Zackengebilden stilisiert und dennoch erkennbar. Im Bildvordergrund ist eine große ockerfarbene Fläche – der Sand, der auch die grasgrünen Farbfelder am rechten Bildrand gleich einem Dünenstreifen durchzieht. Am linken Bildrand ansetzend zieht sich eine von Baumkronen durchwirkte Fläche in changierendem Hellblau bis zur rechten oberen Bildecke – das unmerklich in den Himmel übergehende Meer. Durchbrochen wird sie von einem ockerfarbenen Band – die Nehrung, die sich wie ein Sandfinger ins Meer schiebt. Wir erkennen in den geformten, nur wenig abgetönten Farbflächen die Landschaft, erfahren Raumtiefe und die Bewegung des Himmels, der Bäume, der Sträucher. Obwohl Schmidt-Rottluff weitgehend auf Schattenspiel, Farbperspektive und andere raumillusionierende Mittel verzichtet, gelingt es ihm, in der Vorstellung des Betrachters Räumlichkeit zu evozieren. Mit den Konturlinien, die sich zu einem über die Fläche gespannten Netz verdichten, greift er ein Gestaltungsmittel auf, das im Expressionismus aus anderen Gattungen in die Malerei transponiert wird: von der Glasbildkunst mit ihren Bleistegen und von dem für die Brücke-Künstler so charakteristischen Holzschnitt, bei dem helle Flächen durch einen dunklen Grat voneinander getrennt werden.

Benedikt Ohm

 Öl auf Leinwand, 87×95cm 0.00029

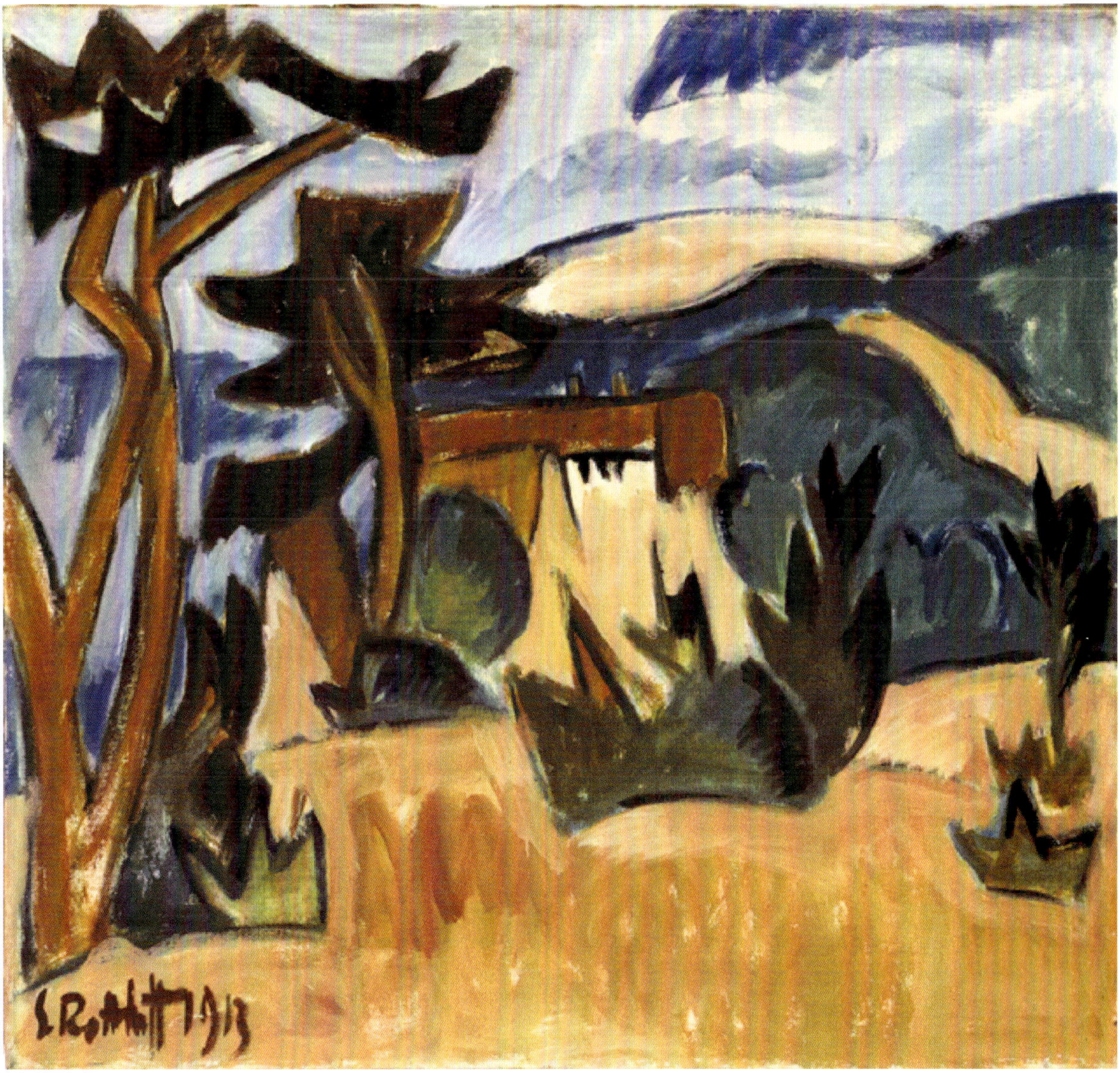
S Rottluff 1913

Max Beckmann
Sommertag am Meer
1907

Das Gemälde zählt neben anderen Landschaftsdarstellungen der Sammlung Buchheim zum spätimpressionistischen Frühwerk Beckmanns. Impulse von Vincent van Gogh oder Paul Cézanne, die Beckmann verehrte, sind spürbar. Im Gegensatz zu seinen später entstandenen Landschaftsbildern spielt der Mensch hier kaum eine Rolle. Wir blicken von einem erhöhten Standpunkt aus über eine sanfte Dünenlandschaft, die von einem frischen Wind gekämmt wird, hinab auf einen weißen Strand und das sanft anbrandende dunkelblaue Meer. In den Jahren vor dem Ersten Weltkrieg besitzen Beckmanns Landschaften eine tonige Farbpalette, die sich aus verwandten und miteinander harmonierenden Tönen zusammensetzt. Die fließenden Farbübergänge wird der Künstler später zugunsten expressiver Formen, Konturen und Farben aufgeben. Für ihn ist das Meer, das er in zahlreichen Variationen immer wieder verarbeitet, eine Metapher für Unendlichkeit und unaufhaltsamen Wandel. Ihn fasziniert diese bedrohliche Urgewalt. In seinem Bild versucht er sie zu bannen, indem er den Horizont weit nach oben schiebt und ihm das Festland diagonal vorlagert. Beckmann fasst seine malerische Haltung gegenüber dem Meer einmal so zusammen: »Huh, dieser unendliche Raum, dessen Vordergrund man immer wieder mit etwas Gerümpel anfüllen muss, damit man seine schaurige Tiefe nicht so sieht.«

Sophia Plaas

 Öl auf Leinwand, 45×55cm 0.00039

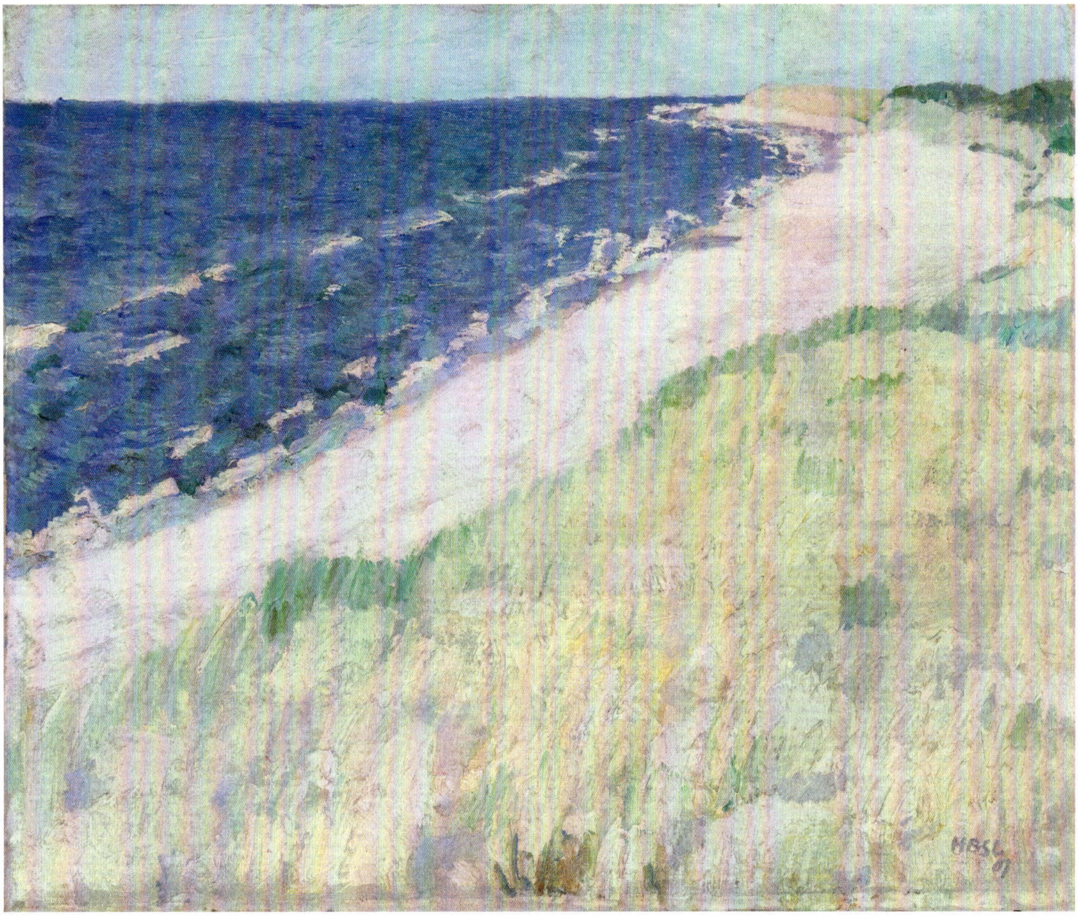

Max Beckmann
Marine Noordwijk (Reiter am Strand)
1946

Das Strandbild ist ein Jahr nach dem Ende des Zweiten Weltkriegs entstanden. Noordwijk ist ein niederländisches, international bekanntes Seebad nur knapp 40 Kilometer von Amsterdam entfernt. Aufgrund seiner wachsenden Bedeutung als Kur- und Badeort ab Ende des 19. Jahrhunderts war es vor dem Krieg für die Menschen aus den umliegenden Städten ein beliebter Erholungsort. Persönlichkeiten wie Thomas Mann oder Maria Montessori verbrachten hier ihre Urlaube oder lebten dort. Die Beckmanns besuchen den Ort 1946 das erste Mal wieder seit Kriegsende. Unmittelbar danach entsteht in Amsterdam die maritime Szene mit tosendem Meer und Reitern am Strand. Wie bei den meisten seiner Gemälde verwendet Beckmann weder Modell noch skizziert er vor Ort. Vielmehr montiert er Versatzstücke aus dem Gedächtnis heraus zu seiner eigenen Sicht der Wirklichkeit. In *Marine Noordwijk* fügt Beckmann verschiedene Elemente zu einem Bild zusammen: Ein zum Ablegen bereites Boot, zwei Reiter in Schritttempo, ein in die Gegenrichtung galoppierendes Pferd, ein Karren, zwei in der Ferne segelnde Schiffe sowie das nur durch den Bildrand des Breitformats und die gekrümmte Horizontlinie begrenzte, unendlich wirkende Meer vermitteln den Eindruck von Befreiung und Weite. Der konstruierte Charakter des Bildes ist erkennbar. Mit seinen rahmenden und das Bild organisierenden Elementen – wie dem Felsen vorne links und einem zweigeteilten Fensterrahmen am rechten Bildrand – wirkt das Bild durch und durch komponiert. Wie in vielen Landschaftsbildern der Romantik nimmt der Betrachter auch hier einen erhöhten Standpunkt ein und blickt wie durch ein Fenster auf das Leben in seinen unterschiedlichen Ausprägungen.

Sophia Plaas

 Öl auf Leinwand, 55×87,5cm 0.00043

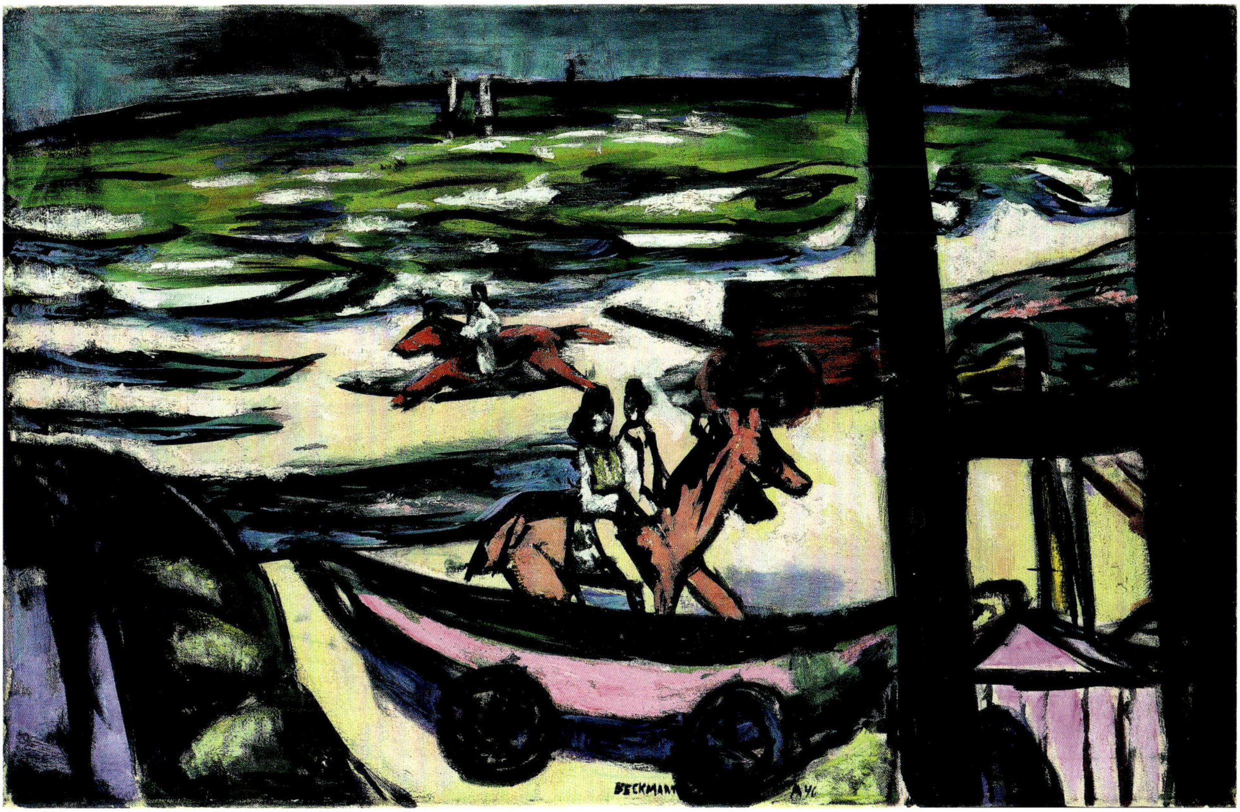

Paula Modersohn-Becker
Moorlandschaft mit Birkenstämmen
um 1900

Paul Modersohn-Becker ist gerade einmal 24 Jahre alt, als sie dieses Landschaftsbild malt. Schon seit acht Jahren verfolgt sie das Ziel, als Malerin Anerkennung zu erlangen. Seit 1898 lebt die in Dresden und Bremen aufgewachsene Künstlerin in Worpswede. Die dortige Künstlerkolonie rund um Fritz Mackensen, Hans am Ende, Otto Modersohn, Fritz Overbeck und Heinrich Vogeler fasziniert sie. Die Künstler leben zurückgezogen in dem kleinen Fischer- und Torfstecherdorf, um zu einer »unverfälschten« Malerei frei von akademischen Zwängen zu gelangen. Neben der Landschaft ist das einfache bäuerliche Leben ihr Sujet. Die weißen Birkenstämme vor dem dunklen Grund der Moorlandschaft sind bei allen Worpsweder Malern ein beliebtes Motiv. Modersohn-Beckers Gemälde nimmt sich hier nicht aus. Doch gelingt es ihr, den Worpsweder Horizont zu erweitern. Sie fasst das Thema kompositorisch grundlegend neu. Ende 1899 bricht sie für ein halbes Jahr in die europäische Kunstmetropole Paris auf, um an der Académie Colarossi Aktzeichenklassen zu belegen. Der Louvre ist ihr das »A und O«. Cézanne, den sie bei dem Kunsthändler Ambroise Vollard entdeckt, ist ihr »ein großes Gewitter«. Mit wachem Geist nimmt sie die Anregungen auf. Zurück in Worpswede, kopiert sie Cézannes Maltechnik nicht, auch nicht seine Pinselführung, und viel weniger noch das mediterrane Kolorit des Franzosen. Vielmehr sind es seine klar ordnenden Zugriffe auf den Bildinhalt, die sie sich anverwandelt und die sie zu einer kraftvoll abstrahierten Komposition führen. So entstehen in dem halben Jahr nach ihrem ersten Parisaufenthalt Bilder wie die *Moorlandschaft mit Birkenstämmen*. Sie arbeitet die Farbnuancen aus einer dunkeltonigen Atmosphäre heraus. Eine klare Horizontlinie unterteilt das Bild in eine obere, diesig-weiße Fläche und in eine untere Fläche in grünen und erdigen Tönen. Der enge Bildausschnitt verweigert dem Betrachter den Blick auf die Baumkronen. Modersohn-Becker verwendet die vertikal aufsteigenden, bisweilen sich windenden Stämme als Strukturelemente, welche die obere und die untere Fläche miteinander verbinden und sie in rhythmische Teilflächen untergliedern.

Daniel J. Schreiber

 Tempera auf Pappe auf Holz, 39×54cm 0.00076

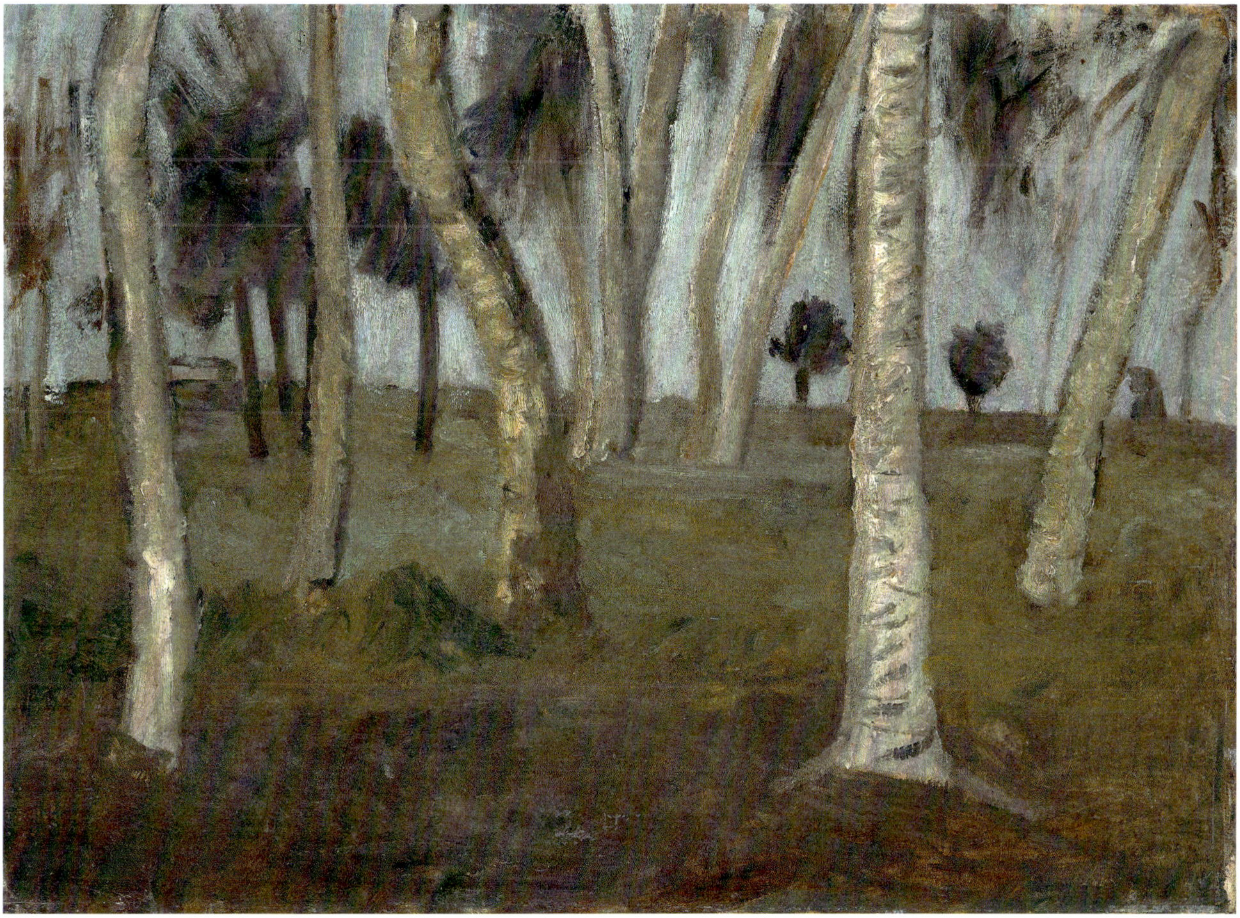

Karl Schmidt-Rottluff
Landschaft mit Bäumen
1910

Lange Sommeraufenthalte im Nordseebad Dangast zwischen 1907 bis 1912 begleiten Karl Schmidt-Rottluffs Weg vom Impressionismus zum Expressionismus. Eines der in dieser Zeit entstehenden Schwellenbilder ist die *Landschaft mit Bäumen*. Zwei Paar Weiden beherrschen das Bildgeschehen: das eine am linken, das andere etwas weiter im Hintergrund am rechten Bildrand. Hinter ihnen steigt das Gelände an, wohl zu einem Deich. Ist das noch impressionistische Farbfleckenmalerei? Schnell und grob ist der Pinselstrich. Der Maler gibt sich scheinbar keine Mühe, den Prozess des Malens hinter schöner Form zurücktreten zu lassen. Eine Reihung grober Farbflecken verleiht den vom Küstenwind durchblasenen Baumkronen Bewegung. Details sind der großen Form gewichen, vor allem bei den kleineren Bäume rechts. Besonders die Bäume in der rechten Bildhälfte sind fast auf die rudimentärsten Formen heruntergebrochen, die sie überhaupt noch erkennbar bleiben lassen. Allein das Braun der Stämme und das Grün des Laubes lassen den Baum erkennen. Ähnlich verhält es sich mit dem Himmel, der sich aus winklig zueinander angeordneten, blauen Strichbündeln zusammensetzt, die keine Ähnlichkeit mit Wolkenformationen haben. Schmidt-Rottluff möchte Einfachheit in Farbe und Form erzielen. Auf die unmittelbare Wiedergabe des Landschaftserlebens kommt es ihm an. Dafür verdünnt er seine Ölfarben mit Benzin, um schneller aus dem Moment heraus malen zu können. Dem Hamburger Mäzen und Sammler Gustav Schiefler schreibt Schmidt-Rottluff 1909 seine Eindrücke aus der Landschaft am Jadebusen: »Es ist unglaublich, wie stark man die Farben hier findet, eine Intensität, fast zu scharf für die Augen. Dabei sind die Farbakkorde von großer Einfachheit. Malen kann eigentlich nur heißen: Verzicht leisten vor der Natur, und es an der richtigen Stelle tun, ist vielleicht eine Definition von Kunst.« Das Gemälde ist die konsequente Umsetzung dieser Aussage. Umso passender, dass wir es heute eindeutig als ein Werk Schmidt-Rottluffs betrachten können. Bis vor wenigen Jahren galt es als ein Werk Max Pechsteins, der sich – samt Signatur und Jahresangabe – auf der Rückseite des Bildes mit einem Blumenstillleben verewigt hat. Eine wiedergefundene Postkarte Schmidt-Rottluffs mit einer eindeutig zuordenbaren Skizze der Landschaft mit Bäumen sorgte jedoch für Klarheit.

Benedikt Ohm

 Öl auf Leinwand, 80×107cm 0.00026

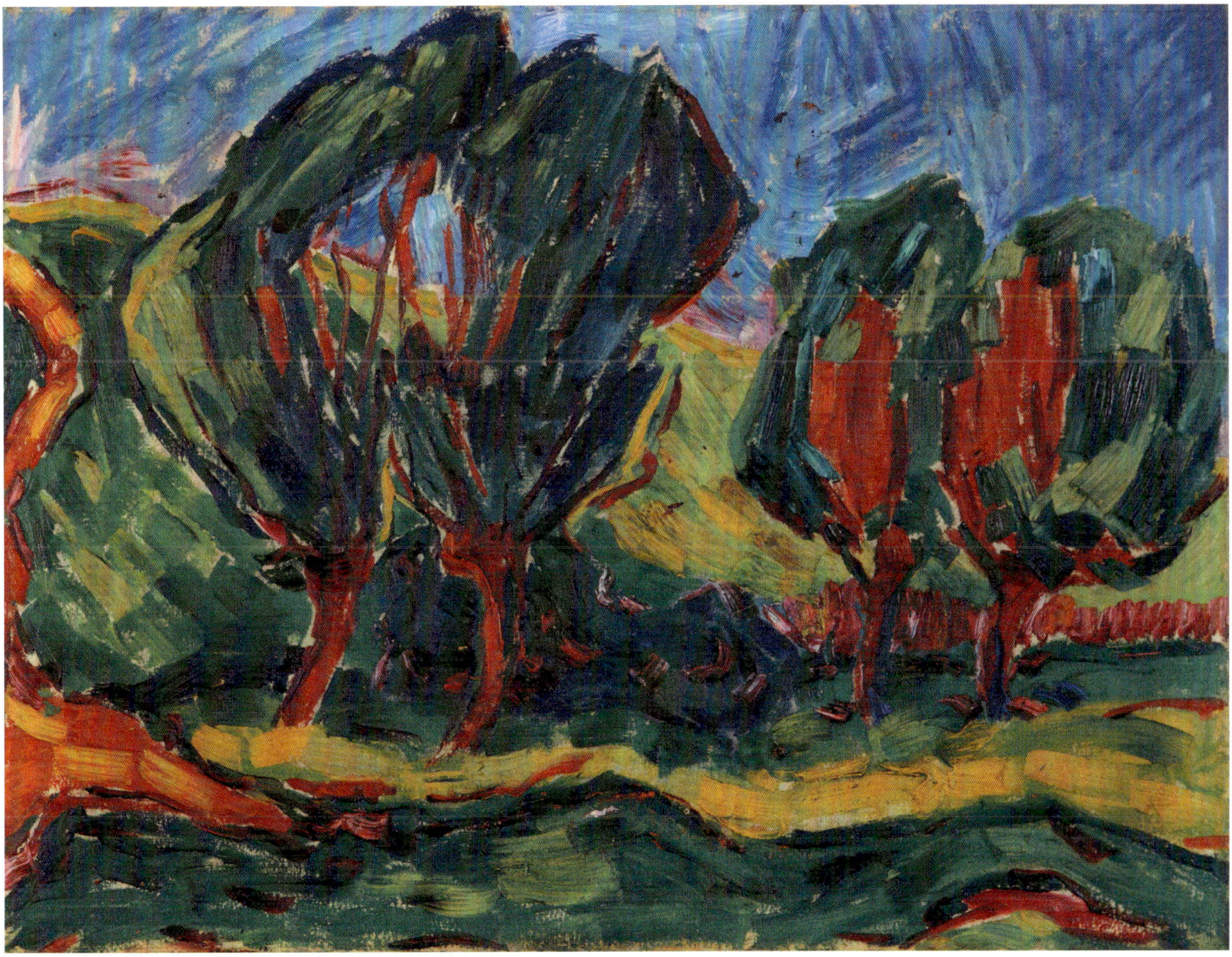

Theo von Brockhusen (Theodor Adolf Hillmann)
Schill-Linde in Baumgartenbrück
1914

»Seine Lyrik hat etwas grausam Grelles«, lässt der prominente Kunstkritiker Karl Scheffler 1912 über die Werke Theo von Brockhusens verlauten, die sich auf der Schwelle zwischen impressionistischem »Eindruck« und expressionistischem »Ausdruck« bewegen. Brockhusens Ölgemälde zeigt eine in den leuchtenden Farben der tief stehenden Sonne vibrierende Landschaft. Die große Linde im Bildzentrum mit ihren dynamisch anmutenden Astgabelungen wird von einem gelb leuchtenden Sonnenball durchbrochen, dessen Strahlen sich in wild züngelnden, pastosen Pinselstrichen über den gesamten Bildraum ausbreiten. Die Veränderung des Farbeindrucks durch das Sonnenlicht ist das bildbestimmende Motiv. Es steht im Kontext einer verstärkten Auseinandersetzung von Brockhusens mit Farbwirkung und Lichtstimmung ab 1913. Das für die Impressionisten zentrale Sujet der Sonne greift er mit expressiv anmutenden Pinselkommata auf, die bei Scheffler den Ausdruck des »Grellen« hervorgerufen haben mögen. Auch eine formale Nähe zu den symbolisch aufgeladenen, dynamischen Farbwirbeln van Goghs lässt diese Malweise erkennen – eine Parallele, die dem Künstler schon in der Kunstkritik der 1910er-Jahre den Spitznamen »von Goghhusen« einbrachte.

Trotz aktiver Mitgliedschaft bei der Berliner Secession, einigen internationalen Ausstellungserfolgen und positiver Aufnahme durch die zeitgenössische Kunstkritik gerät von Brockhusen durch seinen frühen Tod weitgehend in Vergessenheit. Mit seinem Interesse für Theo von Brockhusen setzt Lothar-Günther Buchheim sich für seine Wiederentdeckung ein.

Laura Lang

 Öl auf Leinwand, 88,5×108cm 0.00058

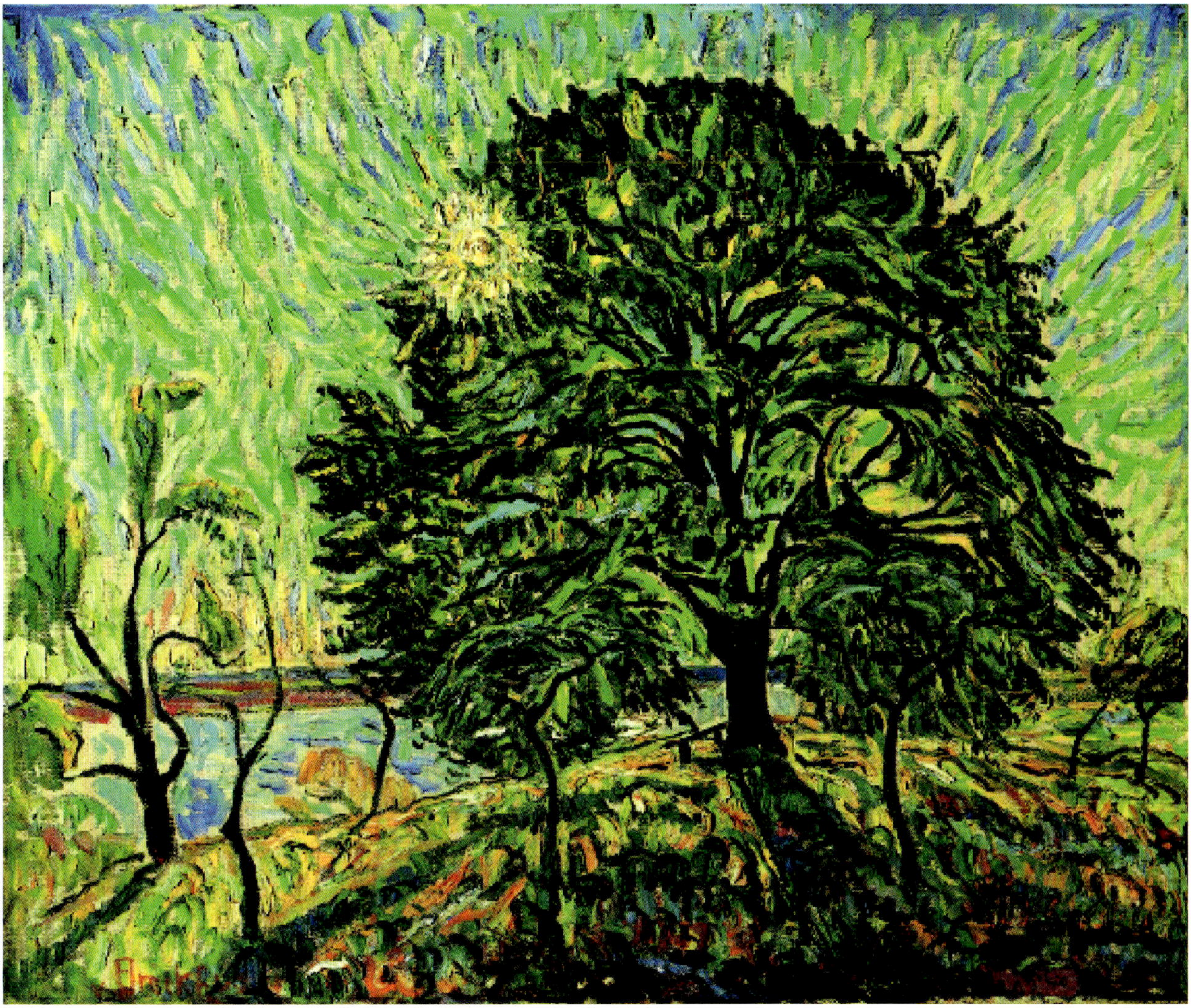

Otto Mueller
Dünenlandschaft
o. J.

Das Gemälde beschreibt eine Landschaft, die sich auch wegen der fehlenden Datierung weder einem bestimmten Ort noch einer bestimmten Zeit zuordnen lässt. In einer rhythmischen Choreografie aus fein differenzierten Farbflächen und sparsam bewegten Konturlinien konstruiert Otto Mueller ein harmonisches, in sich ruhendes Landschaftsbild. Der Bildraum ist klar organisiert, die Formen der dargestellten Sträucher, Wiesen und Dünen sind elegant gestaffelt. Gerahmt wird das Motiv der Dünenlandschaft durch die seitlich emporragenden, baldachinartigen Bäume, wodurch der Eindruck einer in sich geschlossenen Komposition unterstrichen wird. Ähnlich wie Paul Cézanne, der das Motiv des *Mont Sainte Victoire* wiederholt zum Anlass für Formstudien nahm, variiert Mueller stilisierte Landschaftselemente, um zum vollkommenen Ausdruck zu gelangen, »zur tiefen atemlosen Stille des ersten Schöpfungstages«, wie er es formuliert. Dabei kommt dem Einsatz der Leimfarbe auf Rupfen eine besondere Bedeutung zu. Die handwerklich höchst anspruchsvolle Technik zwingt zum großen Format und zur Vereinfachung der Formen, sie verlangt nach entschiedener Konzeption und sicherem Setzen der Farbe. Angeregt von der handwerklichen Fertigkeit altägyptischer Kunst verwendete Mueller Leimemulsionen als Bindemittel. Die Farben trocknen erdig-matt auf und erzeugen den zeitlosen Charakter eines Freskos. Gleichzeitig entsteht durch das tiefe Eindringen der Farbe in den groben Malgrund des Rupfens eine »merkwürdig intensive Luminosität«, wie Lothar-Günther Buchheim bemerkt. So stehen Muellers Landschaftsdarstelllungen – ob mit oder ohne Akt – sinnbildlich für seine Sehnsucht nach arkadischen Gefilden, für sein künstlerisches wie menschliches Streben nach Vollkommenheit und Harmonie in einem vom alltäglichen Dasein unabhängigen Raum. Auf der Suche nach dem verlorenen Paradies zieht sich Mueller bei seiner Motivwahl immer wieder an abgeschiedene Orte zurück.

Claudia Leonore Kreile

 Leimfarbe auf Rupfen, 76,5×105,5cm   0.00020

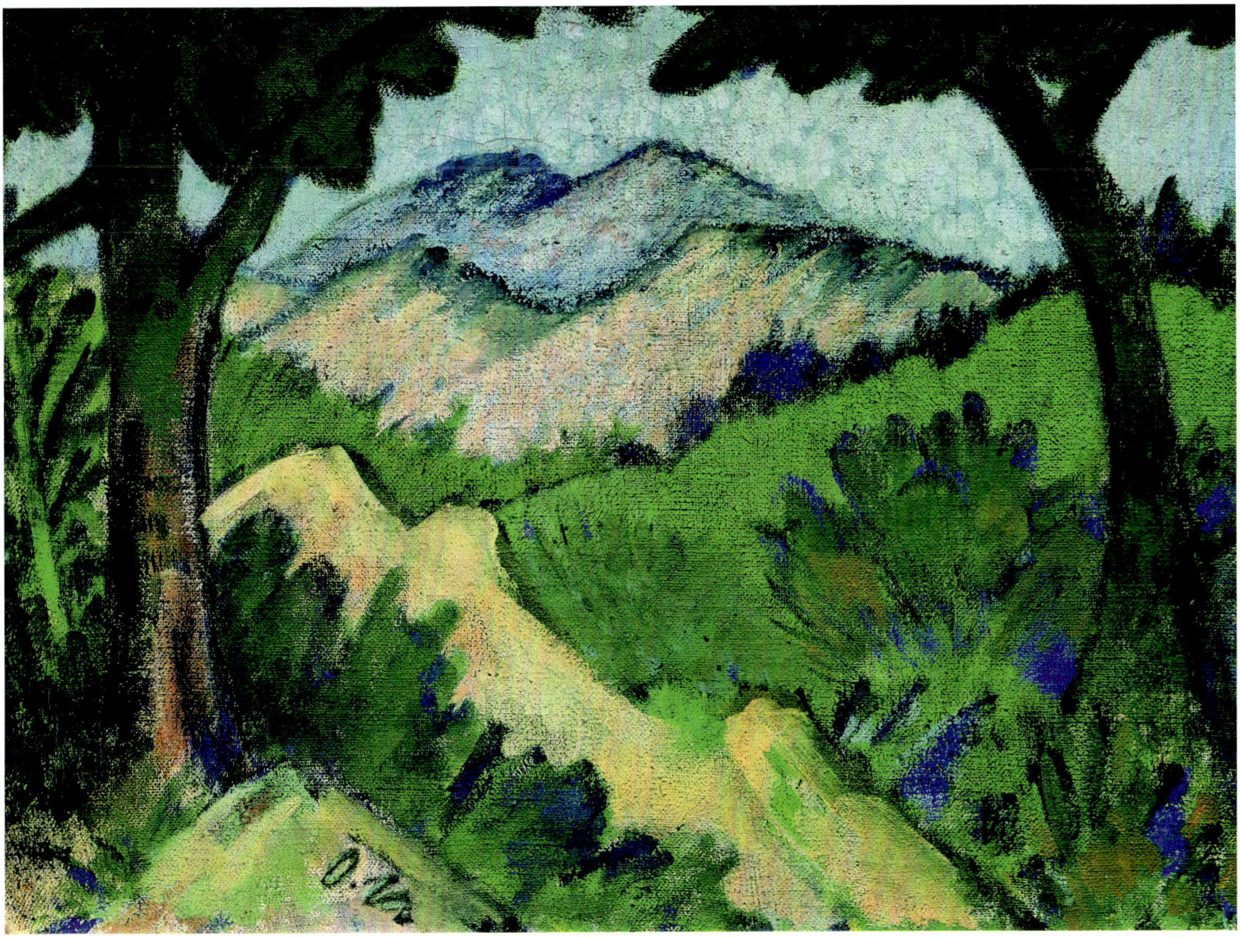

Christian Rohlfs
Am Ammersee
1921

»Unermüdlich schauend und zeichnend« bannt Christian Rohlfs spontane Eindrücke von Menschen und Landschaften auf Papier. Neben seinen bekannten großformatigen, expressiven Ölgemälden entstehen im Laufe seines langen künstlerischen Schaffens unzählige kleine Zeichnungen, Aquarelle und Temperaarbeiten. Als Malgrund ist dem Künstler dabei recht, was gerade zur Hand ist: Stoffe, Packpapier oder die Rückseite von Rechnungen und Briefen werden verwendet. Teilweise wird das Material gestalterisch miteinbezogen. Der Legende nach beginnt Rohlfs' Leidenschaft für die Zeichnung mit 14 Jahren. Nach einem Sturz von einem Baum mit einer schwerwiegenden Beinverletzung an das Krankenbett gefesselt, beginnt er zu zeichnen, was er durch das schmale Fenster von seinem Bett aus sieht. In späteren Jahren geben häufig Reisen Anlass für Skizzen, Zeichnungen und Aquarelle. 1910 folgt er einer Einladung des Arztes und Kunstsammlers Dr. Commerell zu einem zweijährigen Aufenthalt in München. Hierbei setzt er sich wiederholt auch mit Motiven aus dem Münchener Umland auseinander. Mit seiner Arbeit *Am Ammersee*, einer aquarellierten Tuschfederzeichnung, bannt Rohlfs mit schnellem, skizzenhaftem Strich den Eindruck der Voralpenlandschaft auf Papier. Die harten Umrisslinien der Bäume und Sträucher sowie der gestaffelten Hügelketten stehen im Kontrast zu den weich verfließenden Aquarellfarben. Die von Rohlfs bewusst durchlebten malerischen Traditionen des 19. Jahrhunderts klingen hier an, werden aber im spontan-skizzenhaften Gestus der Zeichnung neu interpretiert. An Rohlfs' Werk ist somit ganz besonders deutlich jene Schwellensituation zu erleben, in der sich der Expressionismus im Gesamten befindet: zwischen Wiedergabe der Realität und abstrakter Autonomie von Farbe und Form.

Laura Lang

Tuschfeder und Aquarell, 40,5×57cm 0.00020

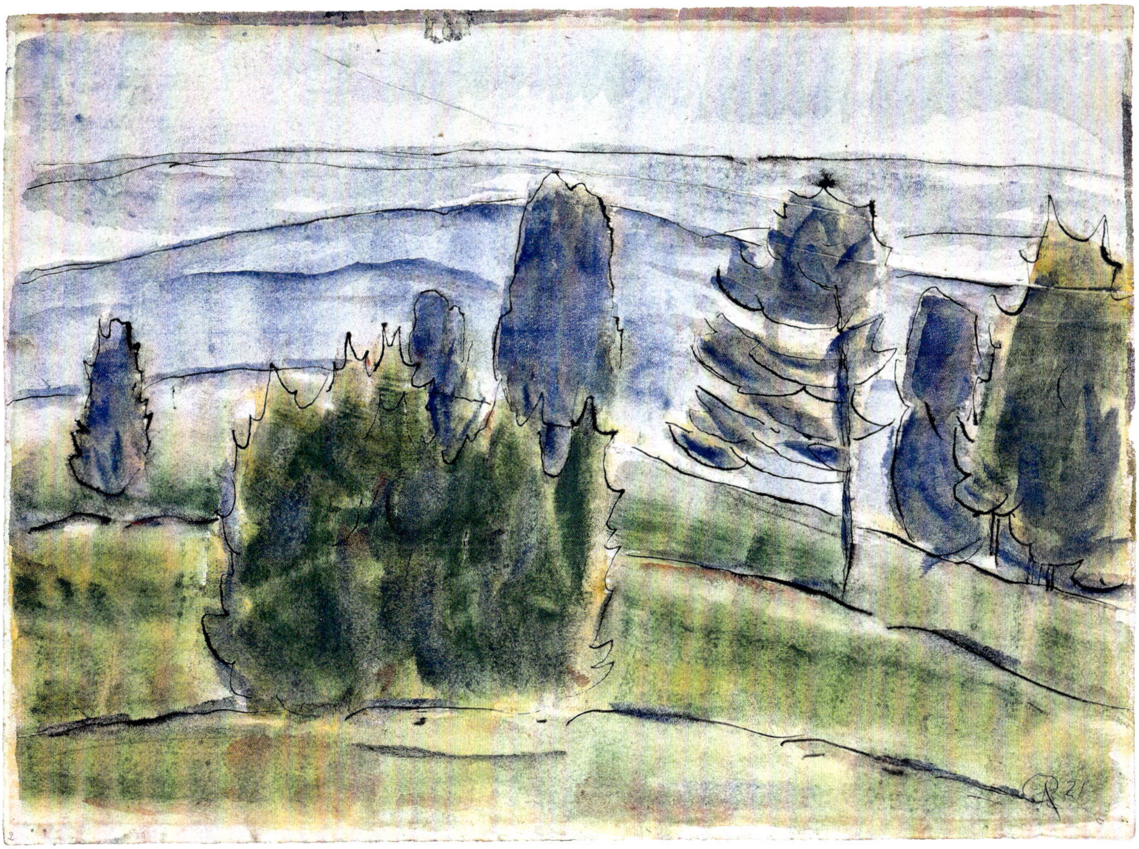

Anton Kerschbaumer
Lindauer Hafen I
o. J.

»Immer wieder: Himmel blaugrün, Häuser gelb, Straße rosa«, so pflegt Kerschbaumer seine Begeisterung für sein liebstes Sujet in Worte zu fassen. Auch hier, bei dieser Arbeit mit deckender Wasserfarbe auf Papier, finden wir diese Hinwendung zu den Farben und Formen einer sommerlichen Stadtlandschaft. Ein Blick durchs offene Fenster offenbart eine farbenfrohe Szene am Lindauer Hafen. Das Bild ist rhythmisch gegliedert durch das Spiel der Farbflächen. Zart gestrichelte Konturen durchwirken es. Der Hafenturm, die Schornsteine der Schiffe, die Skulptur des Bayerischen Löwen an der Einfahrt und der Leuchtturm ragen vertikal empor. Diagonal liegt ein Schiff an der Mole, die sich in leuchtendem Gelb, Orange und Rosa präsentiert. Dahinter formieren sich in feinsinnig abgestuften Blautönen die Alpenkette und der Himmel.

Anton Kerschbaumer beschreitet innerhalb der Expressionisten einen Sonderweg. Als Krankenpfleger gehört er während des Ersten Weltkrieges gemeinsam mit Max Kaus und Otto Herbig dem Sanitätszug Erich Heckels an, der ihn dort in die Kunst des Lithografierens einführte. Beeindruckt von Heckels Kunst stellt er fest: »Das wesentliche Unterscheidungsmerkmal zwischen Heckel und mir ist, dass ich am Sehbild hänge, während er die Landschaft mit dem inneren Auge wiedererzeugt.« Bestärkt von Hans von Marées' Leitsatz »Sehen lernen ist Alles« bleibt Kerschbaumer auch nach der Kriegserfahrung seinem Interesse am rein Malerischen treu. Als Meister der Struktur konzentriert er sich auf die Konstruktion von Bildräumen aus der Erinnerung an das Gesehene. »Kunst ist Vorstellungsvermögen«, lautet seine Maxime. Er malt gern in Aquarell oder Gouache. In seinem Streben nach der idealen Form beschreibt er sich selbst als »Venezianer«, dem es vor allem auf »Schönheit und […] Proportionen« ankommt. In den Darstellungen von Architektur und Landschaft gelingt Kerschbaumer eine einzigartige Synthese aus räumlicher Dynamik, analytisch-abstrahierter Formgebung und sinnlichem Farbempfinden. Das Blatt ist die erste von insgesamt drei Hafenansichten, die während eines Sommeraufenthalts am Bodensee entstanden sind.

Claudia Leonore Kreile

 Deckfarbenzeichnung auf Papier, 51,9 × 69,6 cm 1.01130

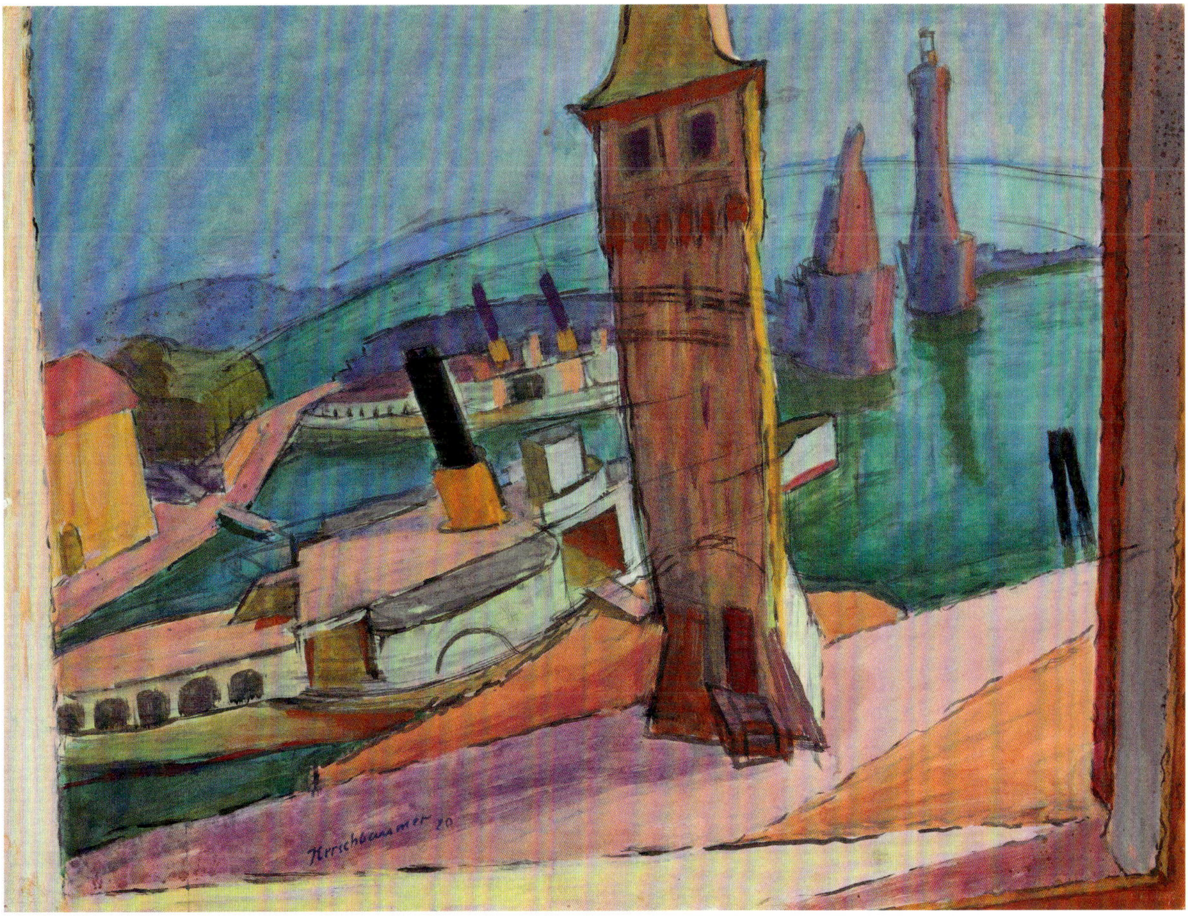
Herrschbaummer 20

Alexej von Jawlensky
Variation
1916

»Im Jahre 1911 kam ich zu einer persönlichen Form und Farbe und habe gewaltige figurale Bilder und Köpfe gemalt und mir dann einen Namen gemacht. So arbeitete ich bis 1914.«

Mit diesen wenigen Worten beschreibt Jawlensky in einem Brief an den niederländischen Maler und Mönch Jan Verkade aus dem Kreis der Nabis entscheidende Jahre seiner Entwicklung zur Abstraktion. Als der Erste Weltkrieg ausbricht, geht er zusammen mit seiner Lebensgefährtin Marianne Werefkin in die Schweiz. Sie leben und arbeiten in einer Wohnung am Genfer See. Der durch die Flucht bedingte materielle wie auch seelische Verlust hat signifikante Folgen für Jawlenskys weiteres Werk, die er selbst als wegweisend bewertet. In *Variation* scheint sich der Gegenstand, dessen höchste Vereinfachung zuvor Jawlenskys Anliegen war, komplett in Abstraktion aufgelöst zu haben. Eine ovale Form in der Mitte dominiert die Komposition. Zusammengesetzt aus einer braunen und einer grünen Hälfte, könnte sie eine Zypresse darstellen, an die sich ein rosa Haus mit schwarzem Dach lehnt. Aber auch andere Interpretationen sind denkbar. Kann die braune Teilfläche mit ihrer zinkenhaften Erhebung nicht wie eine Maske im Profil gesehen werden? Letztlich kann das nach Abbildhaftem suchende Auge keinen endgültigen Bildgegenstand mehr erkennen. Referenzlose Formen und Farben, aufgetragen mit schnellem, kurzem Strich, beherrschen das Bild. Rosa, Blau, Gelb, Orange und Grün, abgetönt in verschiedene Helligkeitsstufen, bewegen sich in offen auslaufenden Feldern frei über das Bild und erzeugen in ihrem Zusammenklang ein stimmungsreiches Bild.

Sophia Plaas

 Öl auf Karton, 37,8×28,2cm 0.00064

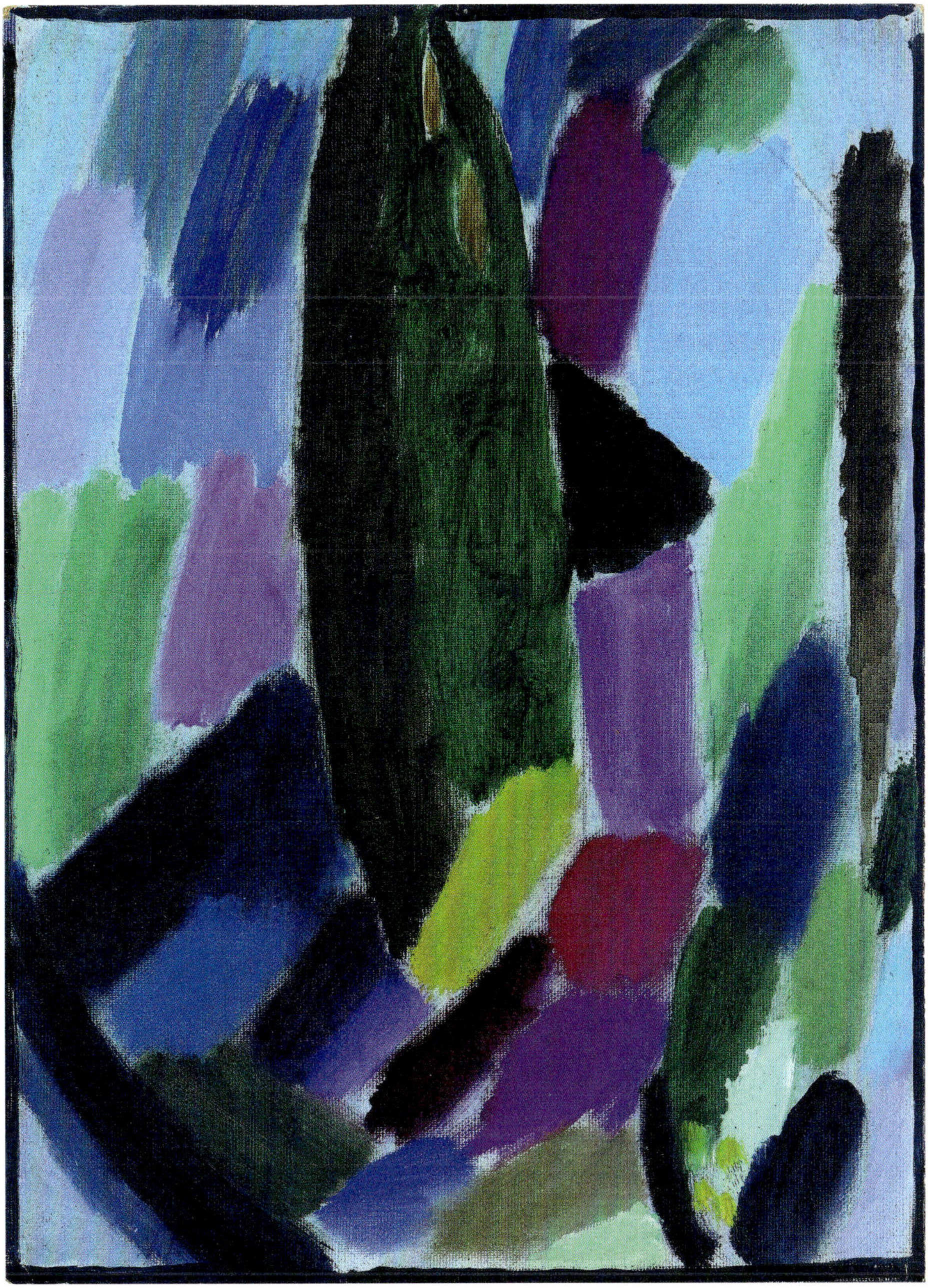

Erich Heckel
Haus auf Hiddensee
1912

Umrahmt von Bäumen und Feldern steht ein Gehöft einsam in der Gegend. Die Vegetation erstrahlt in sattem Grün. Der tiefblaue Himmel wird stellenweise schon von strahlenden Abendrot-Wolken durchwirkt, die in den rotbraunen Erdpartien am unteren Bildrand ihre Erwiderung finden. In leuchtenden Primärfarben und einer dynamischen Komposition lässt Erich Heckel die sommerliche Frische und das reine Licht der Ostseeinsel Hiddensee spürbar werden. Lebendigkeit entsteht auch durch den schnell ausgeführten, skizzenhaften Pinselstrich, der selbst das Wiegen der Blätter im Wind anschaulich werden lässt. Ähnlich wie Otto Mueller verwendet auch Heckel grobe Leinwand, auf der die selbstgemischten Farben matt auftrocknen. Durch Brechung des Lichts auf der rauen Oberfläche entsteht eine besondere Leuchtstärke. Heckel setzt den Materialcharakter seiner Werkstoffe bewusst ein. Sein Ziel ist es, so formuliert es Lothar-Günther Buchheim, eine Synthese aus »konstruktiver Nüchternheit und gesteigerter Empfindung« zu erzielen. Mit der expressiven Kraft der Farbe übersetzt er seine sinnliche Wahrnehmung ins Bild. Gleichzeitig verdichtet und abstrahiert er einzelne Elemente zugunsten einer klaren und doch dynamischen Komposition. Landschaftsdarstellungen nehmen neben Figurenbildern einen bedeutenden Raum in Heckels Werk ein. Sie sind Ausdruck der für Die Brücke charakteristischen Suche nach einer Einheit von Mensch und Natur. Dabei ist sein künstlerischer Schaffensrhythmus geprägt von stetem Pendeln zwischen Stadt und Land, winterlichen Arbeitsphasen im Atelier und Sommeraufenthalten am Meer. Dank seines besonnenen und einfühlsamen Wesens gilt Heckel als integrierendes Moment der Künstlergemeinschaft. Doch ist für sein Schaffen der Rückzug in die Einsamkeit bisweilen wichtig. Nach dem Umzug von Dresden nach Berlin im Herbst 1911 und einer zunehmenden Individualisierung der Brücke-Künstler verbringt Heckel den Sommer 1912 erstmals allein mit seiner Lebensgefährtin Sidi Riha auf Hiddensee. Der Aufenthalt markiert den Beginn einer dauerhaften Liebe zur Ostseelandschaft.

Claudia Leonore Kreile

 Öl auf Leinwand, 70×79,5 cm   0.00004

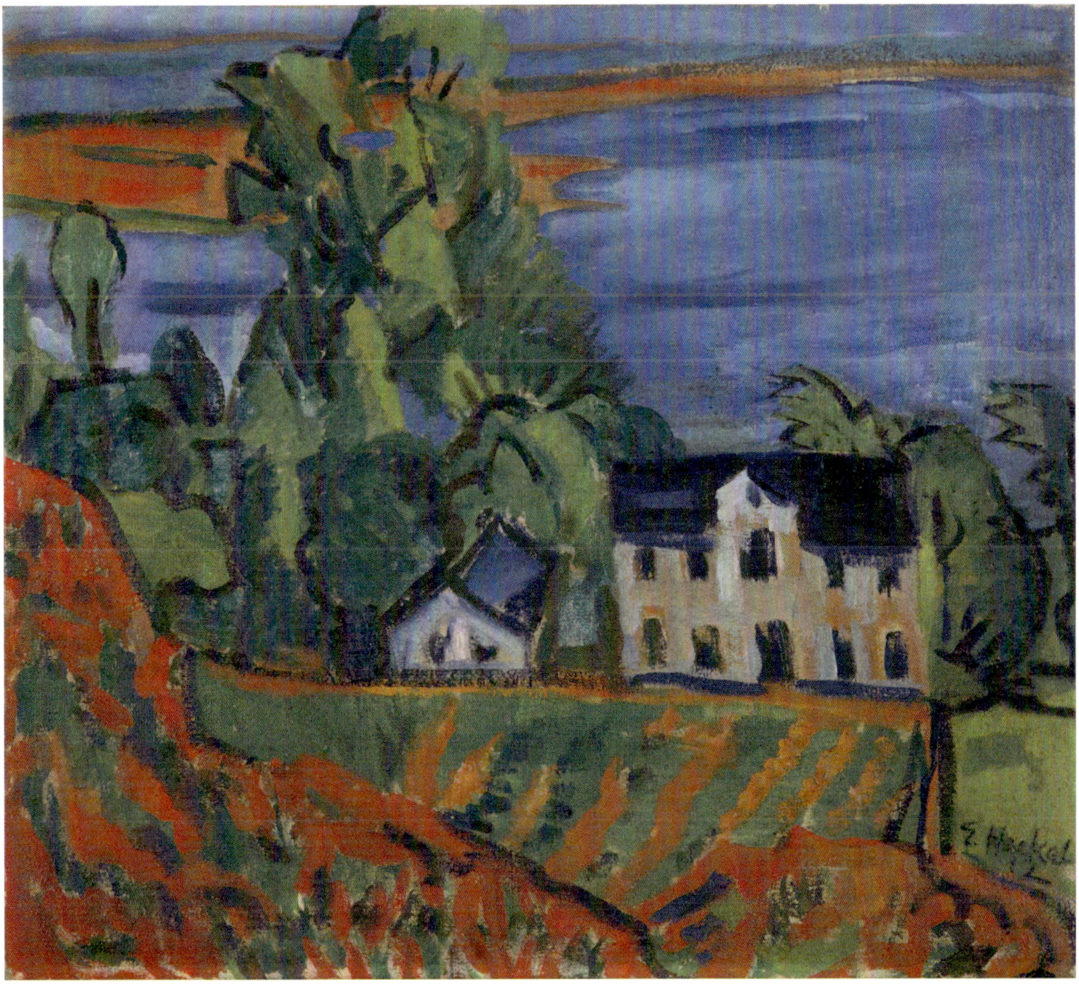
E. Heckel

Max Pechstein
Küste bei Monterosso al Mare
1913

Mit seiner ersten Italienreise 1907 reiht sich Max Pechstein in eine lange Tradition Bildungsreisender ein. Wie vor ihm bereits Dürer, Goethe, Winckelmann, Schinkel, Wagner oder die Familie Mann, erkundete er das Land mit einer großen Begeisterung für die unzähligen Kulturschätze und landschaftlichen Schönheiten. »Ich sog mich voll Licht und Farbe in der von den Menschen nicht verdorbenen Natur«, so schildert er in seinen Erinnerungen die Euphorie, welche auch das Gemälde beseelt. »Ich zeichnete und malte die Dünen, das Meer, die Wellenlinien, die Wogenkämme, den schäumenden Gischt, die rudernden, gegen die Elemente ankämpfenden, über den Strand trottenden, Netze flickenden oder im Rettungsboot dahinjagenden Fischer und ihre Frauen und Mädchen im Bad auf überflutetem Küstensand, die ruhenden Kähne mit ihren steilen Masten, Wolken und Sturm. Meine Kunst, die Arbeit als Fischerknecht und die damit verbundenen Freuden ließen sich nicht voneinander trennen.« Es entsteht eine Fülle von Bildern, deren Farbigkeit und Leuchtkraft von der Begeisterung Pechsteins für Land und Leben am Meer in Italien zeugen. Das 1913 entstandene Bild der Küste bei Monterosso zeigt das sich malerisch an die steilen Hänge schmiegende Fischerdorf an der Riviera di Levante, das der Brücke-Maler nicht bloß einmal malt. Pechstein erfasst hier die ligurische Küstenlandschaft mit einem Blick von der See auf das Land bei Nacht. Die Landmassen erscheinen wie eine kubistisch aufgesplitterte, abstrakte Komposition in grünen, gelben und braunen Tönen: Im Vordergrund ruhen an Land gezogene Fischerboote mit ihren spitz zulaufenden Bügen. Direkt dahinter steht ein verwinkeltes Haus mit einigen erleuchteten Fenstern. Darüber steigen die terrassierten Wein- und Olivenhänge an, die vom oberen Teil des Ortes bekrönt werden. Am dunkelblauen Himmel lassen sich drei Sterne erkennen, die eine geradezu kindlich-naive Anmutung haben.

Mira Naß

 Öl auf Leinwand, 70,5×60,5cm 0.00034

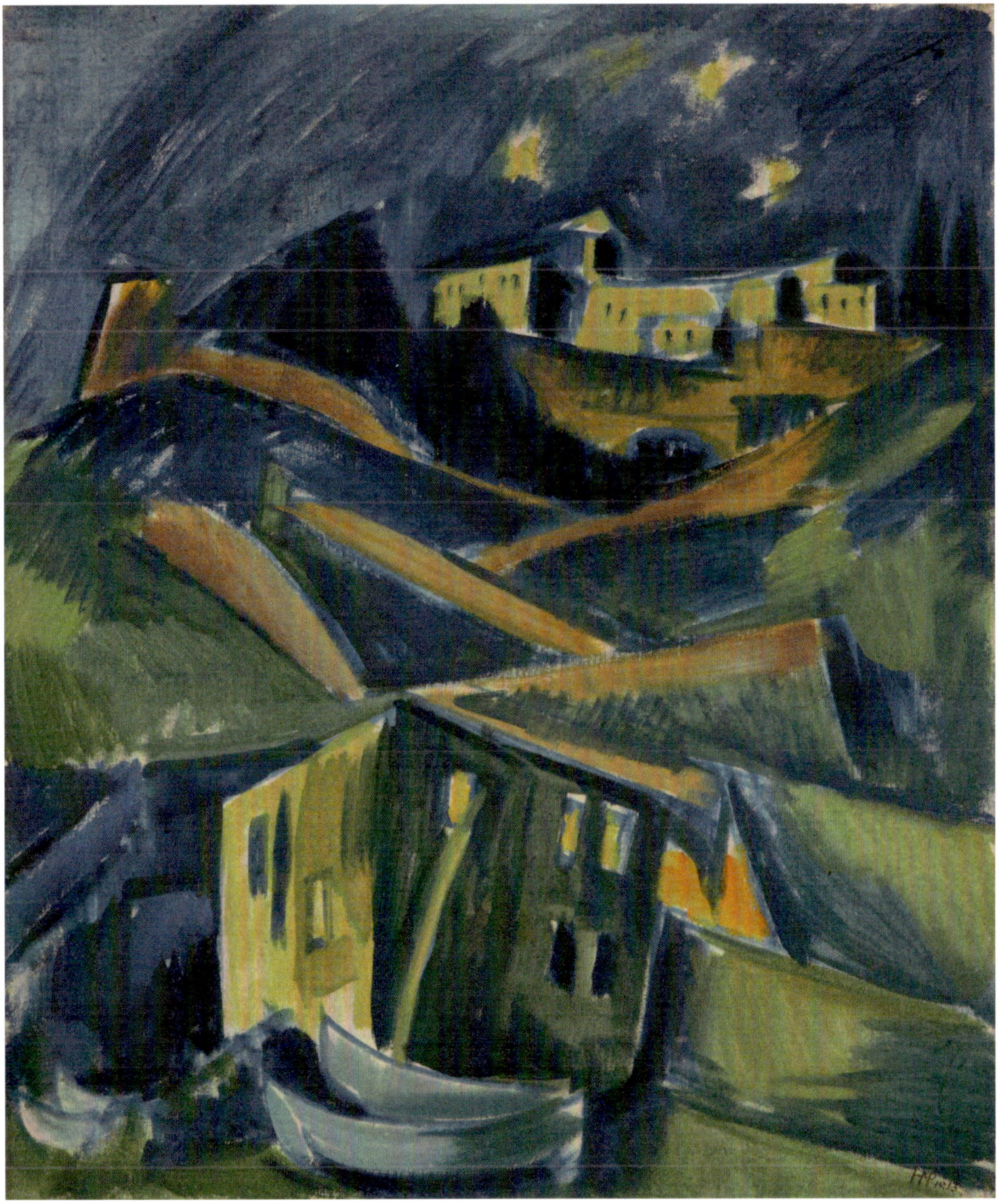

August Macke Drachensteigen 1913

»Fast immer habe ich auf der Straße das Skizzenbuch zur Hand, um Bewegungen von Menschen und Tieren allmählich voll beherrschen zu können, denn das lehrt einem kein Professor«, schreibt der junge August Macke 1904 in einem Brief an seine Eltern. Dieses Zitat offenbart die Leidenschaft und alltägliche Beschäftigung Mackes mit dem Zeichnen. Am Ende seines kurzen Lebens – er fällt 1914 mit 27 Jahren in der Champagne – hinterlässt der Künstler rund 6000 Skizzenbuch- und etwa 3000 Einzelblattzeichnungen, die meisten Vorstudien zu malerischen Werken. Die Bleistiftzeichnung lässt eine durch den Tod verhinderte künstlerische Entwicklung erahnen. Die Szene zeigt vier Personen unterschiedlicher Größen von hinten, die vor der Kulisse einer Stadt Drachen steigen lassen. Die spitzwinkligen und scharfkantigen Formen der Hausdächer im Hintergrund spiegeln sich in den Rhomben der Drachen wider. Auch der kantig-faltige Anzug des im Vordergrund stehenden Mannes fügt sich in den ruckartigen Rhythmus des Bildes. Einflüsse des Kubismus mit seinen Perspektivbrechungen und des Futurismus mit seinen Geschwindigkeitsdarstellungen sind erkennbar.

Mira Naß

 Bleistiftzeichnung, 21×16,3cm 1.01090

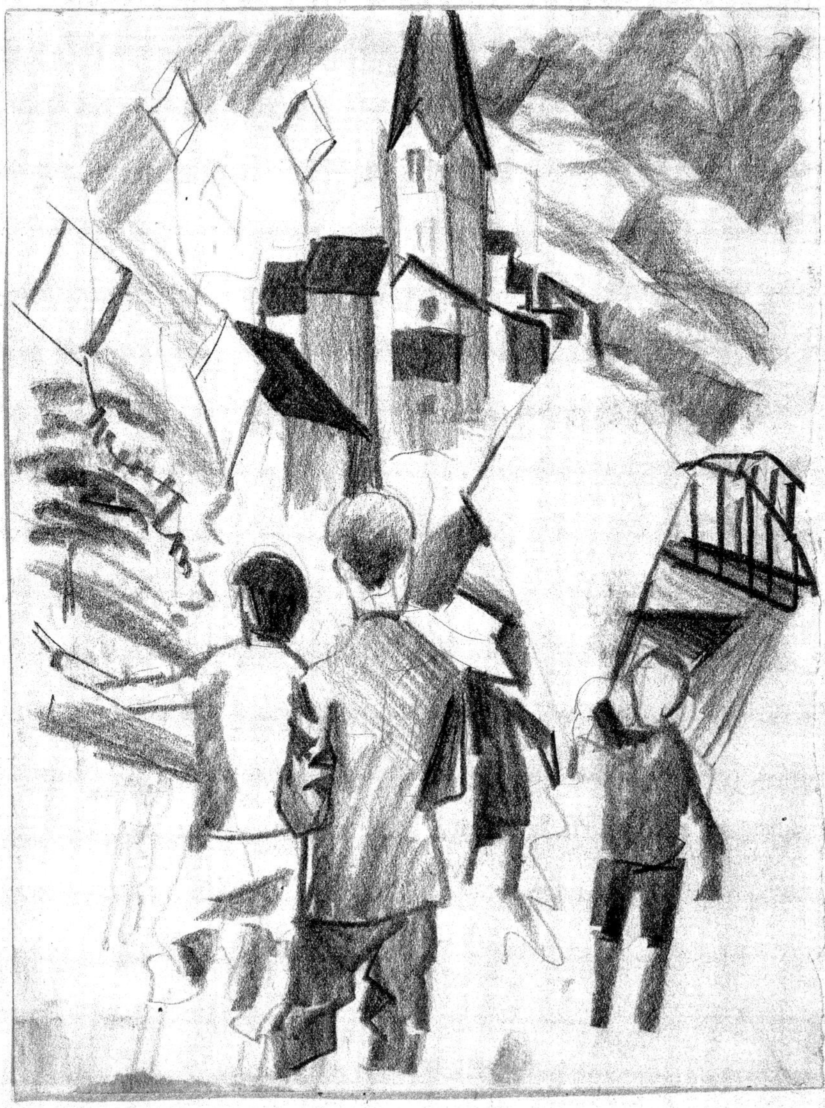

Wassily Kandinsky
Kleine Welten VIII
1922

Kandinsky schuf 1922, im Jahr der Aufnahme seiner Lehrtätigkeit am Bauhaus in Weimar, eine seiner bedeutendsten Mappen. *Kleine Welten* besteht aus zwölf Grafiken, farbig und schwarz-weiß. In diesen Arbeiten erwecken diagonale und kreisförmige Anordnungen den Eindruck eines fantastischen mehrdimensionalen Raums und erinnern ganz entfernt an hypothetische futuristische Gebilde, Figuren oder Baustrukturen. Die in der Sammlung Buchheim vertretene Grafik *Kleine Welten VIII* ist ein Holzschnitt und eine kühne tektonische Darstellung. Um ein formales Zentrum im Bildmittelpunkt gruppieren sich verschiedene planetenartige Formen. Eine das gesamte Werk durchziehende (kreisende) Dynamik wird vor allem durch ein Zusammenspiel aus konkaven und konvexen Linien sowie sich überlappenden runden Formen im zentralen Gewirr erzeugt. Eine sehr fantasievolle Interpretation mag in diesem Gefüge ein Gesicht mit weit aufgerissenen Augen sehen, dessen offenstehendem Mund ein stummer Schrei entfährt. Evident werden hier jedoch vor allem die Einflüsse des Konstruktivismus, mit welchem Kandinsky sich nach seiner Rückkehr nach Russland Ende 1914 auseinandersetzte. Zusammen mit der führenden russischen Avantgarde um Malewitsch, Tatlin und Rodtschenko sowie als erster Leiter des Instituts für Künstlerische Kultur intensivierte Kandinsky seine Suche nach dem Wesen der Farbe und dem Zusammenhang zwischen Farbe und Form. Diese beschäftigte den Künstler in seinen Werken bereits seit Beginn der 1910er-Jahre, als Kandinsky die Gegenstände so darstellen wollte, dass sie lediglich Erinnerungen seien und Assoziationen hervorrufen. Bereits in seiner Abhandlung *Über das Geistige in der Kunst* von 1912 betrachtete er die für ihn zentralen Fragen: Welche Farbe hat welchen bestimmten Charakter und in welcher Form wirkt sie? Die Ausgangspunkte sind dabei die Grundfarben Rot, Gelb, Blau sowie die Grundformen Kreis, Dreieck, Quadrat. Damit wurde sein künstlerisches Schaffen dominiert von kompositorischen Spannungen und Linien. Die Gesamtkomposition sollte stets durch formale Elemente wirken. 1926 publizierte er im Bauhausbuch *Punkt und Linie zu Fläche* die Analyse der malerischen Elemente.

Mira Naß

 Holzschnitt, 27,2×23,5cm 1.01085

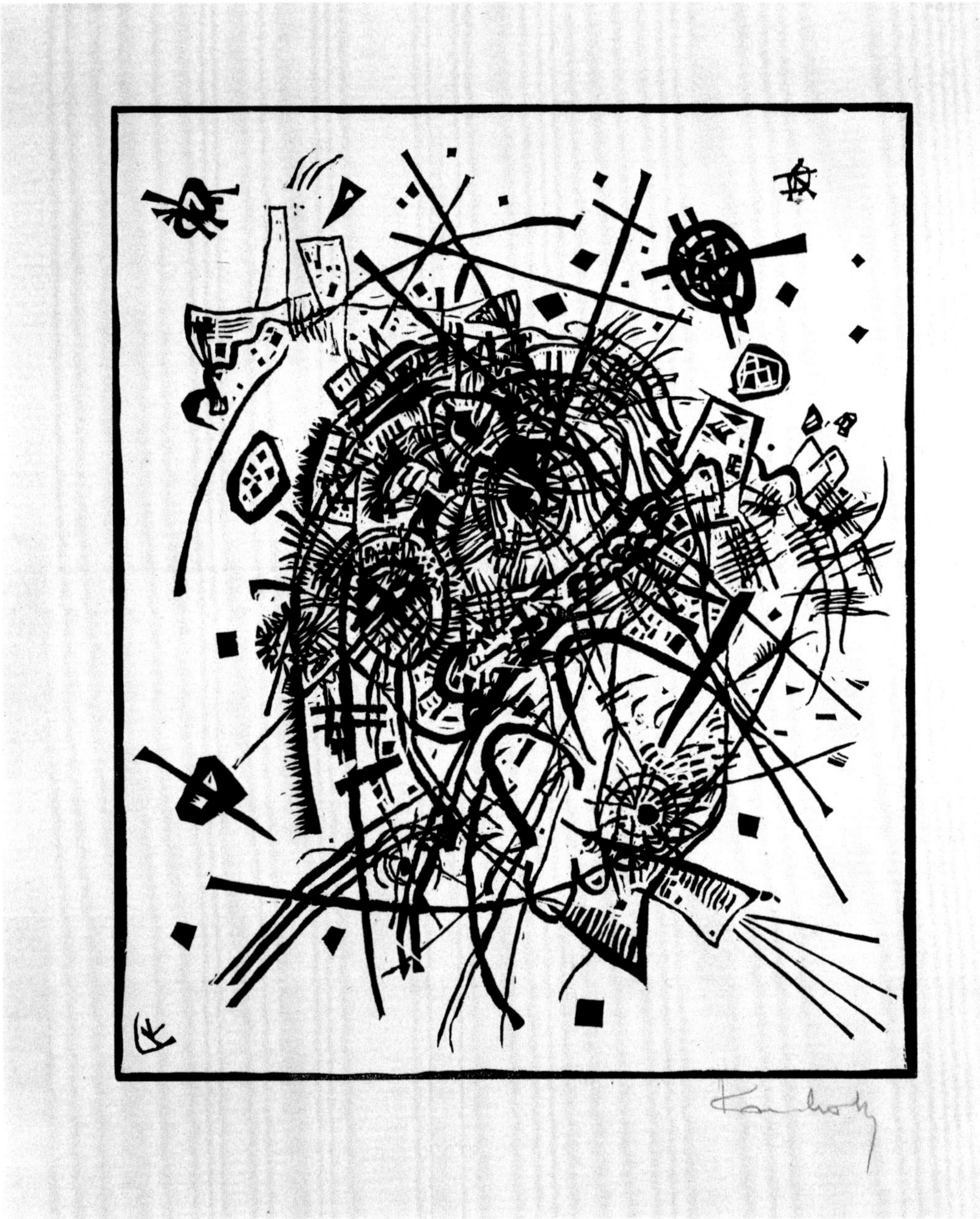

Lyonel Feininger
Blaue Brücke
1920

Lyonel Feininger vollendet das Blatt ein Jahr nach seiner Berufung ans Bauhaus durch Walter Gropius und ein Jahr vor der Gründung der Künstlergruppe Die Blauen Vier mit Paul Klee, Wassily Kandinsky und Alexej von Jawlensky. Feininger, der am Bauhaus die Grafikwerkstatt leitet, sammelte zuvor als Karikaturist und Illustrator Erfahrungen. Seine höchst gekonnte kleine Aquarell- und Federzeichnung zeigt eine reizende Szenerie, die einem Kinderbuch entstammen könnte: Über einer roten gotischen Kirche spannt sich ein blauer Brückenbogen. Darauf quält sich eine Dampfeisenbahn mit Rauchschweif bergan. Orangegelbes Sonnenlicht lässt den Hintergrund erglühen. Die Motivik fügt sich exemplarisch in die Themenkreise, die Feininger in jenen Aufbruchsjahren nach dem Ersten Weltkrieg beschäftigen. Als Familienvater baut er für seine Kinder die *Stadt am Ende der Welt*: kleine, aus Holz geschnitzte Häuser, Figuren und Eisenbahnen, welche die Sehnsucht nach der Heimeligkeit kleiner mittelalterlicher Städte in sich tragen. Zugleich erinnert der kühn überspannte Sakralbau mit der nach oben strebenden Bahn auf dem Bild an den zentralen Gedanken des Bauhaus-Manifests. Gründungsdirektor Gropius formuliert darin den heute etwas mystisch und sozialutopisch anmutenden Gedanken, dass das gemeinschaftliche Schaffen aller Künste und Gewerke in der gotischen Dombauhütte als Vorbild für eine moderne Architekturauffassung dienen solle: »Wollen, erdenken, erschaffen wir den gemeinsamen Bau der Zukunft, der alles in seiner Gestalt sein wird: Architektur und Plastik und Malerei, der aus Millionen Hände der Handwerker einst gen Himmel steigen wird als kristallines Sinnbild eines neuen kommenden Glaubens.« Von Lyonel Feininger, der ebenso wie Gropius Erneuerung durch Rückwendung sucht, stammt das in Holz geschnittene Titelblatt des Bauhaus-Manifests: ein Kathedralmotiv.

Daniel J. Schreiber

 Feder und Aquarell, 22,9×29,8cm 1.00976

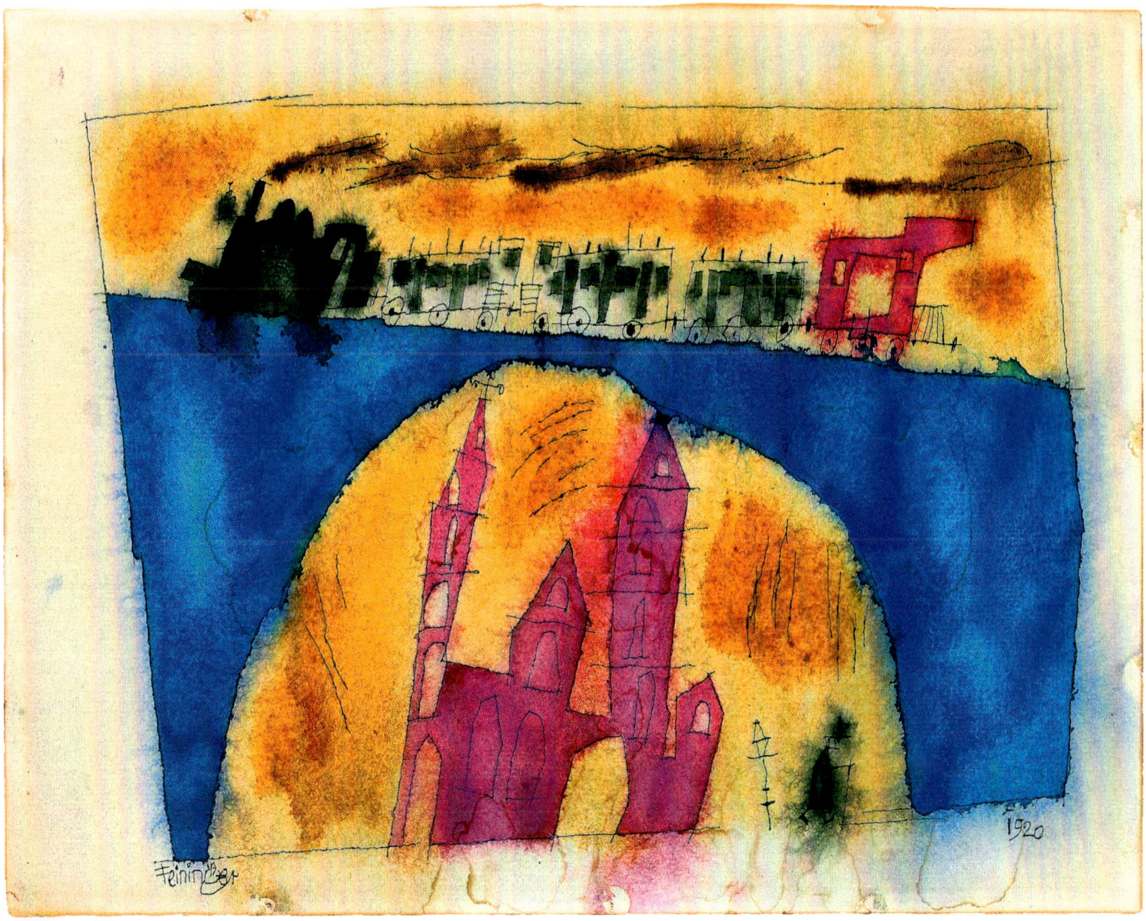
Feininger
1920

Karl Schmidt-Rottluff
Dorfweg
1910

Gemeinsam mit seinem Malerfreund Erich Heckel zieht es Karl Schmidt-Rottluff zwischen 1907 und 1912 immer wieder in den kleinen Badeort Dangast am Jadebusen. Während Heckel meist nur wenige Wochen im Hochsommer bleibt, reist Schmidt-Rottluff oft bereits im Mai an und bleibt bis zum November. Auf seinem Weg vom Impressionismus zum Expressionismus entwickelt er eine Zwischenstufe, die Ernst Ludwig Kirchner später einen »monumentalen Impressionismus« nennen wird. Beispielhaft dafür ist das Bild *Dorfweg*. Eine Straße läuft diagonal über das Bild, links gesäumt von niedrigen Häusern, rechts von Bäumen. Schmidt-Rottluff verwandelt die einfache dörfliche Szene in kräftig leuchtende Farbfelder, die auf den Fluchtpunkt am rechten Bildrand zulaufen. Einige Farben, so etwa das Rot und das Gelb der Häuser, sind rein und flächig aufgebracht. Andere lassen noch ein impressionistisches Strich-an-Strich-Setzen erkennen. Auch der weiße Malgrund wird in das Bild miteinbezogen. Er blitzt am blau-rosafarbenen Himmel und am braunen Dorfweg immer wieder durch. Dieses Gemälde ist noch bestimmt von dem Gedanken, einen Seheindruck abzubilden. Doch ist in ihm bereits der Ansatz einer Malerei erkennbar, die nicht mehr als nur reine Farbe und Form sein will. Die Reduktion auf wenige kräftige Farben und stark kontrastierende Farbfelder verleihen Schmidt-Rottluffs Kunst Einfachheit, Klarheit und Monumentalität.

Benedikt Ohm

Öl auf Leinwand, 87,5×95cm 0.00027

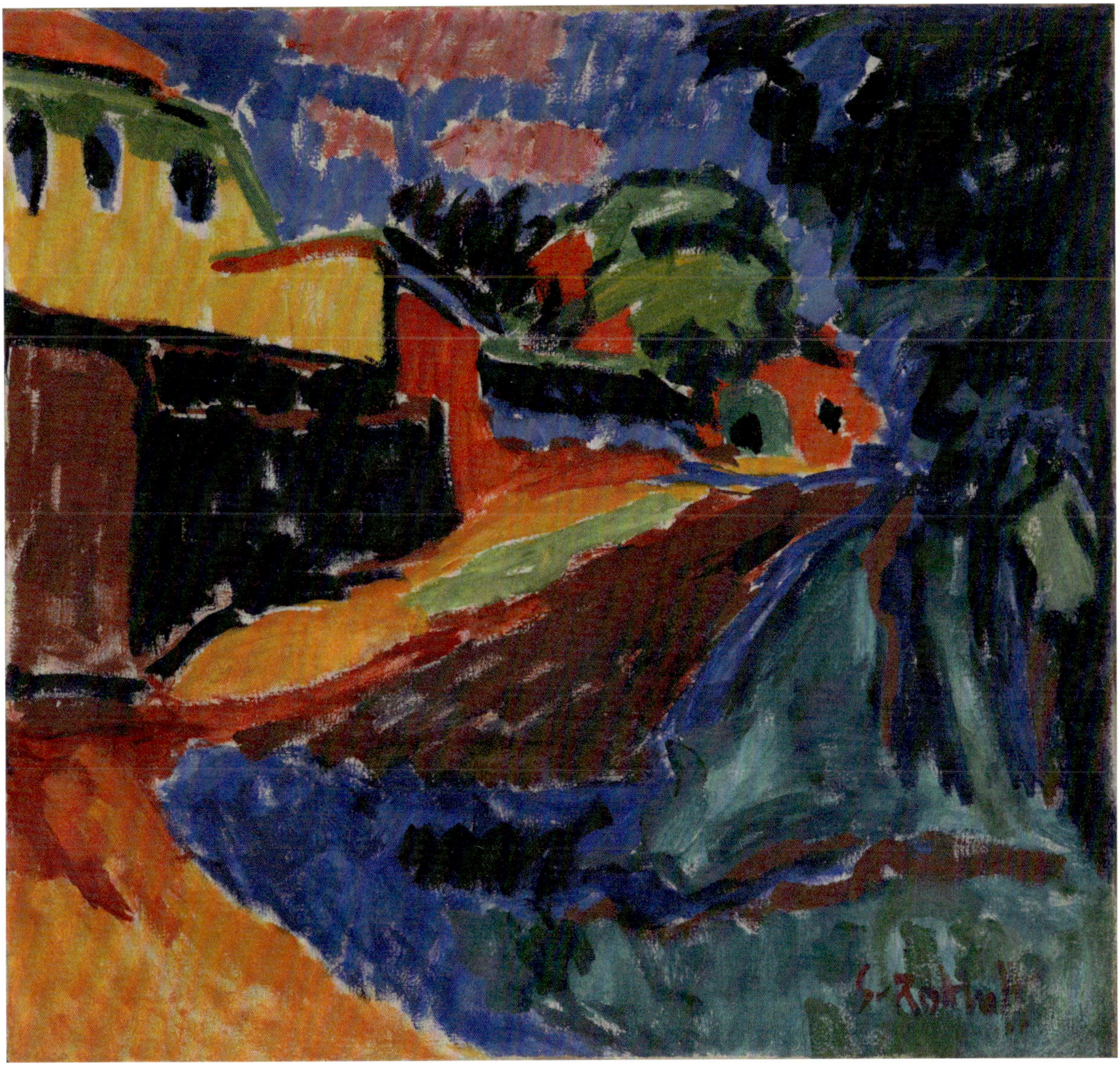

Karl Schmidt-Rottluff
Norwegische Landschaft
1911

Um 1910 entwickelt Schmidt-Rottluff eine neue, monumentale Art der Landschaftsmalerei. Davor orientierte er sich bei seinen aus kurzen Pinselstrichen zusammengesetzten Farbkompositionen noch an dem impressionistischen Gedanken, dass ein Bild den Seheindruck widerspiegeln solle. Nun gelangt er zu einer modernen Flächenkomposition. Seine *Norwegische Landschaft* von 1911 ist ein herausragendes Beispiel für den Kippmoment der Kunstgeschichte, an dem die Farben bereits weitgehend ihre Autonomie erlangt haben, jedoch immer noch Bezug nehmen auf eine außerbildliche Gegenstandswelt. Der dämmrig-blaue Himmel, die rot aufglühende Bergkette, die saftiggrünen Wiesen, die dunkelgrünen Wälder und das locker gestreute Haufendorf mit seinen bunten Häusern sind deutlich zu erkennen. Kompositorisch fallen jedoch die Flächen reiner Farbe stärker ins Gewicht, aus denen sich diese Landschaft zusammensetzt. Schmidt-Rottluff hat sie mit schnellem Pinsel und benzinverdünnter Ölfarbe großflächig aufgetragen. Immer wieder blitzt das Weiß der Leinwand hervor. Ein Ordnungssystem aus Linien gliedert das Gemälde: Hangkanten, Dorfstraße und Feldränder fluchten alle zum Bildmittelpunkt hin. Diese konzentrische Organisation erinnert sehr an Landschaftsbilder des norwegischen Symbolisten Edvard Munch, der sich zwischen 1902 und 1908 überwiegend in Deutschland aufhält und bei den Expressionisten eine hohe Reputation genießt. Schmidt-Rottluff versucht vergeblich, ihn zu einer Mitgliedschaft bei der Künstlergruppe Die Brücke und zu gemeinsamen Ausstellungen zu bewegen. 1911 folgt er seinem Vorbild nach Norwegen und bringt von dort die *Norwegische Landschaft* mit. Neben den Bergen sind es wohl es vor allem Munchs Sonnenbilder, die Schmidt-Rottluff hierzu inspirieren. Mit gleißend irisierenden Sonnenstrahlen, welche die Dunkelheit des südostnorwegischen Winters durchweben, setzt Munch die Vorstellung eines die Natur durchwirkenden geistigen Prinzips ins Bild. Der zur Mystik neigende Schmidt-Rottluff hat diesen Ansatz mit seinem farbintensiven Bild kraftvoll verdichtet.

Daniel J. Schreiber

 Öl auf Leinwand, 87×97,5cm 0.00028

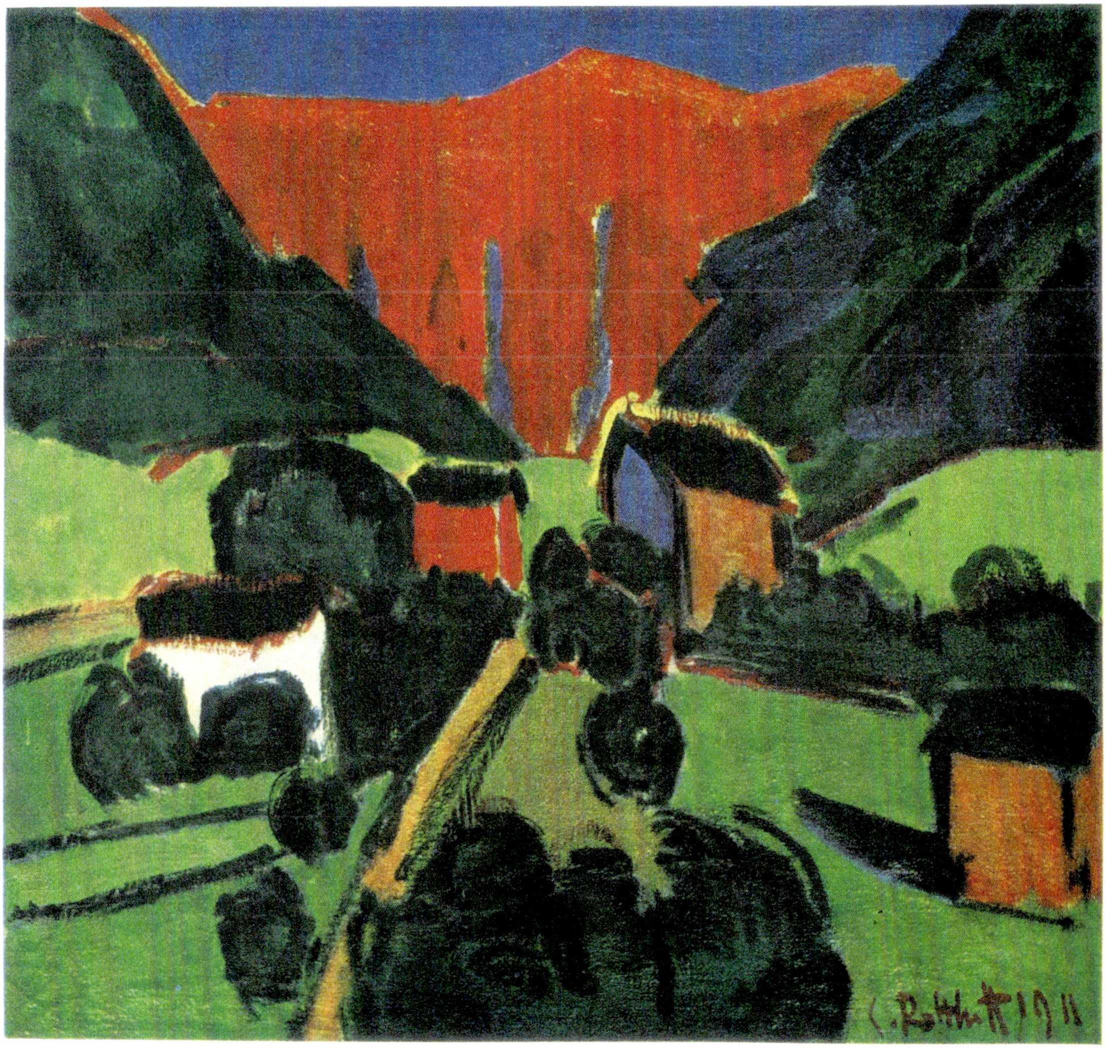

Franz Marc
Geburt der Wölfe
1913

Die Begegnung mit Wassily Kandinsky 1911 bringt Franz Marc auf den Weg zur Abstraktion. Nach kubistisch-futuristischen Tendenzen entwickelt er im Kontext des Blauen Reiters seine eigenen expressionistischen Ausdrucksformen. Bis 1914 entstehen abstrahierte Werke, deren Hauptgestaltungsmerkmal die »Animalisierung« ist. Marc gliedert seine Komposition durch schwingende Linien und Formen, um eine seinem pantheistischen Weltbild genügende kosmische Urordnung zum Ausdruck zu bringen. Dabei konzentriert er sich auf das Motiv des Tieres, das für ihn Symbol kreatürlicher Unschuld ist. Marc versucht sich, wie er es formuliert, »einzufühlen in das Zittern und Rinnen des Blutes in der Natur, in den Bäumen, in den Tieren, in der Luft.« In der Grafik gelingt ihm die Umsetzung der Idee bisweilen noch konsequenter als in der Malerei. In dem Holzschnitt *Geburt der Wölfe* lässt sich das Verständnis des Tieres als Ausdrucksträger kosmischer Harmonie wunderbar nachvollziehen. Das himmelwärts schauende Muttertier wird von oben durchdrungen von den konzentrischen Strahlen der Komposition. Ein von der Erde aufstrebendes Geäst durchwebt sie von unten. Die Wölfin ist eins mit der Natur. Aus ihr brechen Formen hervor, die sich bei längerer Betrachtung als Wolfsjunge erweisen. Je länger wir schauen, desto mehr Jungtiere werden es! Die Grafik wird somit zu einem herrlichen abstrakt-figurativen Vexierspiel.

Daniel J. Schreiber

 Holzschnitt, 25,5×18,7cm 1.01092

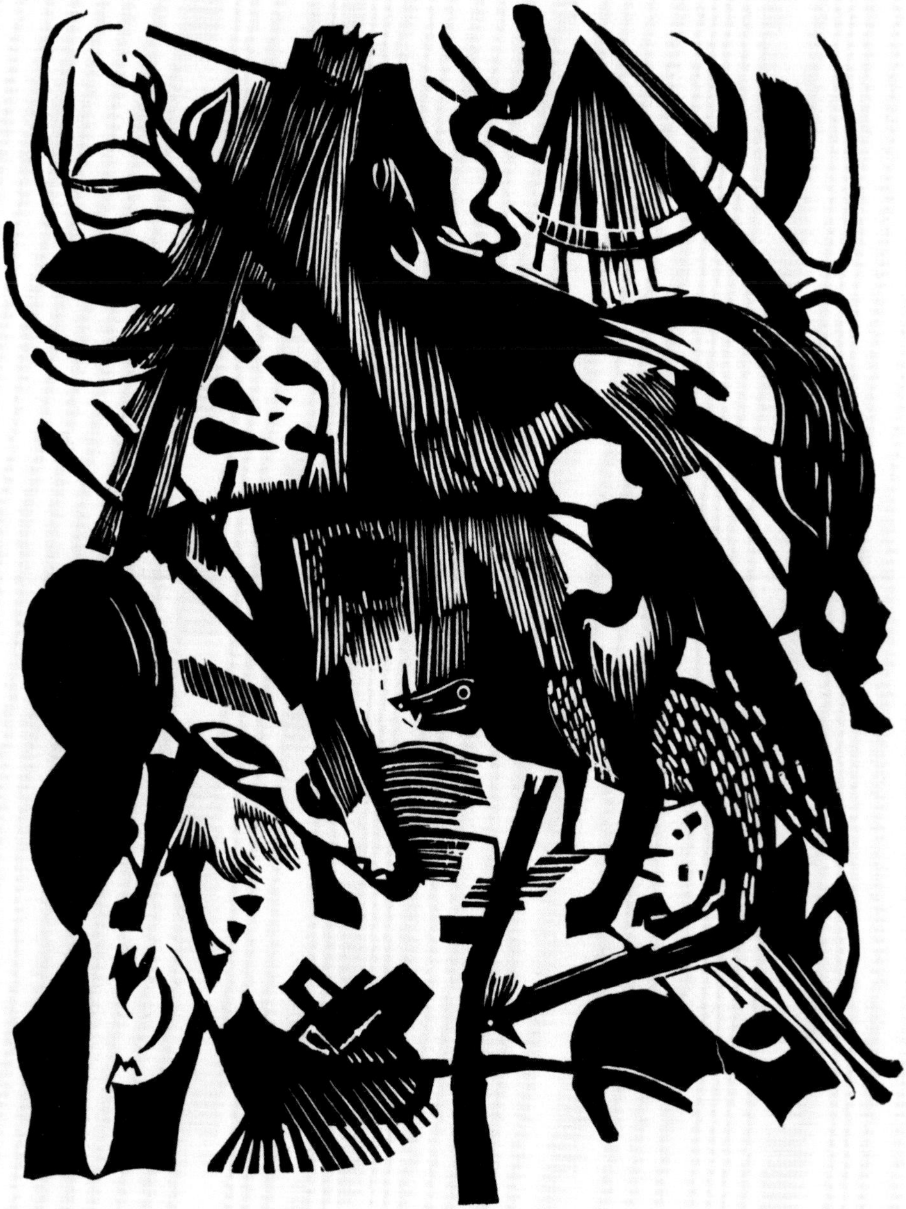

Heinrich Campendonk
Frauenakt vor Bauernhof
1920/21

Heinrich Campendonks Holzschnitt ist unterteilt in zwei formale Ebenen. Der Vordergrund zeigt einen überproportional groß dargestellten sitzenden Frauenakt auf einer Wiese. Im Hintergrund schreitet ein vom linken Rand kommender Mann in den Bildraum. Zwischen beiden steht ein einfaches Haus, vor dem ein Baum seine Äste in den Himmel hinein bis über das Bild hinaus ranken lässt. Im rechten Bildhintergrund ist ein Ochse zu erkennen. Über allem thront die Sonne wie ein kreisrundes Auge mit Pupille und Iris. Das Werk des geübten Glasbildkünstlers lässt sich als Fensterentwurf deuten: Die nackte Frau sowie einige Partien von Landschaft, Haus und Himmel werden von einem linearen Gefüge geprägt, das an die Bleistege von Glasfenstern denken lässt. Die sich in parallelen Schraffurlinien ausdünnenden dunklen Flächen erinnern an die Abdunkelungen durch Bleilot. Der harte Wechsel von Hell und Dunkel ist dagegen der Technik des Holzschnitts geschuldet. Der Bildinhalt wird durch von die von Nietzsche getragene Grundintention des deutsch-niederländischen Künstlers bestimmt: Er sieht den Menschen als Teil des ewigen Kreislaufs von Werden und Vergehen. Diesem Gedanken hat sich Campendonk bereits zu Zeiten seiner Teilnahme an den ersten Ausstellungen der Künstlervereinigung Der Blaue Reiter in München zugewandt.

Mira Naß

 Holzschnitt, 22×22cm 1.01070

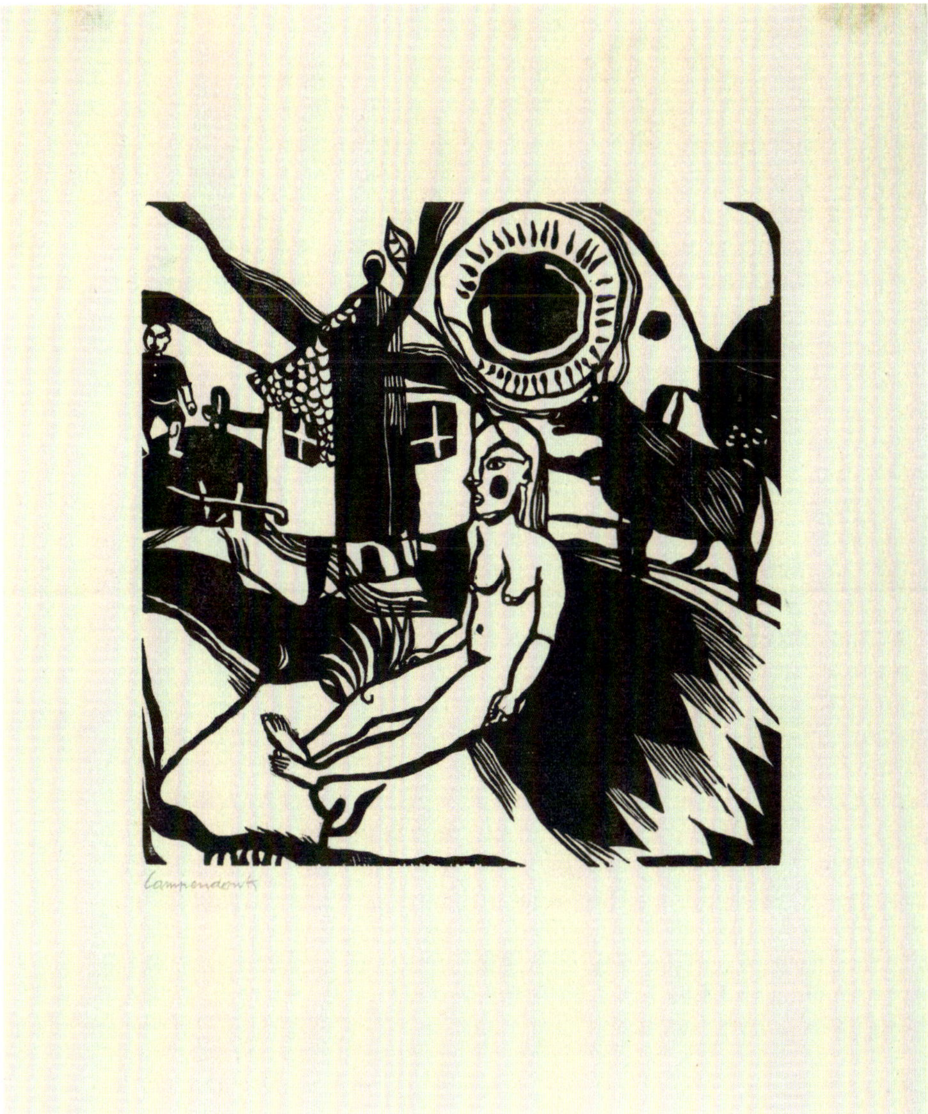
Campendonk

Conrad Felixmüller
Zirkusreiterin
1921

Conrad Felixmüller gehört zu jener zweiten Generation expressionistischer Maler, die sich intensiv mit der expressionistischen Formensprache der Künstlergruppe Die Brücke auseinandersetzt. Von deren lebensreformerischem Ansatz unterscheidet sich Felixmüller mit seinem Fokus auf politische und soziale Aspekte jedoch grundlegend. Dem Bildinhalt des Zirkus, des Jahrmarkts und des Varietés, für welche sich Anfang der 1920er-Jahre bereits eine umfangreiche Darstellungstradition etabliert hat, nähert sich Felixmüller mit einer abstrahierend vereinfachenden Komposition. Die intensive Auseinandersetzung vieler Künstler mit diesem Themenkreis liegt in der Luft. Die existenzielle Verunsicherung der Menschen nach dem Ersten Weltkrieg verstärkt das Bedürfnis nach trivialem Vergnügen. Hinzu kommt eine Solidarisierung mit den Außenseiterpositionen von Artisten und Schaustellern durch die intellektuelle und künstlerische Schicht der Bohemiens. Auffällig in Felixmüllers Interpretation ist die Konzentration auf isoliert im Vordergrund dargestellte Artisten. Auch bei der *Zirkusreiterin* fehlt der räumliche und gesellschaftliche Kontext. Rechts der Mitte wird eine junge Frau in knappem Artistenkostüm gezeigt, die sich stehend auf dem Rücken eines schwarzen Pferdes präsentiert. Die orange-rötliche Farbe von Körper und leichtem Kostüm hebt sich nur gering vom Rotbraun der Manege ab. Akzentuiert wird ihre Erscheinung durch weiße Aufhellungen an ihrem paillettenbesetzten Dekolleté und dem aufgefalteten Tutu, die in zwei Scheinwerfern am oberen Bildrand ihre Erwiderung finden. Aus dem Hintergrund heraus tritt ihr Begleiter, ein Dompteur mit Peitsche, auf sie zu, dabei scheint ihr Blick über den Bildrand hinweg in die imaginäre Zuschauermenge zu schweifen.

Mira Naß

Öl auf Leinwand, 74,5 × 59,5 cm   0.00065

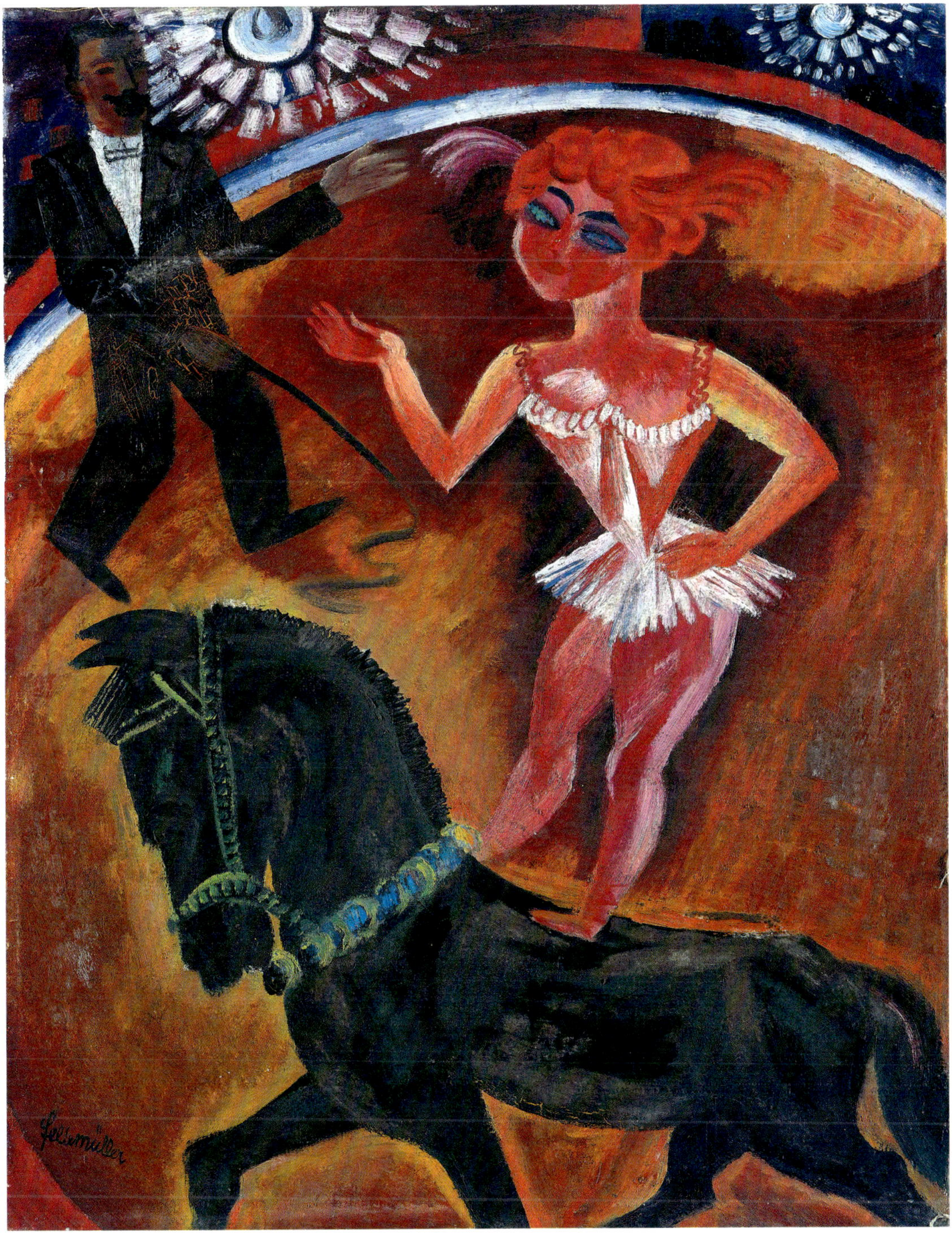
Felixmüller

Ernst Barlach
Der heilige Krieg
1914

Ernst Barlach wird 1914 wie viele seiner Künstlerkollegen von einer Kriegseuphorie erfasst, welche sich bald als das »Augusterlebnis« in die Geschichtsbücher einschreiben sollte. »Zerschlagen könnt ihr uns vielleicht, aber das Ewige nicht hindern, unter Trümmern neue Organe zu bilden«, so übt sich Barlach noch Ende 1914 in seinem Tagebuch in schnarrender Kriegsrhetorik. Neben dem Einstehen für die Ideale des Krieges begleitet ihn jedoch zunehmend die Angst vor den Folgen der Kämpfe. In seiner künstlerischen Arbeit werden beide Pole evident. So erscheint auch die Lithografie *Der heilige Krieg* von 1914 als eine ambivalente Umsetzung des »Augusterlebnisses«. Deutlich wird hier der Moment des energischen Vorwärtsdrängens. Der über die Schulter geschwungene Säbel ist zum Schlag bereit. Doch die Augen und der halb geöffnete Mund verraten die Verzweiflung eines zu Tode Geängstigten. Mit seinen Zeichnungen möchte der berühmteste Holzbildhauer des Expressionismus reine Ausdrucksgestalten entwickeln, die dann in Skulpturen umgesetzt werden sollen. Die blattfüllende Figur aus *Der heilige Krieg* findet ihr skulpturales Pendant in *Der Rächer*, der ebenfalls 1914 entsteht. Eine ausgeprägte Plastizität lässt die lithografierte Zeichnung vor allem bei dem Faltenwurf des knöchellangen Umhangs erkennen. Sie ist es vor allem, die den Eindruck verleiht, dass der Krieger eine angreifende Bewegung vollzieht. Die in expressiver Ekstatik dem Betrachter entgegen preschende Figur scheint mit heftigen, doch wohl überlegten Strichen aufs Papier gebracht zu sein. Barlach fertigt jenes patriotisch motivierte und doch menschlich bewegte Werk für die vom avantgardistischen Verleger und Galeristen Paul Cassirer herausgegebenen Künstlerflugblätter *Kriegszeit*.

Mira Naß

 Lithografie, 41×24,5cm 1.01062

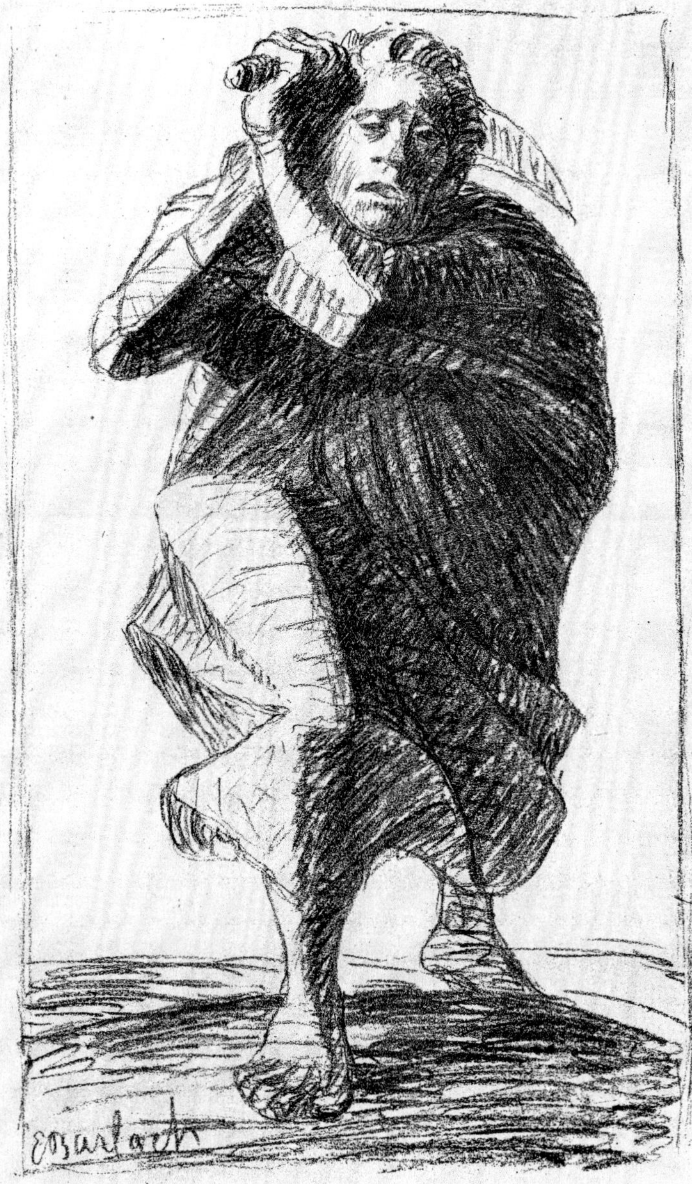

Der heilige Krieg.

Alfred Kubin
Tod des Pierrot
1922

Alfred Kubin, der ab 1912 Mitglied der Künstlervereinigung Der Blaue Reiter ist, schafft 1922 die Federlithografie *Tod des Pierrot*. Die zunächst herrisch unsympathische, später auch naiv melancholische Bühnenfigur des Pierrots geht auf das italienische Straßen- und Jahrmarkttheater und die Commedia dell'Arte des 15. Jahrhunderts zurück und lebt bis heute in der Zirkus- und Varietéfigur des arroganten, eitlen Weißclowns fort. Im frühen 20. Jahrhundert wird sie durch das Melodrama *Pierrot Lunaire* von Arnold Schönberg, das 1912 seine Uraufführung erlebt, neu aufgeladen. Schönberg gibt Pierrot als Inbegriff der »Pseudokultiviertheit des zeitgenössischen bürgerlichen Ästhetizismus« dem Spott preis – und findet damit bei den jungen Expressionisten rasenden Beifall. Auch das Erscheinen des Künstleralmanachs *Der Blaue Reiter* 1912, in welchem Kandinsky und Marc die Gleichberechtigung der niedrigen und der hohen Künste fordern, beflügelt die Pierrot-Rezeption. Viele expressionistische Künstler begeistern sich für den Tanz, das Varieté, die Maskerade oder den Zirkus. Der Pierrot entspricht dem Wunsch der expressionistischen Künstler nach einem bisweilen grotesk übersteigerten Ausdruck von Kraft und Leben. Die Erscheinung des Pierrots in Kubins Lithografie wird dominiert von einem makabren, gewalttätigen Moment. Hände und Gesicht des Pierrots sind skelettiert. Überproportional groß, wankt er marionettengleich auf einem Bein. Dabei steht er auf einem am Boden liegenden Mann in Frack und Zylinder, der hilfesuchend seinen Stock schwenkt. Eine barfüßige, in ein Rüschenkleid gehüllte Frau streckt sich dem Pierrot flehend entgegen und reicht ihm dabei lediglich bis zur Körpermitte.

Das Werk Kubins reiht sich ein in eine künstlerische Tendenz der von Traumata beherrschten Nachkriegsjahre. Der Pierrot wird nun nicht mehr als lachhafte Gaukler-Figur dargestellt. Hinter der Maske werden vielmehr der Schrecken, der Schmerz und das Leid des modernen Lebens gesehen.

Mira Naß

 Federlithografie, 22,3×27,2cm 1.01087

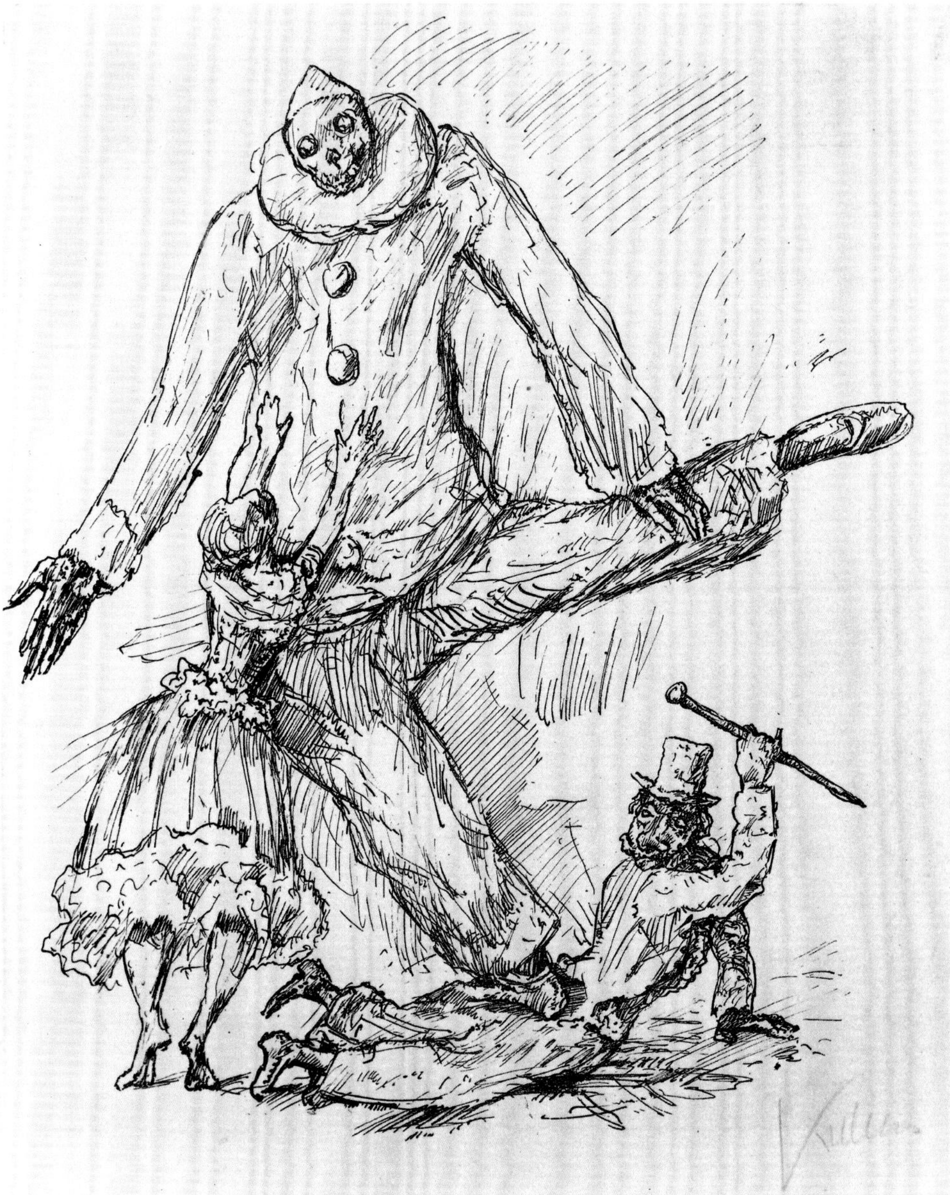

Otto Dix
Leonie
1923

Otto Dix bewegt sich in den 1920er-Jahren neben anderen wichtigen Kunstzentren auch in Berlin, wo 1923 seine erste Einzelausstellung stattfindet. Das bunte Treiben auf den Boulevards, in den Gassen und Tanzbars des Rotlichtmilieus liefert ihm immer wieder Zündstoff für seine zynischen Gesellschaftsstudien. Mit der Farblithografie *Leonie* setzt er eine in die Jahre gekommene Dame mit übergroßem Hut in Szene. Die das ganze Bild dominierende Kopfbedeckung lässt in ihrer Form an die klassischen Glockenhüte denken, die zum Repertoire der Damenmode der 1920er-Jahre gehörten. In Otto Dix' Version erinnert der Damenhut jedoch eher an eine groteske Mischung aus Stahlhelm und Lampenschirm mit Häkelrand, der in bizarrem Kontrast zu dem eingefallenen und faltenreichen Gesicht der Porträtierten steht. Die Augenschatten und Wangenknochen treten gespenstisch hervor. Zu jener Zeit tragen die Damen die vordere Hutkrempe tief in die Stirn gezogen. Um mit ihrem Gegenüber Blickkontakt aufzunehmen, ist ein verführerischer Augenaufschlag nötig. *Leonie* blickt uns jedoch mit den Augen einer alten Frau an, deren Schönheit und Anziehungskraft schon lange verwelkt sind. Die rote Farbe, welche die fast schon skelettierte Dame mal rinnend, mal explosiv umspielt, lässt an die blutigen Schlachten des Ersten Weltkriegs denken. Dix setzt schmerzhaft die verführerische Leichtigkeit der Goldenen Zwanziger mit den Zeichen des Todes in Verbindung, die überall noch gegenwärtig sind.

Sophia Plaas

 Farblithografie, 47,6×37,7cm 1.00844

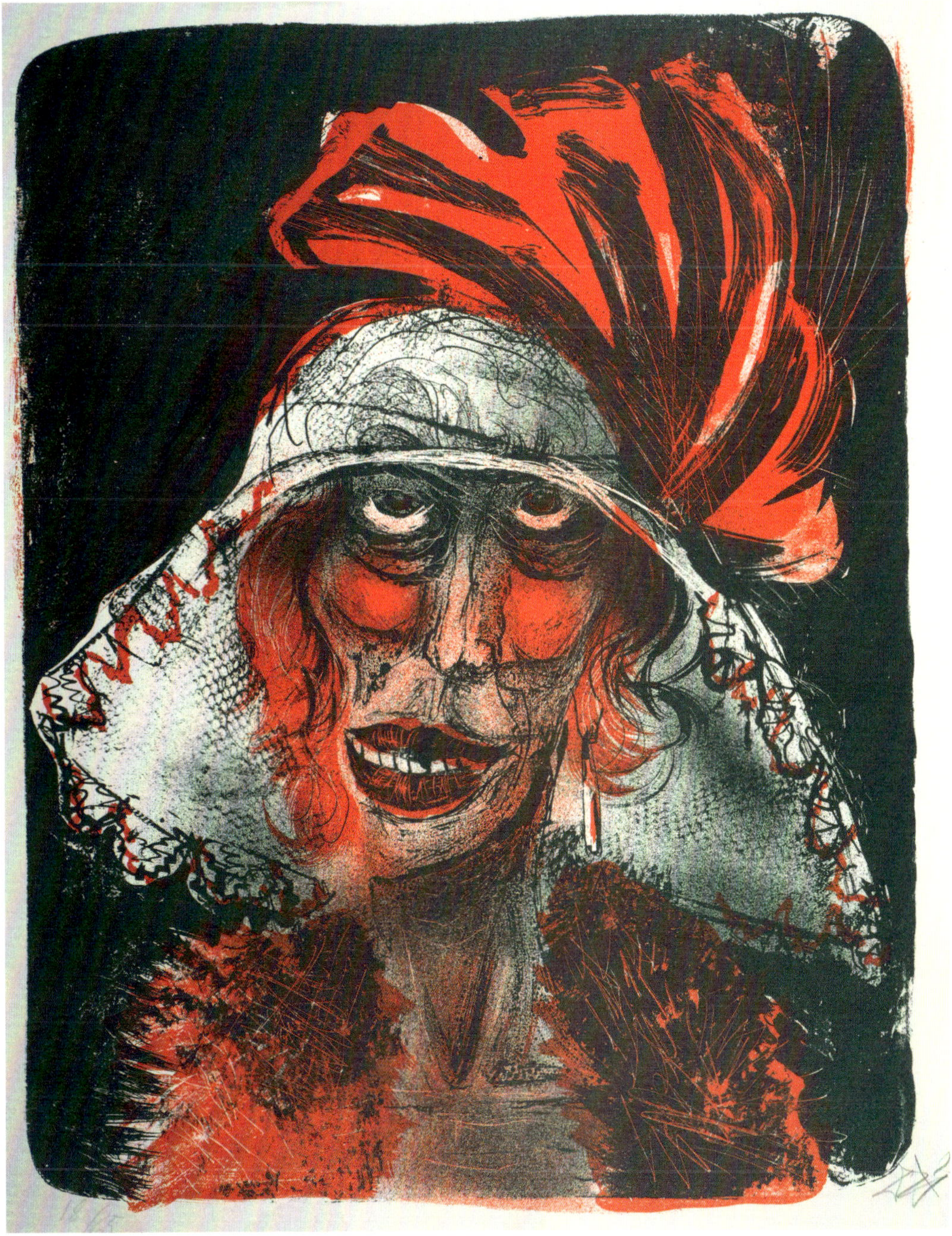

Max Beckmann
Violette Tulpen (auf Gelb)
1935

Auf einer braunen Anrichte am linken Bildrand steht eine bauchige Vase mit vier violetten Tulpen. Im hinteren Teil des Bildraums ist eine gelbe schmalere Vase mit weißen und blauen Hyazinthen auf einem Tisch mit Tischtuch zu erkennen. Das Bild zeigt eine Innenansicht der Berliner Wohnung von Max Beckmann und seiner zweiten Ehefrau Mathilde Kaulbach, welche beide bis zu ihrer Flucht vor der nationalsozialistischen Diktatur nach Amsterdam 1937 bewohnten. Die Arbeit in Öl auf Leinwand zeigt einen engen Ausschnitt eines mit Blumen geschmückten Interieurs in dem für Beckmann charakteristischen schmalen Hochformat. Bei dem Blumenarrangement handelt sich um ein typisches Motiv der Gattung des Stilllebens, das zu den klassischen Genres der Malerei gehört. Neben der blühenden Lebenspracht mischen sich nicht selten auch Motive des Verfalls in Form welker Blätter oder fauler Früchte als Symbole der Vergänglichkeit hinein. Auch in Beckmanns Stillleben lassen die Tulpen bereits ihre Köpfe hängen, die weißen Hyazinthen haben begonnen zu welken. Das Thema der Endlichkeit des Lebens setzt sich in der Komposition des Bildes fort. Der Bildraum hat enge Grenzen. Anrichte, Tisch und der Türstock dazwischen sind beschnitten. Wie es weitergehen soll, ist ungewiss – so wie Beckmanns Zukunft 1935 in Deutschland.

Sophia Plaas

 Öl auf Leinwand, 79,5×40cm 0.00041

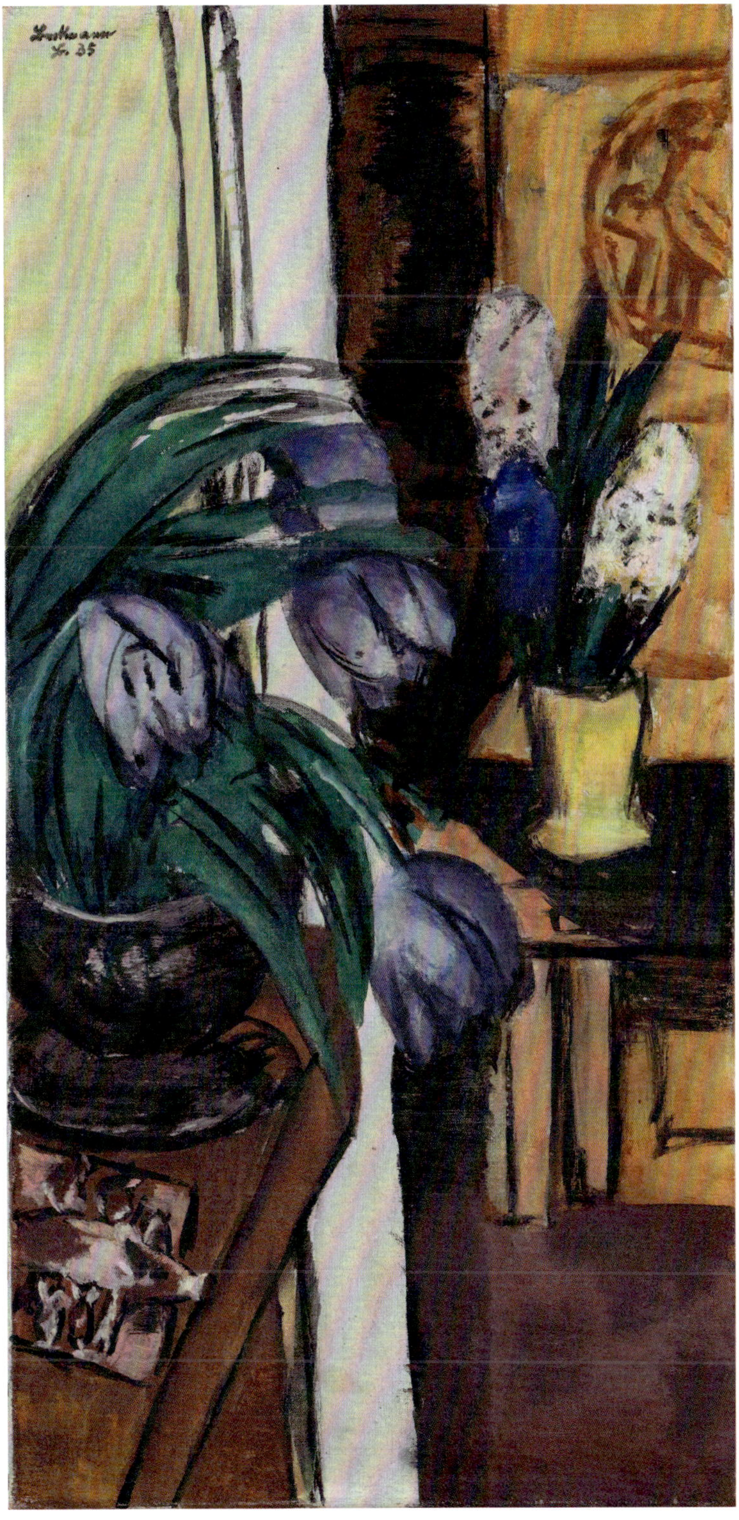
Beckmann
F. 35

Emil Nolde
Mohnblumen
o. J.

In glühender Farbigkeit breitet sich das leuchtende Kolorit der *Mohnblumen* auf dem Japanpapier aus. Dicht gedrängt und im lavierenden Farbauftrag miteinander verschmelzend stehen die stark vergrößerten Blütenkelche in dichtem Zinnoberrot, das bisweilen wolkig auflockert und zum Blüteninnern hin ins Purpurne übergeht. Vereinzelt drängen sich kontrastreich grüne Stängel und Blätter durch die Farbpracht. Grashalme am rechten Bildrand verorten die Blumen in der Natur. Der übrige Hintergrund verschwimmt, den Himmel andeutend, in Grau-, Blau- und leisen Rottönen. Die Intensität des Farberlebnisses ist überwältigend. »Die Farben«, so bekennt der begnadete Kolorist Nolde, »zogen mich unwiderstehlich an«. In seinen Erinnerungen an den Sommerurlaub auf Alsen 1906 berichtet er von seiner Liebe zu der Reinheit der »blühenden Farben der Blumen«. Die blühenden Gärten der dänischen Ostseeinsel inspirieren ihn zu seinen ersten Blumenbildern. Die hier angestoßene Entwicklung führt ihn dahin, in der Farbe sein Hauptausdrucksmittel zu entdecken. »Der Maler hatte sich gefunden«, schreibt Nolde über seinen Prozess künstlerischer Erkenntnis, »die Farben waren seine Sprache geworden. So schwer als mir das Malen anfänglich wurde, so frei und glücklich ging es jetzt von Bild zu Bild.« Trotz bisweilen abschätziger Beurteilungen der gefälligen Blumenmotive bringen sie Nolde künstlerische Anerkennung und Publikumserfolge. Selbst während seiner Diffamierung als »entarteter« Künstler finden Noldes Blumenaquarelle unter der Hand ihre Käufer. Die Sammlung Buchheim verfügt mit den *Mohnblumen* über eines der beständigsten Motive in Noldes Œuvre, das er ab 1918 vermehrt in Aquarell und bis zu seinem Tod immer wieder aufgreift. Als das ihm auferlegte Malverbot 1945 seine Gültigkeit verliert, malt er »vorerst ein paar Gartenbilder mit rotglühendem, großen Mohn, um mich an die Farben zu gewöhnen«.

Laura Lang

 Aquarell, 35,2×47cm 1.00548

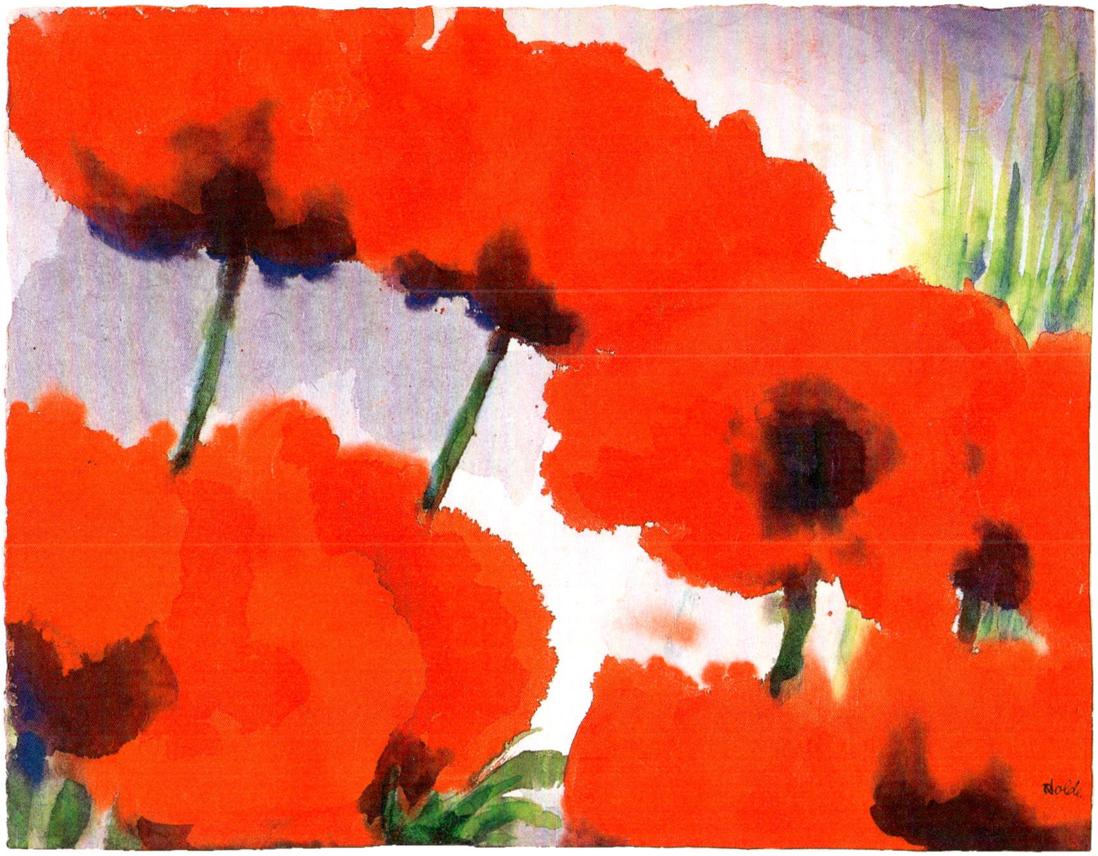

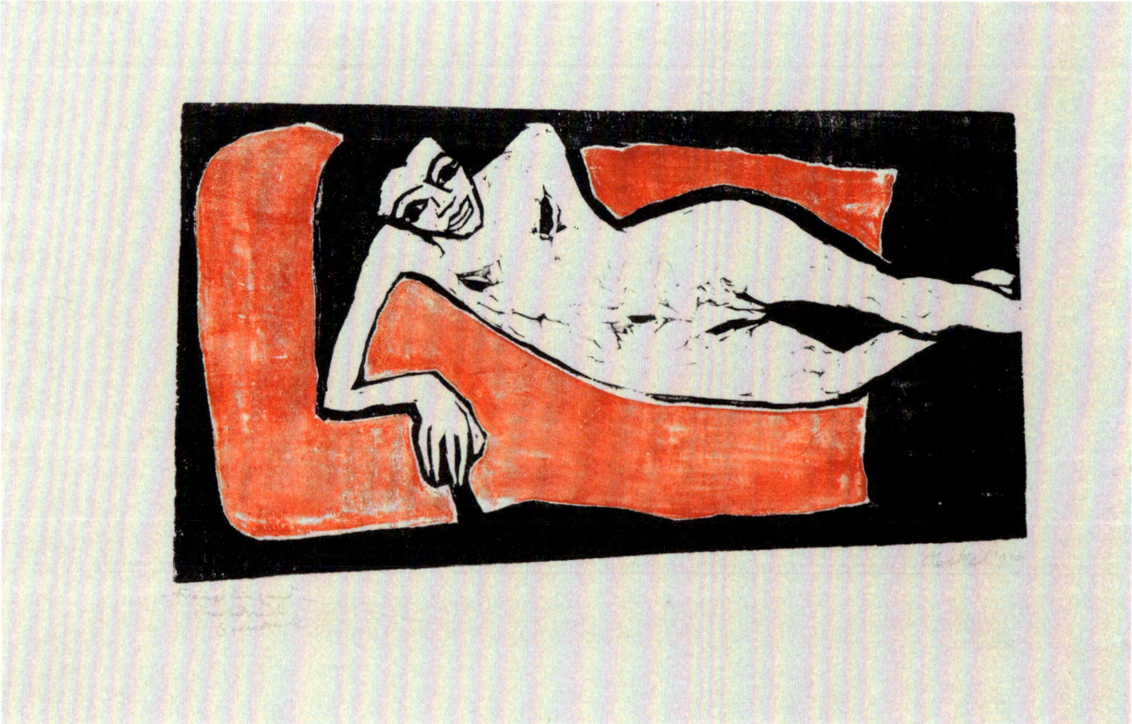

Erich Heckel, *Fränzi liegend*
1910, Farbholzschnitt, 35,1×56cm 1.01070

Biografien mit Auswahlbibliografien

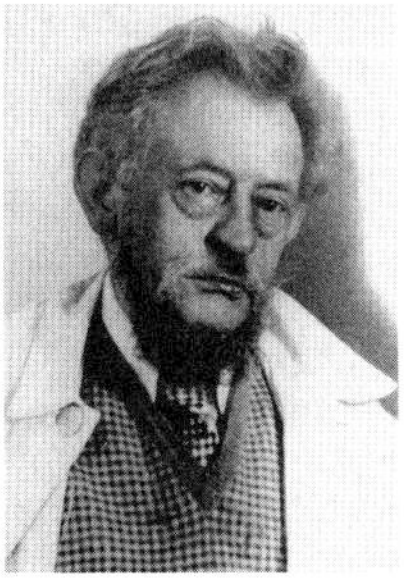

Ernst Barlach

→ S. 134

Ernst Barlach wird am 2. Januar 1870 als Sohn eines Arztes in Wedel geboren. 1888 bis 1891 studiert er an der Kunstgewerbeschule in Hamburg, anschließend an der Kunstakademie Dresden. 1905 arbeitet er als Lehrer an einer Fachschule für Keramik im Westerwald, danach kehrt er nach Berlin zurück. 1906 wird sein Sohn Nikolaus geboren. Ab 1910 nimmt er regelmäßig an Ausstellungen teil. In seinem Werk steht schon früh der Mensch mit seinen Lebensbedingungen im Mittelpunkt. Barlach lebt in Güstrow in Mecklenburg, wo er sich ein Atelier und ein Wohnhaus bauen lässt. 1915 wird er zum Kriegsdienst einberufen. 1925 beginnt die Bekanntschaft mit der Bildhauerin Marga Böhmer, die nach der Trennung von ihrem Mann Barlachs Lebensgefährtin wird. Von 1912 bis 1926 entstehen seine dramatischen Texte, ab 1922 werden die ersten Ehrenmale Barlachs aufgestellt. Ab 1932 werden seine Werke von Nationalsozialisten angefeindet. 1934 bekennt er sich gleichwohl durch Unterschrift des »Aufrufs der Kulturschaffenden« zu Adolf Hitler. Mehr als 400 seiner Werke werden schließlich als »entartete Kunst« aus öffentlichen Sammlungen entfernt. 1937 erhält Barlach Ausstellungsverbot. Am 24. Oktober 1938 erliegt er in Rostock einem Herzinfarkt. Er gilt als herausragender Bildhauer des deutschen Expressionismus.

Barlach, Ernst: *Sämtliche Werke. Kritische Ausgabe*, Leipzig/Güstrow ab 1998, Bd. 10/1, *Das Bildnerische Werk. Plastik, Zeichnung, Druckgraphik. Werkverzeichnis. Die Druckgraphik*, hrsg. von Volker Probst, bearb. von Elisabeth Laur, Leipzig 2001

Birnbaum, Brigitte: *Ernst Barlach. Annäherungen*, Schwerin 1996

Groves, Naomi J.: *Ernst Barlach, Leben im Werk. Plastiken, Zeichnungen und Graphiken, Dramen, Prosawerke und Briefe*, Königstein im Taunus 9. veränd. Aufl. 2013

Jansen, Elmar: *Die Ernst Barlach Museen. Güstrow, Ratzeburg, Hamburg, Wedel*, Leipzig 1998

Paret, Peter: *Ein Künstler im Dritten Reich. Ernst Barlach 1933–1938*, Berlin 2006

Schult, Friedrich (Bearb.): *Ernst Barlach. Werkverzeichnis*, Bd. 1., *Das plastische Werk*, Stuttgart 1997 [unveränd. Nachdr. der Orig.-Ausg. Hamburg 1960]

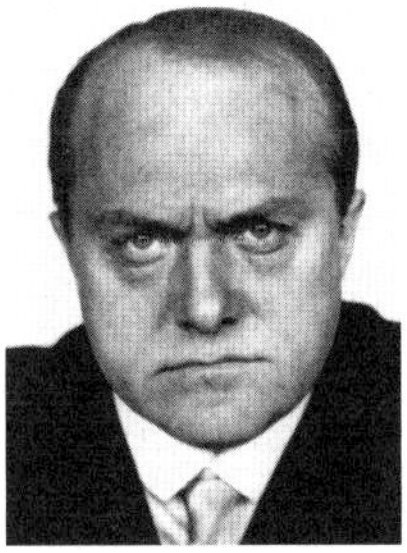

Max Beckmann

→ S. 30, 96,98, 140

Max Beckmann wird am 12. Februar 1884 in Leipzig als Sohn eines Müllers geboren. Die Familie zieht 1895 nach Braunschweig. Beckmann besteht im Jahr 1900 die Aufnahmeprüfung der Großherzoglich-Sächsischen Kunstschule in Weimar. 1902 lernt er die Malerin Minna Tube kennen, die er später heiratet. 1903 schließt Beckmann sein Studium an der Akademie ab. Er lebt in Berlin, erhält bald lukrative Aufträge und tritt der Berliner Secession bei. 1908 wird sein Sohn Peter geboren. 1914 ist Beckmann als Sanitätshelfer an der Ostfront im Einsatz, danach in Flandern. Er erleidet 1915 einen Nervenzusammenbruch und wird vom Militärdienst beurlaubt. Er zieht nach Frankfurt am Main. 1924 lernt er in Wien Mathilde Kaulbach kennen, die er zu seiner neuen Frau macht. Ab 1925 leitet Beckmann ein Meisteratelier an der Städelschule in Frankfurt am Main. Im April 1933 wird Beckmann als »entarteter Künstler« fristlos entlassen und kehrt nach Berlin zurück. 1937 verlässt er Deutschland und geht ins Exil nach Amsterdam, wo er die gesamten Kriegsjahre verbringt. 1947 emigriert das Ehepaar Beckmann in die USA. Beckmann lehrt an der Washington University Art School in St. Louis, später an der Art School des Brooklyn Museums in New York. Beckmann stirbt am 27. Dezember 1950 in New York an Herzversagen.

Buchheim, Lothar-Günther: *Max Beckmann. Leben und Werk*, Feldafing 1959

Göpel, Erhard und Barbara Göpel (Bearb.) : *Max Beckmann. Katalog der Gemälde*, 2 Bde., hrsg. von Hans Martin von Erffa, Bern 1976 (= Schriften der Max-Beckmann-Gesellschaft, Bd. 3)

Max Beckmann Retrospektive, hrsg. von Carla Schulz-Hoffmann und Judith C. Weiss, Ausst.-Kat. Haus der Kunst München, Nationalgalerie Berlin, The Saint Louis Art Museum, Los Angeles County Museum of Art 1984/85, München 1984

Max Beckmann. Die Stillleben, hrsg. von Karin Schick und Hubertus Gaßner, Ausst.-Kat. Kunsthalle Hamburg 2014/15, München 2014

Max Beckmann. Gemälde 1905–1950, hrsg. von Klaus Gallwitz, Ausst.-Kat. Museum der Bildenden Künste Leipzig, Städtische Galerie im Städelschen Kunstinstitut, Frankfurt am Main 1990/91, Stuttgart 2. verb. Aufl. 1990

Max Beckmann. Menschen am Meer, hrsg. von Heinz Spielmann und Ortrud Westheider, Ausst.-Kat. Bucerius-Kunst-Forum Hamburg 2003/04, Ostfildern-Ruit 2003

Schneede, Uwe M.: *Max Beckmann. Der Maler seiner Zeit*, München 2009

Spieler, Reinhard: *Max Beckmann 1884–1950. Der Weg zum Mythos*, Köln 1994

Der Blaue Reiter

Buchheim, Lothar-Günther: *Der Blaue Reiter und die »Neue Künstlervereinigung München«*, Feldafing 1959

Das Geistige in der Kunst. Vom Blauen Reiter zum Abstrakten Expressionismus, hrsg. von Volker Rattemeyer, Ausst.-Kat. Museum Wiesbaden 2010/11, Wiesbaden 2010

Der Blaue Reiter, hrsg. von Christine Hopfengart, Ausst.-Kat. Kunsthalle Bremen, Köln 2000

Düchting, Hajo: *Der Blaue Reiter*, hrsg. von Norbert Wolf, Hongkong u. a. O. 2009

Friedel, Helmut und Annegret Hoberg: *Der Blaue Reiter im Lenbachhaus München*, Best.-Kat. Städtische Galerie im Lenbachhaus, München, München/London/New York 2013

Göttler, Norbert: *Der Blaue Reiter*, Reinbek bei Hamburg 2008

Moeller, Magdalena M. (Bearb.): *Der Blaue Reiter*, Köln 1987

Wassily Kandinsky, Gabriele Münter. Künstler des »Blauen Reiter« in Murnau. Ein Kulturführer des Schlossmuseums Murnau, bearb. von Brigitte Salmen, Murnau 2003

Theo von Brockhusen

→ S. 104

Theo von Brockhusen – eigentlich Theodor Adolf Hillmann von Brockhusen – wird am 16. Juli 1882 im ostpreußischen Marggrabowa (heute Olecko/Polen) als Sohn eines königlich preußischen Landrats geboren. Von 1897 bis 1903 studiert er Malerei an der Kunstakademie in Königsberg. Es entstehen erste Landschaftsbilder. 1904 zieht er nach Berlin, wo er später der Berliner Secession beitritt. Es beginnt eine enge Zusammenarbeit mit dem Kunsthändler Paul Cassirer, der Brockhusen durch den Ankauf seiner Werke finanziell unterstützt. Ab 1906 gehen durch Aufenthalte im belgischen Badeort Knokke und im Nordseebad Nieuwpoort vermehrt Küsten- und Strandmotive in seine Gemälde ein. Ab 1907 verbringt Brockhusen die Sommermonate in Baumgartenbrück am Schwielowsee bei Potsdam und widmet sich von nun an der Landschaft in der Mark Brandenburg. Nach seiner Heirat 1909 befasst er sich mit Vincent van Gogh. 1910 erhält er den Kunstpreis der Stadt Berlin, 1912 den Villa-Romana-Preis, dem sich ein sechsmonatiger Florenzaufenthalt anschließt. Brockhusen stirbt im Alter von nur 37 Jahren am 20. April 1919 in Berlin. Als Mittler zwischen Impressionismus und Expressionismus gehört er neben Max Liebermann und Walter Leistikow zu den wichtigsten Landschaftsmalern seiner Zeit in Berlin.

Theo von Brockhusen (1882–1919). Ein Maler zwischen Impressionismus und Expressionismus, hrsg. von Gerhard Leistner, Ausst.-Kat. Museum Ostdeutsche Galerie, Regensburg, Stiftung Stadtmuseum Berlin 1999/2000, Regensburg 1999

Die Brücke

Buchheim, Lothar-Günther: *Die Künstlergemeinschaft Brücke. Gemälde, Zeichnungen, Graphik, Plastik. Dokumente des deutschen Expressionismus*, Feldafing 1956

Buchheim, Lothar-Günther: *Graphik des deutschen Expressionismus*, Feldafing 1959

Die Brücke. Gemälde, Zeichnungen, Aquarelle und Druckgraphik von Ernst Ludwig Kirchner, Karl Schmidt-Rottluff, Erich Heckel, Max Pechstein, Emil Nolde und Otto Mueller aus der Sammlung des Brücke-Museums Berlin, hrsg. von Magdalena M. Moeller, München 1995

Hoffmann, Meike: *Leben und Schaffen der Künstlergruppe »Brücke« 1905 bis 1913. Mit einem kommentierten Werkverzeichnis der Geschäfts- und Ausstellungsgrafik*, Diss. Berlin 2005, Berlin 2005

Jähner, Horst: *Künstlergruppe Brücke. Geschichte einer Gemeinschaft und das Lebenswerk ihrer Repräsentanten*, Leipzig 2005

Moeller, Magdalena M.: *Künstlergruppe Brücke*, München u. a. O. 2005

Presler, Gerd: *Die Brücke*, Reinbek bei Hamburg 2007

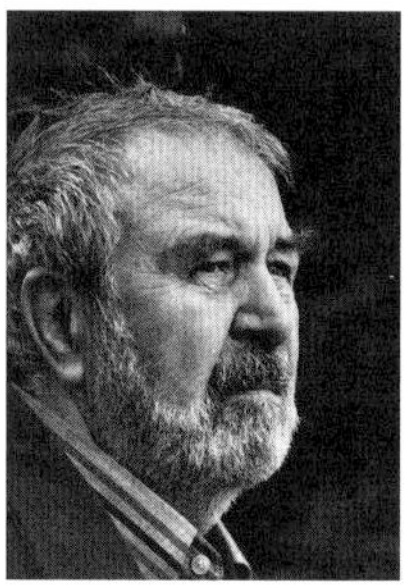

Lothar-Günther Buchheim

1918 in Weimar geboren und aufgewachsen in Chemnitz, gilt Buchheim schon bald als malender Wunderknabe. 1939 beginnt er ein Kunststudium in Dresden, das er noch im gleichen Jahr in München fortsetzt. 1940 zieht er nach Feldafing, wo er bis zu seinem Tod 2007 leben wird. Im Zweiten Weltkrieg tut er Dienst als Kriegsberichterstatter der Marine, unter anderem auf U-Booten. 1945 gründet er in Feldafing die Kunsthandwerklichen Werkstätten. Er malt Aquarelle und Pastelle mit landschaftlichen Motiven der Umgebung – eine Passion, die er bis zu seiner Teilerblindung 1996 beibehält. Zwischen 1949 und 1951 unterhält er mit seiner ersten Frau Gwen Militon eine Kunstgalerie in Frankfurt am Main. Hier beginnt seine Sammlertätigkeit. 1951 gründet er zusammen mit seiner zweiten Frau Diethild den Buchheim Verlag. Der jährlich herauskommende Kunstkalender ist ein internationaler Verkaufsschlager. Im Revoltejahr 1968 treibt Buchheim mit seinen PIPAPOP-Postern Schabernack mit bürgerlichen Moralvorstellungen und linken Dogmen. 1972 unternimmt er eine Malreise in die Südsee. Sein autobiografischer Roman *Das Boot* erscheint 1973. Weitere Bestseller und Filme folgen. Darüber hinaus arbeitet er als Fotojournalist. 2001 ist es Buchheim dank der Förderung durch den Freistaat Bayern nach langen Bemühungen vergönnt, sein Museum der Phantasie in Bernried zu eröffnen. Neben seinen Sammlungen wird hier auch sein künstlerisches Werk präsentiert.

Segieth, Clelia (Bearb.): *Max Beckmann – Lovis Corinth. Sammlung Buchheim*, Feldafing 2009

Segieth, Clelia (Bearb.): *Buch & Kunst der Moderne. Chagall, Picasso, Beckmann, Kirchner, Kokoschka*, Feldafing 2010

Lothar-Günther Buchheim. *Das Boot. Die Fotografien*, bearb. von Clelia Segieth, Ausst.-Kat. Buchheim Museum, Bernried, Feldafing 2010

Segieth, Clelia (Bearb.): *Das Buchheim Museum. Ein Überblick*, Feldafing 2001

Eines Lebens Lauf. Lothar-Günther Buchheim, bearb. von Clelia Segieth, Ausst.-Kat. Buchheim Museum, Bernried, Feldafing 2006

Expressionisten. Sammlung Buchheim, Best.-Kat. Sammlung Buchheim, Feldafing erw. und verb. Ausg. 1998

Kaleidoskop für Lothar-Günther Buchheim zum Siebzigsten von seinen Freunden. 6.2.1988, hrsg. von Hans Brög und Diethild Buchheim, Gütersloh 1988

Lothar-Günther Buchheim. Der Maler, Ausst.-Kat. Wilhelm-Lehmbruck-Museum, Duisburg, Feldafing 1983

Unbekannte Schätze aus der Buchheim'schen Expressionistensammlung, hrsg. von Clelia Segieth, Ausst.-Kat. Buchheim Museum, Bernried, Feldafing 2012

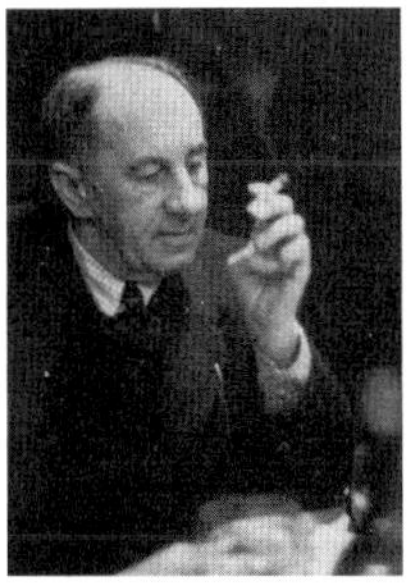

Heinrich Campendonk

→ S. 130

Heinrich Campendonk wird am 3. November 1889 in Krefeld geboren. Sein Vater ist Textilkaufmann. Von 1905 bis 1909 absolviert er eine künstlerische Ausbildung an der Kunstgewerbeschule in Krefeld. 1909 knüpft er dank der Vermittlung durch Kandinsky und Marc Kontakt zur Künstlergruppe Der Blaue Reiter, an deren ersten Ausstellungen er sich beteiligt. 1911 zieht Campendonk nach Sindelsdorf, nach dem Ersten Weltkrieg nach Seeshaupt im oberbayerischen Voralpenland, wo er die Jahre bis 1922 verbringt und eine Krefelder Jugendfreundin heiratet. In dieser Zeit fließen immer wieder Motive aus der benachbarten Bergarbeiterstadt Penzberg in seine Werke ein. 1923 kehrt er ins Rheinland zurück und wird Lehrer an der Kunstgewerbeschule in Essen. 1926 folgt eine Professur an der Kunstakademie Düsseldorf. 1929 lernt er seine neue Lebensgefährtin kennen, eine flämische Künstlerin. Nach der Machtergreifung durch die Nationalsozialisten wird er 1933 zwangsbeurlaubt und emigriert im folgenden Jahr in die Niederlande, wo er eine Professur in Amsterdam erhält. 1937 gewinnt er auf der Weltausstellung in Paris den Grand Prix für ein Kirchenfenster, ein Metier, dem er sich in der Folgezeit immer wieder widmet. Nach dem Krieg bleibt er in den Niederlanden und stirbt dort am 9. Mai 1957 als hochgeehrter Künstler. Erst in jüngerer Zeit wird er als expressionistischer Künstler des Blauen Reiters in Deutschland wiederentdeckt.

Engels, Mathias T.: *Heinrich Campendonk*, Recklinghausen 1958 (= Monographien zur rheinisch-westfälischen Kunst der Gegenwart, hrsg. vom Kultusministerium des Landes Nordrhein-Westfalen, Bd. 8)

Firmenich, Andrea: *Heinrich Campendonk 1889–1957. Leben und expressionistisches Werk, mit Werkkatalog des malerischen Œuvres*, Diss. Bonn 1989, Recklinghausen 1989

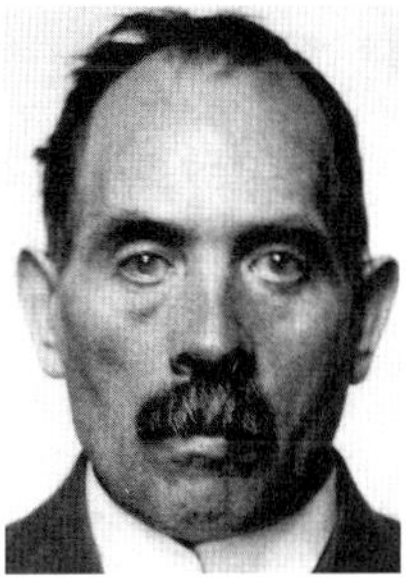

Lovis Corinth

→ S. 44

Lovis, eigentlich Franz Heinrich Louis Corinth wird am 21. Juli 1858 im ostpreußischen Tapiau geboren. Die Eltern betreiben eine Gerberei und einen landwirtschaftlichen Betrieb. 1873 beginnt Corinth sein Studium an der Kunstakademie in Königsberg. 1880 wechselt er an die Kunstakademie nach München, 1884 geht er nach Antwerpen zum Studium, anschließend an die Pariser Académie Julian, wo er sich der Aktmalerei widmet. 1887 entsteht in Berlin sein erstes Selbstporträt. Von 1891 bis 1899 lebt Corinth in München, zieht 1901 nach Berlin und wird Mitglied der Berliner Secession. Er eröffnet eine Malschule, deren erste Schülerin Charlotte Berend ist, die er zwei Jahre später heiratet. Nach 1911 wendet er sich allmählich dem Expressionismus zu. Im Dezember 1911 erleidet Corinth einen Schlaganfall, von dem er sich bis 1914 soweit erholt, dass er wieder malen kann. In der Folgezeit beschäftigt er sich zunehmend mit Grafik. Ab 1919 zieht er sich oft in sein Haus am Walchensee zurück, wo er vor allem Landschaftsbilder, Porträts und Stillleben malt. 1925 reist er nach Amsterdam und erkrankt an einer Lungenentzündung, an der er am 17. Juli 1925 in Zandvoort stirbt. Corinth gilt als einer der wichtigsten Vertreter des deutschen Impressionismus. Sein Spätwerk gilt als Synthese aus Impressionismus und Expressionismus.

Berend-Corinth, Charlotte: *Lovis Corinth. Die Gemälde, Werkverzeichnis*, neu bearb. von Béatrice Hernad, 2. neubearb. Aufl. München 1992

Jooss: Birgit: »Nachlassverwaltung mit Geschäftssinn. Wie der schriftliche Nachlass von Lovis Corinth ins Deutsche Kunstarchiv gelangte«, in: Hansen, Volkmar, Ulrike Horstenkamp und Gabriele Weidle (Hrsg.): *Special Delivery. Von Künstlernachlässen und ihren Verwaltern*. Eine Publikation des Arbeitskreises selbständiger Kultur-Institute e. V., AsKI, Bonn 2011, S. 34–51

Lovis Corinth und die Geburt der Moderne, hrsg. von Ulrike Lorenz, Marie-Amelie Prinzessin zu Salm-Salm und Hans-Werner Schmidt, Ausst.-Kat. anlässlich der Retrospektive zum 150. Geburtstag von Lovis Corinth, Musée d'Orsay, Paris, Museum der Bildenden Künste, Leipzig, Kunstforum Ostdeutsche Galerie, Regensburg 2008/09, Bielefeld 2008

Lovis Corinth, hrsg. von Peter-Klaus Schuster, Christoph Vitali und Barbara Butts, Ausst.-Kat. Haus der Kunst, München, Tate Gallery, London, München 1996

Lovis Corinth, hrsg. von Sabine Fehlemann, Ausst.-Kat. Von der Heydt-Museum, Wuppertal, Fundación Juan March, Madrid 1999

Zimmermann, Michael F.: *Lovis Corinth*, München 2008

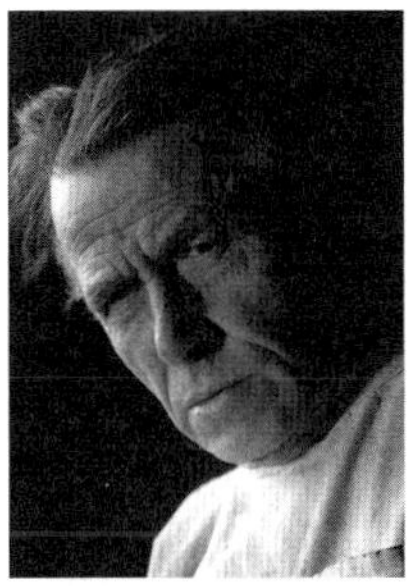

Otto Dix

→ S. 46, 48, 50, 70, 78, 138

Otto Dix wird am 2. Dezember 1891 als Sohn eines Eisengießers in Gera geboren. Nach der Schulzeit absolviert er eine Lehre als Dekorationsmaler. Ab 1910 studiert er an der Kunstgewerbeschule in Dresden. Es entstehen erste spätimpressionistische und expressionistische Werke. 1914 meldet er sich als Freiwilliger zum Kriegsdienst. Bis Kriegsende ist er

MG-Schütze an der West- und Ostfront. Nach dem Krieg studiert er an der Akademie der Bildenden Künste in Dresden. Er steht in Kontakt mit den Berliner Dadaisten. Um 1920 setzt sich Dix in zunehmend realistischer Malweise mit den gesellschaftlichen Abgründen der Weimarer Republik auseinander. Er ist der Begründer der Neuen Sachlichkeit. 1922 zieht er nach Düsseldorf, wo er an der Akademie ein Atelier erhält. 1923 heiratet er Martha Koch. 1925 geht Dix nach Berlin und wird Mitglied der Berliner Secession. Ab 1927 ist er Professor an der Kunstakademie in Dresden. Er gehört 1933 zu den Ersten, die ihres Amtes enthoben werden. Er zieht sich nach Hemmenhofen am Bodensee zurück. 1945 wird er zum Volkssturm eingezogen. 1946 kehrt er nach Hemmenhofen zurück und erfährt in der Nachkriegszeit hohe Anerkennung für sein Werk. Otto Dix stirbt am 25. Juli 1969 nach einem zweiten Schlaganfall in Singen am Hohentwiel.

Beck, Rainer: *Otto Dix 1891–1969. Zeit, Leben, Werk, Konstanz 1993* (= Schriftenreihe der Akademie der Bildenden Künste in Nürnberg, Bd. 6)

Das Auge der Welt. Otto Dix und die Neue Sachlichkeit, hrsg. von Ilka Voermann, Ausst.-Kat. Kunstmuseum Stuttgart 2012/13, Ostfildern 2012

Geisterbahn und Glanzrevue. Otto Dix. Aquarelle und Gouachen, hrsg. von Ortrud Westheider, Ausst.-Kat. Bucerius-Kunst-Forum, Hamburg, München 2007

Getroffen. Otto Dix und die Kunst des Porträts, hrsg. von Marion Ackermann, Ausst.-Kat. Kunstmuseum Stuttgart 2007/08, Köln 2007

Karsch, Florian (Hrsg.): *Otto Dix. Das graphische Werk*, Hannover 1970

Löffler, Fritz: *Otto Dix 1891–1969. Œuvre der Gemälde*, Recklinghausen 1981

Lorenz, Ulrike: *Otto Dix. Das Werkverzeichnis der Zeichnungen und Pastelle*, hrsg. von der Otto Dix Stiftung Vaduz, Weimar 2002/03 [elektronische Ressource; DVD mit Beiheft]

Peters, Olaf: *Otto Dix. Der unerschrockene Blick. Eine Biographie*, Stuttgart 2013

Pfäffle, Suse: *Otto Dix. Werkverzeichnis der Aquarelle und Gouachen*, Diss. Stuttgart 1990, Stuttgart 1991

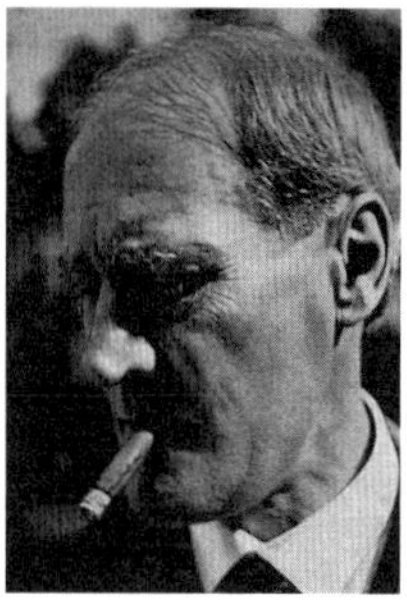

Lyonel Feininger

→ S. 122

Lyonel Feininger wird am 17. Juli 1871 als Sohn eines deutschen Musikerehepaares in New York geboren. Anlässlich einer Konzertreise seiner Eltern kommt Feininger mit 16 Jahren nach Deutschland, wo er bleibt und die Hamburger Gewerbeschule besucht. 1888 besteht er die Aufnahmeprüfung der Königlichen Akademie zu Berlin. Bald erhält er erste Aufträge als Karikaturist. 1901 heiratet er Clara Fürst. Als er 1905 die Künstlerin Julia Berg kennenlernt, trennt er sich von seiner Frau. 1906 wird der gemeinsame Sohn Andreas geboren. 1908 heiraten Lyonel und Julia und ziehen nach Berlin. Sie bekommen zwei weitere Söhne. 1913 nimmt Feininger auf Einladung von Franz Marc zusammen mit den Künstlern des Blauen Reiters am Ersten Deutschen Herbstsalon in Berlin teil. 1919 wird er als Leiter der Grafischen Werkstatt an das Staatliche Bauhaus nach Weimar berufen. 1926 folgt er dem Bauhaus nach Dessau. 1933 zieht er mit seiner Frau nach Berlin. 1937 kann das Ehepaar durch die Hilfe eines Kunstsammlers das nationalsozialistische Deutschland in Richtung New York verlassen. Am 13. Januar 1956 stirbt Feininger im Alter von 84 Jahren in seiner Wohnung in New York. Der Deutschamerikaner gilt als bedeutender Vertreter eines kubistisch inspirierten Expressionismus.

Hess, Hans: *Lyonel Feininger*, Stuttgart 2002 [Sonderausg., Repr. der Orig.-Ausg. Stuttgart 1959]

Luckhardt, Ulrich: *Lyonel Feininger*, München 2. aktualisierte Aufl. 1998

Lyonel Feininger. *Gemälde, Aquarelle und Zeichnungen, Druckgraphik*, hrsg. von Jens Christian Jensen, Ausst.-Kat. Kunsthalle zu Kiel, Kiel 1982

Prasse, Leona E.: *Lyonel Feininger. Das graphische Werk. Radierungen, Lithographien, Holzschnitte/Lyonel Feininger. A Definite Catalogue of his Graphic Work, Etchings, Lithographs, Woodcuts*, hrsg. vom Cleveland Museum of Art, Berlin 1972

Weber, Christiane: *Lyonel Feininger. Genial, verfemt, berühmt*, Weimar 2007

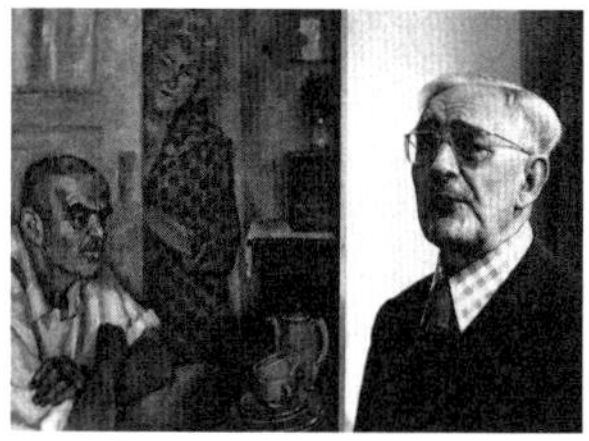

Conrad Felixmüller

→ S. 132

Conrad Felixmüller wird am 21. Mai 1897 in Dresden als Sohn eines Fabrikschmiedes unter dem Namen Conrad Felix Müller geboren. 1912 bis 1915 absolviert er sein Studium an der Akademie der Bildenden Künste Dresden und wird anschließend freischaffender Künstler. Er arbeitet oft auch in Berlin, wo er als grafischer Gestalter an der Zeitschrift *Der Sturm* von Herwarth Walden mitwirkt. Daneben nimmt er an Ausstellungen teil, unter anderem auch zusammen mit Heckel, Kirchner und Schmidt-Rottluff. 1917 wird er als Krankenwärter zwangsverpflichtet, weil er den Kriegsdienst verweigert. 1918 zieht er nach Dresden, wo er heiratet und Gründungsmitglied der Dresdner Sezession Gruppe 1919 wird. 1924 nimmt er den Künstlernamen »Felixmüller« an. Von den Nationalsozialisten werden seine Werke 1933 als »entartete Kunst« geächtet. Um der drohenden Bombardierung Berlins zu entgehen, zieht er 1941 aufs Land, nach Damsdorf in Brandenburg. 1944 übersiedelt er nach Tautenhain bei Leipzig, wohin er nach kurzer Zeit in sowjetischer Kriegsgefangenschaft wieder zurückkehrt. 1949 erhält Felixmüller einen Lehrauftrag als Professor für Zeichnen und Malen an der Universität Leipzig. 1967 siedelt er aus der DDR nach Westberlin aus, wo er am 24. März 1977 stirbt. Felixmüller gilt als sozialkritischer Expressionist und Vertreter der Neuen Sachlichkeit.

Conrad Felixmüller. Die Dresdner Jahre 1910–1934, hrsg. von Ulrich Krempel, Ausst.-Kat. Gemäldegalerie Neue Meister Dresden, Sprengel-Museum Hannover, Köln 1997

Conrad Felixmüller. Zwischen Kunst und Politik, hrsg. von Ingrid Mössinger und Thomas Bauer-Friedrich, Ausst.-Kat. Kunstsammlungen Chemnitz, Museum Gunzenhauser, Städtische Galerie Bietigheim-Bissingen, Ernst-Barlach-Haus, Stiftung Hermann F. Reemtsma, Hamburg 2012/13, Köln 2012.

Spielmann, Heinz (Hrsg.): *Conrad Felixmüller. Monographie und Werkverzeichnis der Gemälde*, Köln 1996

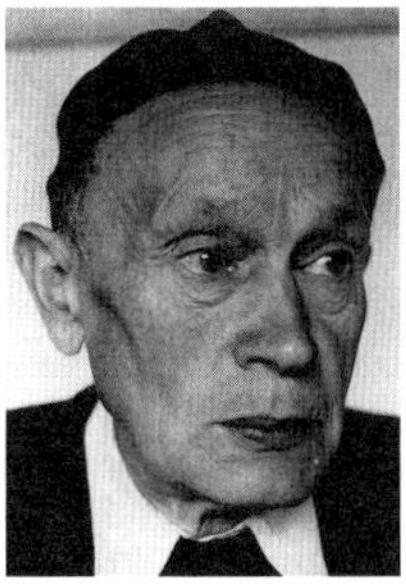

Erich Heckel

→ S. 36, 114

Erich Heckel wird am 31. Juli 1883 in Döbeln geboren. Sein Vater ist Eisenbahningenieur. Bereits seit 1901 ist er mit Karl Schmidt-Rottluff befreundet. Nach dem Abitur beginnt er ein Architekturstudium in Dresden. Zusammen mit Schmidt-Rottluff, Ernst Ludwig Kirchner und Fritz Bleyl gründet er 1905 die Künstlergruppe Die Brücke. Er bricht sein Architekturstudium ab. Ein leerstehender Laden in der Friedrichvorstadt wird zum ersten gemeinsamen Atelier. Bis 1911 folgen sommerliche Malaufenthalte mit Schmidt-Rottluff in Dangast an der Nordsee und mit Kirchner an den Moritzburger Teichen bei Dresden. 1910 lernt Heckel die Tänzerin Siddi Riha, seine spätere Frau, kennen und zieht 1911 nach Berlin. 1913 kommt es wegen interner Spannungen zur Auflösung der Brücke. Im Ersten Weltkrieg ist Heckel als Sanitätssoldat in Flandern im Einsatz. Nach dem Krieg kehrt er nach Berlin zurück und kauft 1919 ein kleines Bauernhaus in Osterholz an der Flensburger Förde. Ab 1937 erhält Heckel als »entarteter« Künstler Ausstellungsverbot. Nach einem Bombenangriff auf sein Atelier kommt Heckel 1944 in Hemmenhofen am Bodensee unter, wo er bis zu seinem Lebensende bleibt. Er stirbt im Januar 1970 in Radolfzell am Bodensee. Heckel zählt zu den bedeutendsten Künstlern des deutschen Expressionismus.

Dube-Heynig, Annemarie und Wolf-Dieter Dube: *Erich Heckel. Das graphische Werk*, 3 Bde., New York 1964/1965/1974

Erich Heckel – der stille Expressionist. Aquarelle als Vorstudien zu Gemälden, hrsg. von Janina Dahlmanns, Ausst.-Kat. Lyonel-Feininger-Galerie, Quedlinburg, Städtische Galerie Villingen-Schwenningen, Stiftung Schleswig-Holsteinische Landesmuseen Schloss Gottorf, Schleswig, Kunsthalle Emden, Brücke-Museum Berlin 2009–12, München 2009

Erich Heckel. Aufbruch und Tradition. Eine Retrospektive, hrsg. von Magdalena M. Moeller, Ausst.-Kat. Stiftung Schleswig-Holsteinische Landesmuseen Schloss Gottorf, Schleswig, Brücke-Museum Berlin, 2010/11, München 2010

Erich Heckel. Der große Expressionist. Werke aus dem Brücke-Museum Berlin, hrsg. von Magdalena M. Moeller, Ausst.-Kat. Stadthalle und Zehntscheuer Balingen, München 2013

Erich Heckel. Sein Werk der 20er Jahre, hrsg. von Magdalena M. Moeller, Ausst.-Kat. Brücke-Museum Berlin 2004/05, München 2004

Vogt, Paul: *Erich Heckel. Werkverzeichnis der Gemälde*, Recklinghausen 1965

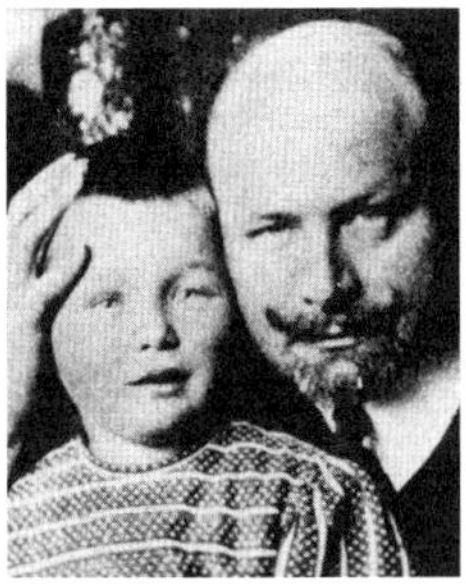

Alexej von Jawlensky

→ S. 26, 112

Alexej von Jawlensky wird im März 1864 im russischen Torschok geboren. Wie sein Vater schlägt er die Offizierslaufbahn ein. 1882 entdeckt er seine Liebe zur Malerei. Ab 1889 besucht er abends die Kunstakademie in St. Petersburg. Er lernt die vermögende Malerin Marianne von Werefkin kennen, die seine künstlerische Entwicklung fördert und ihm Unterrichtsstunden ermöglicht. 1886 zieht Werefkin mit Jawlensky und dem Dienstmädchen Helene nach München. 1902 wird Jawlenskys und Helenes Sohn Andreas geboren. 1908 folgt die Zusammenarbeit zwischen Werefkin und Jawlensky mit Münter und Kandinsky in Murnau. Ende des Jahres entsteht die Idee zur Gründung der Neuen Künstlervereinigung München. 1911 treten Kandinsky, Münter und Marc aus der Vereinigung aus und gründen unter dem Namen Der Blaue Reiter eine Publikations- und Ausstellungsvereinigung. 1914 emigrieren Jawlensky und Werefkin zusammen mit Helene und dem Sohn Andreas in die Schweiz. Es entstehen seine *Variationen über ein landschaftliches Thema*. 1921 zieht er nach Wiesbaden, 1922 trennt er sich von Werefkin und heiratet im selben Jahr Helene. Seine Erkrankung an Arthritis 1927 beeinflusst seinen Malstil. Ab 1934 entstehen seine Meditationen. Er wird deutscher Staatsbürger. In den letzten Lebensjahren ist er ans Bett gefesselt. Jawlensky stirbt am 15. März 1941 in Wiesbaden. Der Deutschrusse gilt als herausragender Vertreter des deutschen Expressionismus.

Alexej Jawlensky 1864–1941, hrsg. von Armin Zweite, Ausst.-Kat Städtische Galerie im Lenbachhaus, Münchnen, Staatliche Kunsthalle Baden-Baden, München 1983

Alexej von Jawlensky zum 50. Todesjahr. Gemälde und graphische Arbeiten, hrsg. von Volker Rattemeyer, Ausst.-Kat. Museum Wiesbaden, Wiesbaden 1991
Alexej von Jawlensky. Catalogue Raisonné, 4 Bde., hrsg. von Maria Jawlensky, Lucia Pieroni-Jawlensky und Angelica Jawlensky, München 1991–98

Belgin, Tayfun: *Alexej von Jawlensky. Eine Künstlerbiographie*, Heidelberg 1998

Horizont Jawlensky. Alexej von Jawlensky im Spiegel seiner künstlerischen Begegnungen 1900–1914, hrsg. von Roman Zieglgänsberger, Ausst.-Kat. Museum Wiesbaden, Kunsthalle Emden, München 2014

Jawlensky in Wiesbaden. Gemälde und graphische Arbeiten in der Kunstsammlung des Museums Wiesbaden, hrsg. von Volker Rattemeyer, Best.-Kat. Museum Wiesbaden, Wiesbaden 2007

Jawlensky. Neu gesehen, hrsg. von Ingrid Mössinger und Thomas Bauer-Friedrich, [Best.-Verz. und] Ausst.-Kat. Kunstsammlungen Chemnitz – Museum Gunzenhauser 2013/14, Dresden 2013

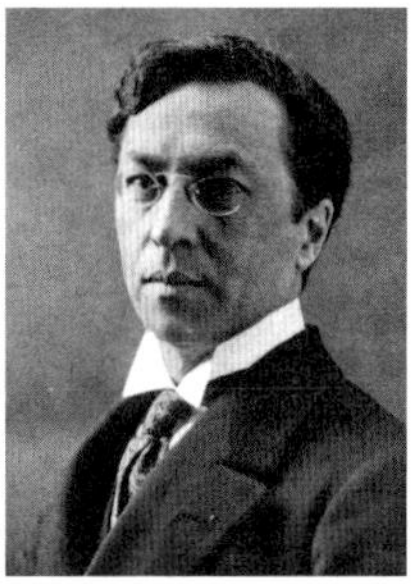

Wassily Kandinsky

→ S. 120

Wassily Kandinsky wird im Dezember 1886 in Moskau als Sohn eines Teehändlers geboren. Nach dem Abitur beginnt er in Moskau sein Studium der Rechtswissenschaften und Volkswirtschaft. 1892 heiratet er seine Cousine und promoviert. 1896 geht er nach München, wo er ab 1900 an der Kunstakademie studiert. 1901 ist er Mitbegründer der Künstlervereinigung Phalanx, an deren Schule er unterrichtet. Seine Schülerin ist Gabriele Münter, mit der er sich 1903 verlobt. Im Sommer 1908 arbeiten Kandinsky und Münter in Murnau mit Werefkin und Jawlensky zusammen. Sie gründen die Neue Künstlervereinigung München, deren Vorsitz Kandinsky übernimmt. Kandinsky und Franz Marc beschließen im Sommer 1911 die Abspaltung von der Künstlervereinigung. Sie gründen die Ausstellungs- und Publikationsvereinigung Der Blaue Reiter. 1914 flieht Kandinsky mit Münter in die Schweiz. Er reist allein weiter nach Moskau. Nach der Trennung von Münter 1916 heiratet er im Jahr darauf seine zweite Frau Nina. Im Dezember 1921 reisen die beiden über Riga nach Berlin aus, um den Einschränkungen der Kunstfreiheit durch das bolschewistische Regime zu entgehen. Kandinsky arbeitet als Lehrer beim Bauhaus. 1933 zieht das Ehepaar Kandinsky nach Neuilly-sur-Seine bei Paris, wo er am 13. Dezember 1944 stirbt. Kandinsky gilt als führender Kopf des Blauen Reiters und als Begründer der reinen Abstraktion.

Barnett, Vivan Endicott: *Kandinsky. Werkverzeichnis der Zeichnungen*, 2 Bde., München 2006/07

Barnett, Vivian Endicott: Kandinsky. Werkverzeichnis der Aquarelle, 2 Bde., München 1992–94

Becks-Malorny, Ulrike: *Wassily Kandinsky 1866–1944. Aufbruch zur Abstraktion*, Hongkong u. a. O. 2007

Düchting, Hajo: *Wassily Kandinsky 1866–1944. Revolution der Malerei*, Köln 2007

Kandinsky. Malerei 1908–1921, hrsg. von Hartwig Fischer und Sean Rainbird, Ausst.-Kat. Tate Modern, London, Kunstmuseum Basel 2006/07, Ostfildern 2006

Röthel, Hans Konrad und Jean K. Benjamin: *Kandinsky. Werkverzeichnis der Ölgemälde*, 2 Bde., München 1982–84

Röthel, Hans Konrad: *Kandinsky. Das graphische Werk*, Köln 1970

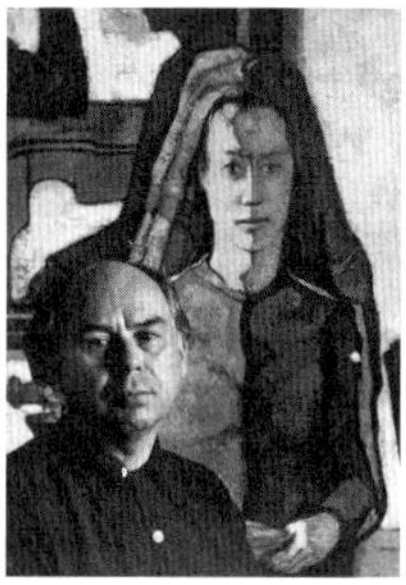

Max Kaus

→ S. 54

Max Kaus wird am 11. März 1891 in Berlin als Sohn eines Dekorationsmalers geboren. Er lernt wie der Vater das Malerhandwerk. Ab 1908 besucht er die Unterrichtsanstalt des Kunstgewerbemuseums Berlin, um anschließend an der Königlichen Akademie der Künste zu studieren. 1913 bezieht er sein erstes Atelier. Bei Ausbruch des Ersten Weltkrieges meldet Kaus sich als Freiwilliger und wird als Sanitäter in Flandern eingesetzt. Erich Heckel ist sein Vorgesetzter, und durch dessen Diensteinteilung bleibt Kaus Freiraum für künstlerische Tätigkeit. Es entstehen erste Lithografien und Holzschnitte. 1921 tritt er der Berliner Secession bei. 1923 heiratet er Gertrud Kant und wird 1926 Lehrer für Landschaftsmalerei, Akt- und Tierzeichnen an der Kunstgewerbe- und Handwerkerschule in Berlin-Charlottenburg. Von 1937 bis 1939 arbeitet Kaus als Lehrer an den Vereinigten Staatsschulen in Berlin. 1937 werden seine Arbeiten als »entartet« aus Museen entfernt. 1938 muss er seine Lehrtätigkeit aufgeben. 1943 werden sein Atelier und seine Wohnung bei einem Bombenangriff zerstört. Seine Frau stirbt 1944. Er heiratet neu. 1945 wird er während der letzten Kriegsmonate zum Volkssturm eingezogen. Nach dem Krieg wird er an die Hochschule für Bildende Künste Berlin berufen, wo er bis 1968 Professor ist. Max Kaus stirbt am 5. August 1977 in Berlin. Er gilt als vergessener deutscher Expressionist, dessen Werk durch Lothar-Günther Buchheim maßgeblich wiederentdeckt wird.

Buchheim, Lothar-Günther: *Max Kaus. Frühe Lithographien*, Feldafing 1964

Max Kaus – Druckgraphik. Holzschnitt, Radierung, Lithographie, Siebdruck, hrsg. von Magdalena M. Moeller, Ausst.-Kat. Brücke-Museum Berlin, Berlin 1997

Max Kaus. Werke und Dokumente, Ausst.-Kat. Germanisches Nationalmuseum, Nürnberg, Staatliche Kunsthalle Berlin, Kunsthalle Darmstadt, Nürnberg 1991 (= Archiv für Bildende Kunst, Nürnberg, Werke und Dokumente, N. F., Bd. 9)

Schmitt-Wischmann, Ursula: *Max Kaus. Werkverzeichnis der Gemälde*, Berlin 1990

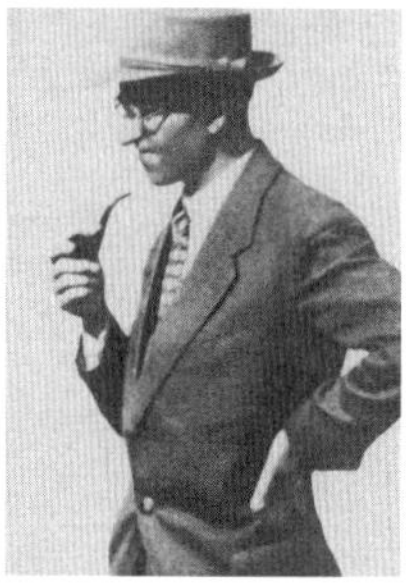

Anton Kerschbaumer

→ S. 110

Anton Kerschbaumer wird am 20. November 1885 in Rosenheim geboren. Von 1901 bis 1908 absolviert er sein Studium an der Königlichen Kunstgewerbeschule in München, wo er ein Zeichenlehrer-Examen ablegt. 1908 zieht er nach Berlin und ist für einige Zeit Schüler von Lovis Corinth. Er greift Einflüsse der Postimpressionisten Paul Cézanne, Vincent van Gogh und Henri Matisse auf, wendet sich aber schließlich vom Impressionismus ab. Von 1915 bis 1918 ist er im Ersten Weltkrieg in Ostende in dem von Erich Heckel befehligten Sanitätszug eingesetzt, wo auch Max Kaus und Otto

Herbig als Krankenpfleger arbeiten. In dieser Zeit, die unter der Regie von Heckel trotz des Krieges Raum für künstlerisches Arbeiten bietet, erfährt Kerschbaumer nachhaltige Anregungen für seine Kunst. 1919 kehrt er nach Berlin zurück und nimmt an einer ersten Gemeinschaftsausstellung des Verlegers Paul Cassirer teil. In den 1920er-Jahren folgen Malaufenthalte in Würzburg auf einem ehemaligen Gutshof. Dort begegnet er Otto Modersohn und erneut Erich Heckel. Nach Reisen an den Gardasee und nach Frankreich erhält Kerschbaumer 1930 für drei Monate ein Staatsstipendium der Villa Massimo in Rom, wo er Karl Schmidt-Rottluff und Otto Herbig trifft. Im Winter 1930 erkrankt er schwer und stirbt am 2. August 1931 in Berlin-Tegel. Nur wenige Jahre jünger als Heckel, zählt er doch zu der zweiten Generation der Expressionisten, denen nach dem Ersten Weltkrieg der Anschluss an die internationalen Avantgarden versagt bleibt.

Anton Kerschbaumer 1885–1931, Ausst.-Kat. Städtische Galerie Rosenheim, Rosenheim 2001

Anton Kerschbaumer 1885–1931, hrsg. von Konstanze Wetzel-Kerschbaumer, München 1994

Anton Kerschbaumer 1885–1931. Zum 50. Todestag, hrsg. von Leopold Reidemeister, Ausst.-Kat. Brücke-Museum Berlin, Städtische Galerie Rosenheim 1981/82, Berlin 1981

Anton Kerschbaumer und die Kunst in Deutschland 1900 bis 1930, Ausst.-Kat. anlässlich der Ausst. Anton Kerschbaumer 1885–1931, Neue Pinakothek, München 1996

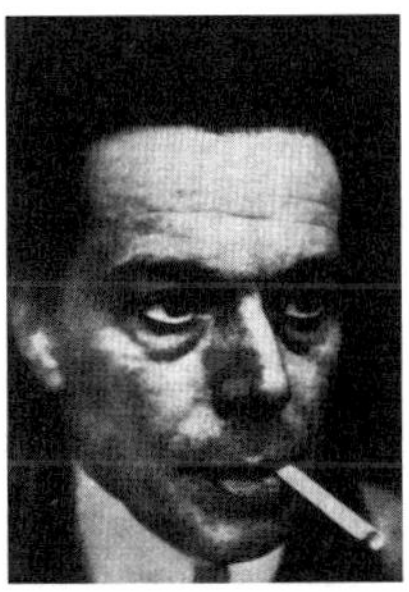

Ernst Ludwig Kirchner

→ S. 20, 38, 40, 42, 52, 56, 82, 84, 92

Ernst Ludwig Kirchner wird am 6. Mai 1880 in Aschaffenburg geboren. Sein Vater ist Papierchemiker. Nach dem Abitur 1901 beginnt er ein Architekturstudium in Dresden, das er 1905 abschließt. Im selben Jahr gründet er zusammen mit Erich Heckel, Fritz Bleyl und Karl Schmidt-Rottluff die Künstlergruppe Die Brücke. In den Jahren 1907 bis 1911 folgen künstlerisch produktive Sommeraufenthalte auf Fehmarn und an den Moritzburger Teichen. 1911 zieht Kirchner nach Berlin, wo Straßenszenen Einzug in sein Werk halten. 1912 lernt Kirchner seine Lebensgefährtin Erna Schilling kennen. 1913 kommt es zur Auflösung der Brücke. 1914 meldet sich Kirchner freiwillig zum Kriegsdienst, wird aber nach kurzer Zeit wegen eines Nervenzusammenbruchs wieder entlassen. Er gerät in eine Medikamentenabhängigkeit und hält sich mehrfach in Sanatorien auf. 1917 zieht Kirchner in die Schweiz, in die Nähe von Davos. Ab 1921 ist er vorübergehend von den Medikamenten entwöhnt. In den Zwanzigerjahren erreicht er höchste Anerkennung. 1937 werden seine Werke als »entartete« Kunst diffamiert und beschlagnahmt. Kirchner, seit 1932 wieder morphiumsüchtig, ist darüber tief enttäuscht. Er nimmt sich am 15. Juni 1938 das Leben. Er ist der führende Kopf der Brücke und gilt als herausragender Vertreter des deutschen Expressionismus.

Dube-Heynig, Annemarie und Wolf-Dieter Dube, *Ernst Ludwig Kirchner. Das graphische Werk*, 2 Bde., München 2. erw. Aufl. 1980

Ernst Ludwig Kirchner. Bergleben. Die frühen Davoser Jahre 1917–1926, Ausst.-Kat. Kunstmuseum Basel 2003/04, Ostfildern-Ruit 2003

Gabelmann, Andreas: *Ernst Ludwig Kirchner. Ein Künstlerleben in Selbstzeugnissen*, Ostfildern 2010

Gercken, Günther: *Ernst Ludwig Kirchner. Kritisches Werkverzeichnis der Druckgraphik*, 2 Bde., Bern 2013

Grisebach, Lucius: *Ernst Ludwig Kirchner 1880–1938*, Köln 1995

Kornfeld, Eberhard W.: *Ernst Ludwig Kirchner. Nachzeichnung seines Lebens. Katalog der Sammlung von Werken von Ernst Ludwig Kirchner im Kirchner-Haus Davos*, Ausst.-Kat. Kunstmuseum Basel 1979/80, Bern 1979

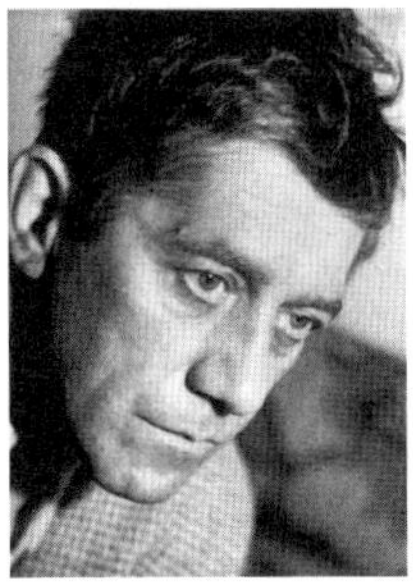

Oskar Kokoschka

→ S. 18

Oskar Kokoschka wird am 1. März 1886 im niederösterreichischen Pöchlarn geboren. Sein Vater ist Handelsreisender. Seine Kindheit verbringt er in Wien, wo er ab 1904 die Kunstgewerbeschule besucht. 1910 zieht Kokoschka nach Berlin. In Herwarth Waldens Kunstzeitschrift *Der Sturm* veröffentlicht er sein selbstillustriertes Drama *Mörder, Hoffnung der Frauen*, das bei seiner Uraufführung 1909 einen Skandal hervorruft. 1911 kehrt er nach Wien zurück, wo er 1912 Assistent an der Wiener Kunstgewerbeschule ist. Ab 1912 lebt er mit Gustav Mahlers Witwe Alma Mahler zusammen, mit der er eine intensive, aber unglückliche Beziehung führt. 1915 kommt es zur Trennung, über die sich Kokoschka mit einer von der Münchener Malerin Hermine Moos gefertigten, lebensgroßen Alma-Puppe hinwegzutrösten versucht. Im Ersten Weltkrieg meldet er sich als Freiwilliger zur Kavallerie. Er wird durch Kopfschuss und Bajonettstich in die Lunge schwer verwundet. 1917 zieht er nach Dresden, wo er ab 1919 für einige Jahre Professor an der Staatlichen Akademie der Bildenden Künste wird. 1931 kehrt er nach Wien zurück. Den Nationalsozialisten gilt er als »Entartetster unter den Entarteten«. Er flieht 1934 vor nach Prag. 1938 geht er nach London, wo er 1941 heiratet.Ab 1953 unterrichtet er unter dem Titel »Schule des Sehens« an der Internationalen Sommerakademie für Bildende Kunst in Salzburg. Es folgt ein Umzug an den Genfer See. Kokoschka stirbt am 22. Februar 1980 in Montreux. Kokoschka gilt als exzentrischer, vielseitiger Maler,
Grafiker und Schriftsteller des Expressionismus und der Wiener Moderne.

Kokoschka. Das Ich im Brennpunkt, hrsg. von Tobias G. Natter und Franz Smola, Ausst.-Kat. Leopold Museum, Wien 2013/14, Wien 2013

Spielmann, Heinz: *Oskar Kokoschka. Leben und Werk*, Köln 2003

Weidinger, Alfred und Alice Strobl: *Oskar Kokoschka. Die Zeichnungen und Aquarelle 1897–1916, Werkverzeichnis*, Bd. 1, hrsg. von der Albertina, Wien, Salzburg 2008

Werner Norbert (Hrsg.): *Kokoschka. Leben und Werk in Daten und Bildern*, Frankfurt am Main 1991

Wingler, Hans M. und Friedrich Welz: *Oskar Kokoschka. Das druckgraphische Werk*, Salzburg 1975

Winkler, Johann und Katharina Erling: *Oskar Kokoschka, Werkverzeichnis Bd. 1, Die Gemälde, 1906–1929*, Salzburg 1995

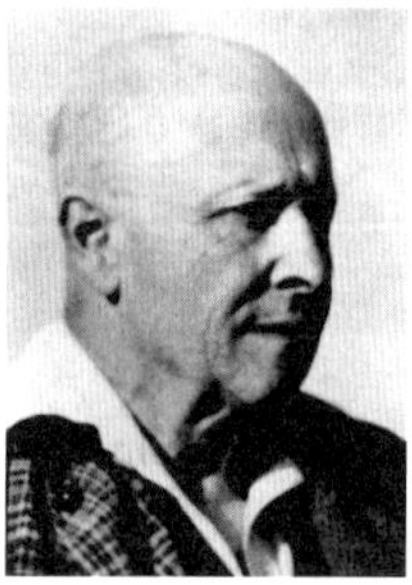

Alfred Kubin

→ S. 136

Alfred Kubin wird am 10. April 1877 in Leitmeritz in Böhmen als Sohn eines Offiziers und Landvermessers geboren. Er besucht das Gymnasium in Salzburg, das er ohne Abschluss verlässt. 1892 beginnt er eine Lehre als Fotograf, die er ebenso wie das folgende Studium an der Kunstakademie München abbricht. An einer privaten Malschule in München lernt er zeichnen. Nach intensivem Selbststudium beginnt eine Schaffensphase, in der bis 1904 einige hundert Arbeiten auf Papier entstehen. 1904 begegnet er der Witwe Hedwig Gründler, die er bald darauf heiratet. Sie ermöglicht den Erwerb von Schloss Zwickledt in Oberösterreich. 1909 erscheint *Die andere Seite*, Kubins fantastischer Roman, in dem er eigene neurotische Episoden verarbeitet. Im selben Jahr ist er Mitbegründer der Neuen Künstlervereinigung München, die er 1911 verlässt, um sich dem Blauen Reiter anzuschließen. Kubin kreiert ein großes Werk an Zeichnungen, das er »Traumprotokolle« nennt und in das seine Beschäftigung mit der Psychoanalyse einfließt. Er wird Mitglied der Preußischen Akademie der Künste und der Bayerischen Akademie der Schönen Künste. Seine Werke werden von den Nationalsozialisten als »entartet« diffamiert. Kubin stirbt am 20. August 1959 zurückgezogen in Zwickledt am Inn.

Alfred Kubin 1877–1959, hrsg. von Annegret Hoberg, Ausst.-Kat. Städtische Galerie im Lenbachhaus, München, Hamburger Kunsthalle 1990/91, München 1990

Alfred Kubin 1877–1959. Mit einem Werkverzeichnis des Bestandes im Oberösterreichischen Landesmuseum Linz, hrsg. von Peter Assmann, Ausst.-Kat. Landesgalerie Oberösterreich am Oberösterreichischen Landesmuseum Linz, Salzburg/Wien 1995

Alfred Kubin. Das lithographische Werk, hrsg. von Annegret Hoberg, Ausst.-Kat. Landesgalerie Oberösterreich am Oberösterreichischen Landesmuseum Linz, Städtische Galerie im Lenbachhaus, München, München 1999

Alfred Kubins Nebenwelten von Morphiumteufeln und Vogelmenschen, mit einem Bestandsverzeichnis der Kubin-Zeichnungen des Kunstforums Ostdeutsche Galerie Regensburg, bearb. von Roman Zieglgänsberger, Ausst.-Kat. Kunstforum Ostdeutsche Galerie Regensburg, Käthe Kollwitz Museum, Köln 2010/11, Regensburg 2010

Marks, Alfred: *Der Illustrator Alfred Kubin. Gesamtkatalog seiner Illustrationen und buchkünstlerischen Arbeiten*, hrsg. vom Oberösterreichischen Landesmuseum Linz, München 1977

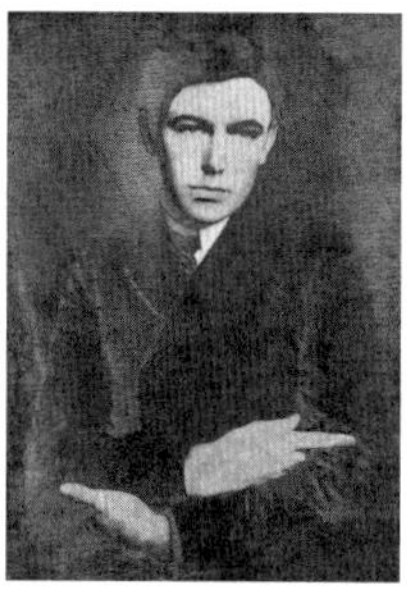

August Macke

→ S. 118

August Macke wird am 3. Januar 1887 in Meschede im Hochsauerland geboren. Sein Vater ist Tiefbauingenieur. Seine Familie zieht nach Köln und 1900 nach Bonn, wo er das Realgymnasium besucht und seine zukünftige Frau Elisabeth Gerhardt kennenlernt. Bereits in der Schulzeit zeichnet und malt Macke und hat großes Interesse an der Kunst. 1904 verlässt er die Schule und beginnt eine Ausbildung an der Königlichen Kunstakademie Düsseldorf, die er ebenfalls vorzeitig beendet. 1907 ist Macke bei einem Parisbesuch begeistert von den französischen Impressionisten und studiert daraufhin bei Lovis Corinth in Berlin. 1909 heiratet er Elisabeth Gerhardt. Es folgt ein Umzug nach Tegernsee. Anfang 1910 lernt er Franz Marc und die Neue Künstlervereinigung München kennen. Die Familie kehrt Ende 1910 zurück nach Bonn. 1911 schließt sich Macke dem Blauen Reiter an und setzt sich im Rheinland für dessen Präsentation ein. Um wieder mehr Ruhe zu gewinnen, geht er 1913 mit seiner Familie nach Hilterfingen, Kanton Bern, wo seine wichtigsten Bilder entstehen. Im April 1914 reist er nach Tunesien, wo er Anregungen für spätere Gemälde aufnimmt. Im Juni wieder zurück in Bonn, meldet sich Macke kurz darauf freiwillig an die Front. Er fällt am 26. September 1914 an der Westfront bei Perthes-lès-Hurlus in der Champagne. Macke gilt als bedeutender Vertreter des deutschen Expressionismus.

August Macke und die Rheinischen Expressionisten. Gemälde, Zeichnungen, Graphik 1906–1930, Ausst.-Kat. Städtisches Kunstmuseum, Bonn 1973

August Macke und Franz Marc. Eine Künstlerfreundschaft, hrsg. von Annegret Hoberg, Aust.-Kat. Kunstmuseum Bonn, Städtische Galerie im Lenbachhaus, München 2014/15, Ostfildern 2014

August Macke. Gemälde, Aquarelle, Zeichnungen, hrsg. von Ernst-Gerhard Güse, Ausst.-Kat. Westfälisches Landesmuseum für Kunst und Kulturgeschichte Münster, Städtisches Kunstmuseum Bonn, Städtische Galerie im Lenbachhaus, München 1986/87, München 1986

Erdmann-Macke, Elisabeth: Erinnerungen an August Macke, Frankfurt am Main 13. Aufl. 2006

Heiderich, Ursula: August Macke – Aquarelle. Werkverzeichnis, hrsg. vom Landschaftsverband Westfalen-Lippe, Stuttgart 1997 [Sonderausg., erschienen 2001]

Heiderich, Ursula: August Macke – Gemälde. Werkverzeichnis, hrsg. vom Landschaftsverband Westfalen-Lippe, Ostfildern 2008

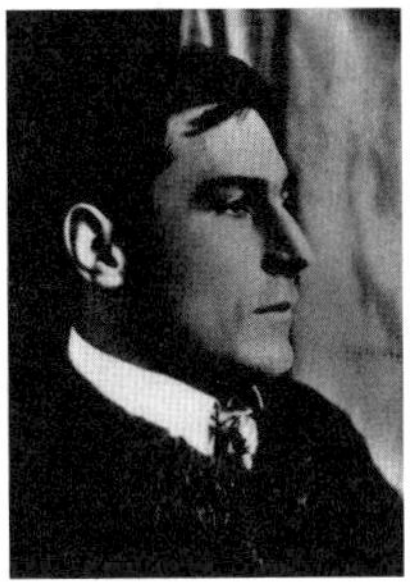

Franz Marc

→ S. 128

Franz Marc wird am 8. Februar 1880 in München als Sohn eines Malers geboren. Er besucht das Luitpold-Gymnasium in München. 1884 verbringt Marc erstmals den Sommer in Kochel am See. 1900 immatrikuliert er sich an der Königlichen Akademie der Bildenden Künste München, wo er bis 1903 studiert. Im Februar 1905 lernt er auf einem Kostümball Maria Franck kennen. Er beginnt sich mit Tiermotiven zu befassen. 1906 arbeitet Marc in Kochel. Maria Franck und eine weitere Freundin, Marie Schnür, folgen ihm. 1907 heiratet Marc Marie Schnür. Ein Jahr darauf lassen sie sich wieder scheiden. 1911 schließt sich Marc der Neuen Künstlervereinigung München an. Nach einem Eklat tritt er zusammen mit Kandinsky, Münter und Kubin wieder aus. Marc und Kandinsky gründen die Ausstellungs- und Publikationsvereinigung Der Blaue Reiter. Im selben Jahr ziehen Marc und Maria Franck nach Sindelsdorf in Oberbayern. Sie heiraten Juni 1913. Im Herbst beteiligt sich Marc am Ersten Deutschen Herbstsalon in Berlin. 1914 erwirbt er eine Villa in Ried bei Benediktbeuern zusammen mit einem Gehege für Rehe. Im August 1914 meldet er sich freiwillig zum Kriegsdienst. Er wird an die französische Front beordert und fällt am 4. März 1916 bei Verdun. Marc gilt als bedeutender Vertreter des deutschen Expressionismus.

August Macke und Franz Marc. Eine Künstlerfreundschaft, hrsg. von Annegret Hoberg, Aust.-Kat. Kunstmuseum Bonn, Städtische Galerie im Lenbachhaus, München 2014/15, Ostfildern 2014

Franz Marc. Die Retrospektive, hrsg. von Annegret Hoberg, Ausst.-Kat. Städtische Galerie im Lenbachhaus und Kunstbau, München 2005/06, München u. a. O. 2005

Franz Marc. Zeichnungen und Aquarelle, bearb. von Magdalena M. Moeller, Ausst.-Kat. Brücke-Museum Berlin, Museum Folkwang, Essen, Kunsthalle Tübingen 1989/90, Stuttgart 2. Aufl. 1989

Hoberg, Annegret und Isabelle Jansen: *Franz Marc. Werkverzeichnis*, 3 Bde., erarb. von der Städtischen Galerie im Lenbachhaus, München, hrsg. von der Franz-Marc-Stiftung, Kochel am See, Bd. 1, *Gemälde*, Bd. 2, *Aquarelle, Gouachen, Zeichnungen, Postkarten, Hinterglasmalerei, Kunstgewerbe, Plastik*, Bd. 3, *Skizzenbücher und Druckgraphik*, München 2004–11.

Hoberg, Annegret: *Franz und Maria Marc*, München u. a. O. 2004

Jüngling, Kirsten und Brigitte Roßbeck: *Franz und Maria Marc*, Düsseldorf/Zürich 2000

Partsch, Susanna: *Franz Marc 1880–1916*, Köln u. a. O. 9. Aufl. 2009

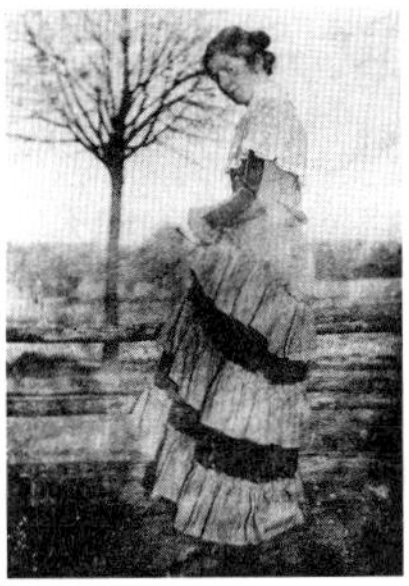

Paula Modersohn-Becker

→ S. 100

Paula Modersohn-Becker, Tochter eines Ingenieurs, wird am 8. Februar 1876 als Paula Becker in Dresden geboren. 1888 zieht die Familie nach Bremen. Ab 1893 besucht sie ein Lehrerinnenseminar. 1896 beginnt sie eine Ausbildung an der Zeichen- und Malschule des Vereins der Berliner Künstlerinnen. 1898 zieht sie in die Künstlerkolonie nach Worpswede. Sie hat intensiven Kontakt zu dem Worpsweder Maler Otto Modersohn. Silvester 1899 bricht sie nach Paris auf. Otto Modersohn besucht sie dort anlässlich der Weltausstellung im April 1900. Becker kehrt nach Worpswede zurück. Dort heiratet sie Otto Modersohn. Nach weiteren Aufenthalten in Paris 1904 und 1905 entstehen verstärkt Stillleben und Kinderporträts. Ihr Malstil geht immer mehr auf geometrische Grundformen zurück. Im Februar 1906 verlässt sie Worpswede und ihren Mann und zieht nach Paris. Im Herbst des Jahres kommt das Paar in Paris wieder zusammen und kehrt im März 1907 nach Worpswede zurück. Dort bringt Modersohn-Becker am 2. November 1907 eine Tochter zur Welt bringt. Am 20. November stirbt die Künstlerin im Kindbett an einer Embolie im Alter von nur 31 Jahren. Sie gilt als herausragende frühe Vertreterin des deutschen Expressionismus.

Bohlmann-Modersohn, Marina: *Paula Modersohn-Becker. Eine Biographie mit Briefen*, Berlin aktualisierte und erg. Neuausg., 1. Aufl. 2007

Busch, Günter und Wolfgang Werner (Hrsg.): *Paula Modersohn-Becker 1876–1907. Werkverzeichnis der Gemälde*, 2 Bde., München 1998

Paula Modersohn-Becker in Briefen und Tagebüchern, hrsg. von Günter Busch und Liselotte von Reinken, bearb. von Wolfgang Werner, Frankfurt am Main rev. und erw. Ausg. 2007

Stamm, Rainer: *»Ein kurzes intensives Fest«. Paula Modersohn-Becker. Eine Biographie*, Stuttgart 2007

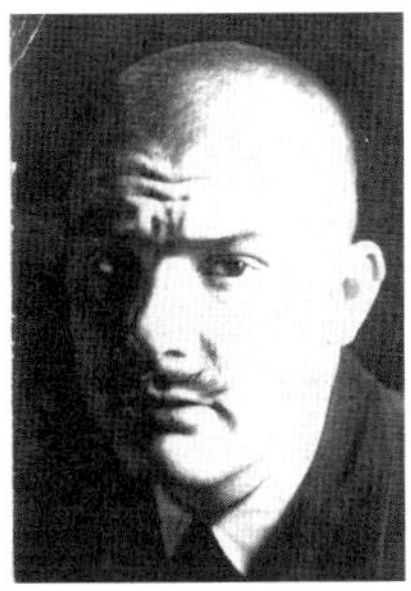

Wilhelm Morgner

→ S. 24

Wilhelm Morgner wird am 27. Januar 1891 im westfälischen Soest geboren. Sein Vater ist Militärmusiker. Ab 1901 besucht er das Archivgymnasium in Soest, das er jedoch vorzeitig verlässt, weil er Maler werden will. Auf Empfehlung von Otto Modersohn geht er in die private Kunstschule von Georg Tappert in Worpswede. Zunächst befasst er sich sehr realistisch mit dem ländlichen Leben, greift jedoch bald von den Fauvisten und Expressionisten die Tendenz zur Abstraktion auf. Bereits ab 1909 ist Morgner als freier Maler in Soest tätig. 1911 trifft er in Berlin mit

Franz Marc zusammen, der einige seiner Werke an Kandinsky nach München weiterleitet. Morgner kann daraufhin seine Bilder in wichtigen Ausstellungen der Neuen Secession, des Blauen Reiters und des Sonderbundes zeigen. In Herwarth Waldens Zeitschrift *Der Sturm* werden 1911 einige seiner Holz- und Linolschnitte veröffentlicht. 1913 wird Morgner zum Militär eingezogen, wo er Zeichnungen und Aquarelle fertigt. 1914 nimmt er am Feldzug gegen Frankreich teil. Nach einem Lazarettaufenthalt wird er an die Ostfront versetzt. 1916 dient er als Zeichner in Bulgarien und Serbien. Mitte Mai 1917 wird er nach Flandern versetzt. Er stirbt dort am 16. August 1917 im Kampf bei Langemarck (heute Langemark). Trotz seiner kurzen Schaffenszeit sind 200 Gemälde und 2000 Zeichnungen von ihm bekannt. Er gilt als bedeutender westfälischer Maler des Expressionismus.

Ich + die Anderen. Wilhelm Morgner. Zeichnungen des Expressionismus, hrsg. von Katrin Winter und Verena Burhenne, Ausst.-Kat. Wilhelm-Morgner-Haus, Soest, Kolvenburg, Billerbeck; Stadtmuseum Beckum, Medizin- und Apothekenhistorisches Museum Rhede, Museum der Stadt Bad Berleburg, Mindener Museum für Geschichte, Landes- und Volkskunde 2005/06, Münster 2005

Ins unermesslichste Vielleicht! Wilhelm Morgner. Malerei 1910–1913, hrsg. von Karsten Müller, Ausst.-Kat. Ernst-Barlach-Haus, Stiftung Hermann F. Reemtsma, Hamburg, Museen Böttcherstraße, Paula-Modersohn-Becker-Museum, Bremen 2014/15, Hamburg 2014

Wilhelm Morgner 1891–1917. Gemälde, Zeichnungen, Druckgraphik, hrsg. von Klaus Bußmann, Ausst.-Kat. Westfälisches Landesmuseum für Kunst und Kulturgeschichte Münster, Wilhelm-Morgner-Haus, Soest, Städtische Galerie im Lenbachhaus, München 1991/92, Stuttgart 1991

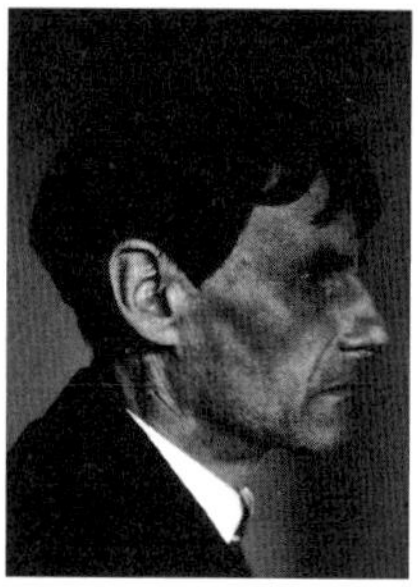

Otto Mueller

→ S. 72, 76, 86, 88, 90, 106

Otto Mueller wird am 16. Oktober 1874 im schlesischen Liebau als Sohn eines Leutnants geboren. Er verlässt das Gymnasium ohne Abschluss und absolviert auf Wunsch des Vaters eine Lithografenlehre in Görlitz. Anschließend studiert er von 1894 bis 1896 an der Kunstakademie in Dresden. Nach einem Studienaufenthalt an der Münchner Akademie kehrt er nach Dresden zurück. Dort lernt er seine zukünftige Frau Maschka kennen. 1908 zieht er nach Berlin. Er ist Gründungsmitglied der Neuen Secession. Von 1910 bis zu deren Auflösung 1913 bewegt er sich im Umfeld der Künstlergruppe Die Brücke. 1911 studiert er mit Heckel und Kirchner an der Ostsee und den Moritzburger Teichen den Menschen in der Natur. Während des Ersten Weltkrieges ist Mueller als Soldat in Frankreich und Russland im Einsatz, 1917 erkrankt er an einer Lungenentzündung. Von 1919 bis 1930 ist Otto Mueller Professor an der Staatlichen Akademie für Kunst und Kunstgewerbe in Breslau. Er unternimmt ausgedehnte Reisen nach Süd- und Osteuropa, während derer er meist bei dort lebenden Roma weilt. Die *Zigeunermappe* von 1927 gilt als Höhepunkt seines künstlerischen Schaffens. Mueller stirbt am 24. September 1930 in Obernigk bei Breslau. Er gilt als bedeutender Vertreter des deutschen Expressionismus.

Buchheim, Lothar-Günther: *Otto Mueller. Leben und Werk*, Feldafing Neuausg. 2003 [Erstausg. 1963]

Lüttichau, Andreas von und Tanja Pirsig (Hrsg.): *Otto Mueller. Werkverzeichnis der Gemälde und Zeichnungen*, Essen 2007 [CD-ROM]

Lüttichau, Mario-Andreas von: *Otto Mueller. Ein Romantiker unter den Expressionisten*, Köln 1993

Otto Mueller. Eine Retrospektive, Ausst.-Kat., hrsg. von Johann Georg Prinz von Hohenzollern und Mario-Andreas von Lüttichau, Kunsthalle der Hypo-Kulturstiftung, München 2003

Otto Mueller. Verlorenes Paradies. Werke aus der Sammlung Karsch, bearb. von Gerhard Leistner, Ausst.-Kat. Kunstforum Ostdeutsche Galerie Regensburg 2006/07, Regensburg 2006 (= Schriften des Kunstforums Ostdeutsche Galerie in Regenburg, Bd. 40)

Troeger, Eberhard: *Otto Mueller*, Freiburg im Breisgau 1949

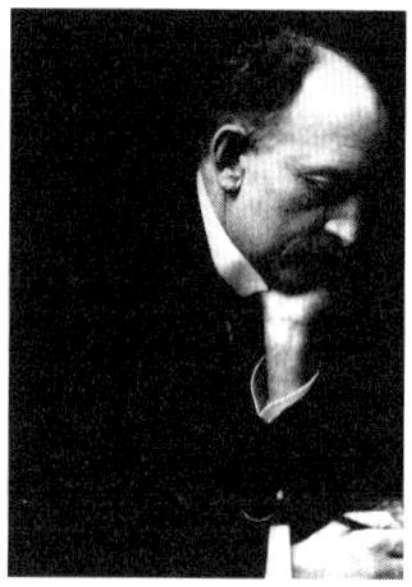

Emil Nolde

→ S. 22, 28, 60, 142

Emil Nolde wird am 7. August 1867 als Hans Emil Hansen im Dorf Nolde im deutsch-dänischen Grenzgebiet geboren. 1884 beginnt er eine Lehre als Holzbildhauer und Zeichner in Flensburg und arbeitet anschließend in Möbelfabriken. Ab 1892 unterrichtet er als Fachlehrer für gewerbliches und ornamentales Entwurfszeichnen in St. Gallen. Nebenbei fertigt er Landschaftsaquarelle und Darstellungen der Bergbauern. Finanzielle Erfolge ermöglichen es ihm, freier Maler zu werden. Als er 1902 die junge dänische Schauspielerin Ada Vilstrup heiratet, nimmt er nach seinem Geburtsort den Namen Nolde an. 1906 bis 1909 ist er Mitglied der Künstlergruppe Die Brücke. 1909 entstehen erste religiöse Bilder, sein Hauptwerk *Das Leben Christi* folgt 1911/12. Nolde und seine Frau reisen 1913 mit einer Expedition über Russland und Fernost bis nach Neuguinea. Danach verarbeitet er die Südsee-Impressionen künstlerisch. Trotz anfänglicher Nähe zum Nationalsozialismus werden seine Werke als »entartet« deklariert und beschlagnahmt. Er erhält er Mal- und Berufsverbot. In den Kriegsjahren malt er heimlich kleinformatige Aquarelle, die er seine »ungemalten Bilder« nennt. Emil Nolde stirbt am 13. April 1956 in seinem Haus in Seebüll.

Emil Nolde und die Südsee, hrsg. von Ingried Brugger, Ausst.-Kat. Kunstforum Bank Austria, Wien, Kunsthalle der Hypo-Kulturstiftung 2001/02, München 2001

Emil Nolde, Ungemalte Bilder, hrsg. von Manfred Reuther, Ausst.-Kat. anlässlich der Ausst. Mit verschnürten Händen – ungemalte Bilder von Emil Nolde, Nolde Stiftung Seebüll, Dependance Berlin 2009/10, Köln 2009

Emil Nolde. Die Südseereise 1913–1914, hrsg. von Manfred Reuther, Ausst.-Kat. Nolde Stiftung Seebüll, Dependance Berlin, Köln 2008

Emil Nolde. In Glut und Farbe, hrsg. von Agnes Husslein-Arco und Stephan Koja, Ausst.-Kat. Unteres Belvedere Wien 2013/14, München 2013

Emil Nolde. Retrospektive, hrsg. von Felix Krämer, Ausst.-Kat. Städel Museum, Frankfurt am Main, Louisiana Museum of Modern Art, Humlebæk, München/London/New York 2014

Jüngling, Kirsten: *Emil Nolde. Die Farben sind meine Noten*, Berlin 2013

Urban, Martin: *Emil Nolde, Blumen und Tiere. Aquarelle und Zeichnungen*, Köln 2. überarb. und erw. Aufl. 1994

Urban, Martin: *Emil Nolde. Landschaften. Aquarelle und Zeichnungen*, hrsg. von der Stiftung Seebüll Ada und Emil Nolde, Köln 1969

Urban, Martin: *Emil Nolde. Werkverzeichnis der Gemälde*, 2 Bde., Bd. 1, *Emil Nolde 1895–1951*, Bd. 2, *Emil Nolde 1915–1951*, München 1987/1990

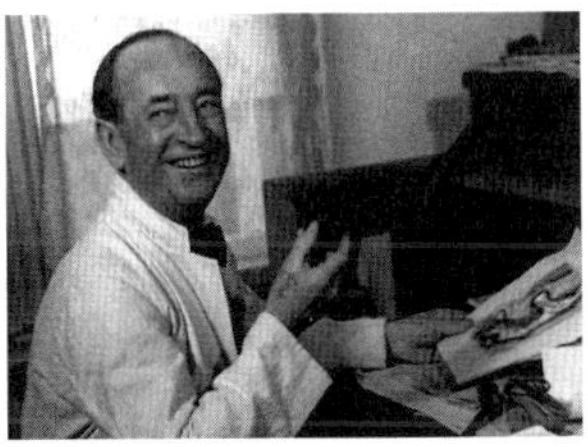

Max Pechstein

→ S. 62, 74, 80, 108, 116

Max Pechstein wir am 31. Dezember 1881 in Zwickau geboren. Sein Vater ist Appreturmeister. Pechstein macht eine Lehre bei einem Dekorationsmaler in Zwickau, dann ein Studium an der Kunstgewerbeschule, schließlich an der Kunstakademie in Dresden. 1906 wird er Mitglied der Künstlergruppe Die Brücke. 1908 zieht er nach Berlin und wird Mitglied der Berliner Secession. An den Moritzburger Teichen mit Kirchner und Heckel, später im Fischerort Nidden an der Kurischen Nehrung widmet er sich Landschaften und Akten. 1908 lernt er bei dem Bildhauer Georg Kolbe das Modell Lotte Kaprolat kennen, die später seine Frau wird. Seine Teilnahme an einer Ausstellung der Berliner Secession führt 1912 zu seinem Ausschluss aus der Brücke. 1913/14 reist Pechstein zu den Palauinseln in die Südsee. Er ist Soldat im Ersten Weltkrieg. 1923 wird er Professor an der Königlichen Akademie der Künste, im selben Jahr trennt er sich von Lotte und heiratet erneut. 1933 verliert er als »entarteter« Künstler sein Lehramt und erhält Ausstellungsverbot. 1937 wird er aus der Akademie ausgeschlossen. 1945 wird Pechstein Professor an der Hochschule für Bildende Künste in Berlin. Er stirbt am 29. Juni 1955 in Berlin. Pechstein gilt als bedeutender Vertreter des deutschen Expressionismus.

Krüger, Günter: *Das druckgraphische Werk Max Pechsteins*, hrsg. vom Max Pechstein-Archiv, Hamburg, Tökendorf 1. Aufl. 1988

Max Pechstein. Ein Expressionist aus Leidenschaft. Retrospektive, hrsg. von Peter Thurmann, Ausst.-Kat. Kunsthalle zu Kiel und Schleswig-Holsteinischer Kunstverein, Kunstforum Ostdeutsche Galerie, Nürnberg, Kunstmuseum Ahlen 2010/11, München 2010

Max Pechstein. Sein malerisches Werk, hrsg. von Magdalena M. Moeller, Ausst.-Kat. Brücke-Museum, Berlin, Kunsthalle Tübingen, Kunsthalle zu Kiel 1996/97, München 1996

Soika, Aya: *Max Pechstein. Das Werkverzeichnis der Ölgemälde*, 2 Bde., hrsg. von der Max-Pechstein-Urhebergemeinschaft, München 2011

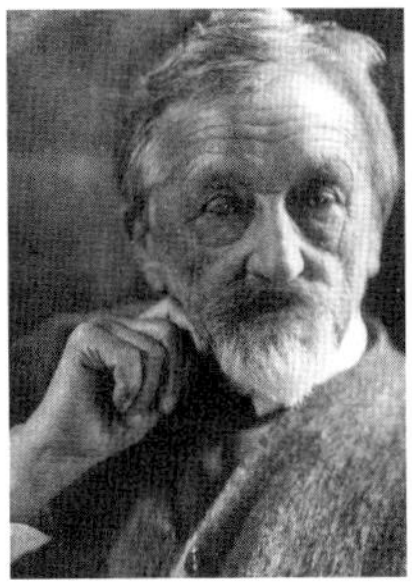

Christian Rohlfs

→ S. 108

Christian Rohlfs wird am 22. Dezember 1849 in Groß Niendorf in Schleswig-Holstein als Sohn von Kleinbauern geboren. Als 15-Jähriger stürzt er vom Baum und verletzt sich schwer am rechten Bein. Er muss zwei Jahre im Bett verbringen. Sein Arzt bringt ihm Zeichenmaterial mit und erkennt das künstlerische Talent des Jungen. Ab 1866 besucht Rohlfs das Realgymnasium und wird 1870 an die Großherzogliche Kunstschule nach Weimar empfohlen, wo er eine Historien- und Figurenmalerei studiert. 1873 muss sein Bein amputiert werden. 1874 nimmt Rohlfs sein Studium wieder auf und wechselt 1876 an die Akademie in Weimar. Sein Stil wird individueller, er bewegt sich im Rahmen des Impressionismus, später wendet er sich zunehmend dem Expressionismus zu. Rohlfs lernt den Kunstsammler und Mäzen Karl Ernst Osthaus kennen und zieht auf dessen Einladung nach Hagen. 1919 heiratet er die 41 Jahre jüngere Helene Vogt. In Ascona, wo er sich von 1927 bis 1937 jährlich aufhält, befasst er sich überwiegend mit Pflanzenmotiven. 1937 werden seine Werke als »entartet« konfisziert. Rohlfs arbeitet bis ins hohe Alter und stirbt am 8. Januar 1938 in seinem Atelier in Hagen.

Christian Rohlfs. Das druckgraphische Gesamtwerk, hrsg. von Wilfried Utermann, Ausst.-Kat. Museum Ostwall, Dortmund, Museum Folkwang, Essen, Dortmund 1987

Schulte, Birgit (Hrsg.): *Christian Rohlfs, Musik der Farben*, Slg.-Kat. Osthaus Museum, Hagen 2009

Überwältigend kühn. Der ganze Rohlfs in Kiel, hrsg. von Annette Weisner und Anette Hüsch, Best.-Kat. Christian Rohlfs in der Kunsthalle zu Kiel [anlässlich der gleichnamigen Ausst. Kunsthalle zu Kiel 2012/13], München 2012

Vogt, Paul (Hrsg.): *Christian Rohlfs. Œuvre-Katalog der Gemälde*, Recklinghausen 1978

Vogt, Paul: *Christian Rohlfs 1849–1938. Aquarelle, Wassertemperablätter, Zeichnungen*, Recklinghausen 1988

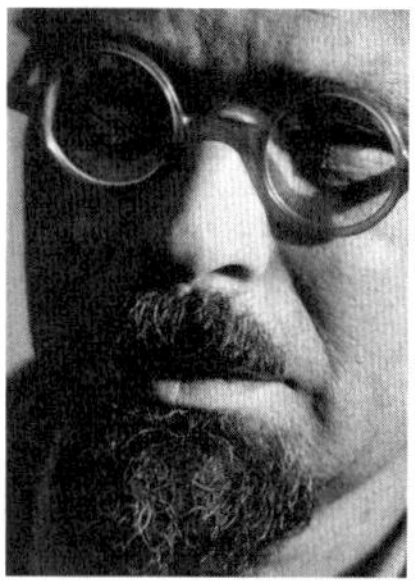

Karl Schmidt-Rottluff

→ S. 34, 64, 66, 94, 102, 124, 126

Karl Schmidt-Rottluff, eigentlich Karl Schmidt, wird am 1. Dezember 1884 in Rottluff als Sohn eines Mühlenbesitzers geboren. Auf dem Gymnasium in Chemnitz lernt er Erich Heckel kennen, beim Studium der Architektur in Dresden Ernst Ludwig Kirchner und Fritz Bleyl. Die vier Kommilitonen gründen 1905 die Künstlergemeinschaft Die Brücke. 1906 gibt Schmidt-Rottluff sein Architekturstudium auf. Von 1907 bis 1912 hält er sich regelmäßig im Sommer in Dangast an der Nordsee auf, zuweilen begleitet von Heckel. Der Umzug 1911 nach Berlin bringt ihm Anregungen für seine Kunst aus Kubismus und Futurismus. Von 1915 bis 1918 ist er als Bausoldat im Ersten Weltkrieg in Litauen und Russland im Einsatz. Dort entsteht ein Zyklus religiöser Holzschnitte. 1919 heiratet Schmidt-Rottluff Emmy Frisch. Bis in die frühen Dreißigerjahre verbringt er den Sommer an der Ostsee, wo leuchtende Landschaftsbilder entstehen. 1936 erhält er als »entarteter« Künstler Ausstellungs- und 1941 Malverbot. Der Gemäldeverbrennung 1939 fallen mehrere seiner Werke zum Opfer. Seine Rehabilitation als Künstler erfolgt 1947, als er als Professor an die Hochschule für Bildende Künste in Berlin berufen wird. Karl Schmidt-Rottluff stirbt am 10. August 1976 im Alter von 92 Jahren in Berlin. Er gilt als einer der bedeutendsten Vertreter des deutschen Expressionismus.

Karl Schmidt-Rottluff 1884–1976. Malerei, Graphik, bearb. von Ruth Müller, Best.-Kat. Städtische Kunstsammlung Karl-Marx-Stadt, Karl-Marx-Stadt 1982

Karl Schmidt-Rottluff. Formen & Farbe. 40 Jahre Brücke-Museum Berlin, hrsg. von Magdalena M. Moeller, Ausst.-Kat. Kunstforum der Berliner Volksbank, München 2007

Schapire, Rosa und Ernest Rathenau (Hrsg.): *Karl Schmidt-Rottluff. Das graphische Werk*, 3 Bde., New York 1976/1987, Bd. 1, *Das Graphische Werk bis 1923*, hrsg. von Rosa Schapire, 3. Aufl. des fotomechan. Nachdr. der Orig.-Ausg. Berlin 1924; Bd. 2, *Das Graphische Werk seit 1923*, hrsg. von Ernest Rathenau, 2. Aufl. der Orig.-Ausg. New York 1964, Bd. 3, Tafelband mit sämtl. Abb.

Wietek, Gerhard: *Karl Schmidt-Rottluff. Plastik und Kunsthandwerk*, Werkverzeichnis, hrsg. von der Karl-und-Emy-Schmidt-Rottluff-Stiftung, Berlin, München 2001

Wietek, Gerhard: *Karl Schmidt-Rottluff. Zeichnungen auf Postkarten*, Köln 2010

Abbildungs-nachweis

Nachweis der Reprofotos der abgebildeten Werke

Bayerische Staatsgemäldesammlungen:
Titel, S. 29, 31, 33, 47, 51, 61, 63, 69, 71, 75, 81, 87, 89, 93, 97, 99, 109, 133

Björn Marquart, Tutzing:
S. 19, 21, 43, 67, 79, 103, 111, 123

Buchheim Museum der Phantasie, Bernried am Starnberger See:
S. 23, 25, 27, 35, 37, 39, 41, 45, 49, 53, 55, 57, 59, 65, 73, 77, 83, 85, 91, 95, 101, 105, 107, 113, 115, 117, 119, 121, 125, 127, 129, 131, 135, 137, 139, 141, 143, 144

Nachweis der Porträtfotos

akg-images: S. 155, Franz Marc;
S. 155, Paula Modersohn-Becker;
S. 154, AugustMacke

akg-images/Jürgen Henschel:
S 150, Conrad Felixmüller

bpk/CNAC-MNAM/Raoul Hausmann:
S 158, Karl Schmidt-Rottluff

bpk/Fritz Eschen: S. 152, Max Kaus

Diethild Buchheim: Gruppenfoto S. 6, Lothar-Günther Buchheim, Andrea Firmenich, Henri Nannen, Eske Nannen, Diethild Buchheim

INTERFOTO: S. 147, Ernst Barlach; S. 147, Max Beckmann; S. 149, Lovis Corinth; S. 149, Otto Dix; S. 150, Lyonel Feininger; S. 151, Erich Heckel; S. 151, Alexej von Jawlensky; S. 152, Wassily Kandinsky; S. 153, Ernst Ludwig Kirchner; S. 153, Oskar Kokoschka; S. 154, Alfred Kubin; S. 156, Otto Mueller, S. 156, Emil Nolde; S. 157, Max Pechstein; S. 157, Christian Rohlfs

Sigrid Neubert:
S. 2 u. 148, Lothar-Günter Buchheim

Nürnberg, Germanisches National-museum, Deutsches Kunstarchiv, NL Kerschbaumer, Anton, I, A-5:
S. 152, Anton Kerschbaumer

Rijksakademie van beeldende kunsten, Amsterdam/Museen Penzberg:
S. 149, Heinrich Campendonk

Wilhelm-Morgner-Archiv/Walter Weihs, Soest: S. 155, Wilhelm Morgner

Impressum

Dieses Buch dient als Kurzführer durch die Dauerausstellung der Expressionistensammlung im Buchheim Museum. Es erscheint anlässlich eines Kooperationsprojektes mit der Kunsthalle Emden, in dessen Rahmen die Sammlungen wechselseitig ausgeliehen werden. Zeitgleich erscheint ein entsprechender Kurzführer durch die Sammlung der Klassischen Moderne der Stiftung Henri und Eske Nannen und Schenkung Otto van de Loo. Folgende beide Ausstellungen stehen im Zusammenhang mit den beiden Publikationen:

EXPRESSIONISMUS²
Die Sammlungen Buchheim + Nannen
vom 14. März bis 5. Juli 2015 im Buchheim Museum der Phantasie, Bernried am Starnberger See

Ein Fest fürs Auge
Buchheims Expressionisten
vom 26. September 2015 bis zum 17. Januar 2016 in der Kunsthalle Emden

Buchheim Museum der Phantasie
Bernried am Starnberger See
Tel.: 08158-99700
info@buchheimmuseum.de
www.buchheimmuseum.de

Herausgeber:
Daniel J. Schreiber

Autoren:
Claudia Leonore Kreile, Laura Lang, Mira Naß, Benedikt Ohm, Sophia Plaas, Frank Schmidt, Daniel J. Schreiber, Susanne Vierthaler

Katalogredaktion und Ausstellungsorganisation:
Daniel J. Schreiber, Susanne Vierthaler

Ausstellungstechnik:
Günther Albrecht, Thomas Flakus, David Heymel, Tadeusz Pietura

Sammlungsverwaltung:
Winfried Englisch, Waldemar Rejmer

Öffentlichkeitsarbeit und Veranstaltungen:
Sabine Bergmann

Buchhaltung:
Andrea Flakus

Museumsladen:
Birgitta Vater, Helga Korger-Grimm, Julia Rejmer, Martha Runzer-Fischer, Ulrike Schwaiger, Anita Weber

Kataloggestaltung:
Andrej Loll, Buero Total, Leipzig

Kataloglektorat:
Anja Hellhammer, Köln

Bildbearbeitung:
Lorenz & Zeller, Inning am Ammersee

Druck:
DZA Druckerei zu Altenburg GmbH

Titelbild: Max Pechstein, *Erlegung des Festbratens*, 1911, vgl. S. 80 f.

Frontispiz S. 2: Lothar Günter Buchheim, 1973

© für Max Beckmann, Heinrich Campendonk, Otto Dix, Lyonel Feininger, Conrad Felixmüller, Raoul Hausmann, Jürgen Henschel, Max Kaus, Karl Schmidt-Rottluff: VG Bild-Kunst, Bonn 2015

© für Oskar Kokoschka: Fondation Oskar Kokoschka / VG Bild-Kunst, Bonn 2015

© für Erich Heckel: Nachlass Erich Heckel, Hemmenhofen

© für Emil Nolde: Nolde Stiftung Seebüll

© für Max Pechstein: Pechstein, Hamburg/Tökendorf

© 2015 Buchheim Museum der Phantasie, Bernried; Buchheim Verlag, Feldafing

© 2015 Autoren, Fotografen, Künstler

Die Herausgeber haben sich bis Produktionsschluss intensiv bemüht, alle Inhaber von Abbildungsrechten ausfindig zu machen. Personen und Institutionen, die möglicherweise nicht erreicht wurden und Rechte an verwendeten Abbildungen beanspruchen, werden gebeten, sich nachträglich mit dem Herausgeber in Verbindung zu setzen.

Die Deutsche Nationalbibliothek verzeichnet diese Publikation in der Deutschen Nationalbibliografie; detaillierte bibliografische Daten sind im Internet unter http://dnb.d-nb.de abrufbar.

ISBN 978-3-7659-1085-2
Printed in Germany